国家自然科学基金资助项目（71962037）

云南省省院省校教育合作人文社会科学研究项目（SYSX202207）

云南省基础研究计划面上项目（202201AT070035）

云南省教育厅重点实验室：数字金融开发与管理；云南省哲学社会科学规划项目（QN2019026）

云南省研究生导师团队建设项目（金融创新与风险管理）

云南省研究生优质课程建设项目（YH2020-C13）

云南省专业学位研究生教学案例库建设项目（农村公共管理）

云南师范大学"登峰扎根"优秀科研创新团队：农业供应链金融创新与风险精准防控

城乡统筹视角下的义务教育资源合理配置研究

Research on the Rational Allocation of Compulsory Education
Resources from the Perspective of Urban-rural Coordination

李富昌　胡晓辉◎著

人民出版社

目　　录

理　论　篇

实　证　篇

对　策　篇

前　　言

党的二十大报告指出,加快义务教育优质均衡发展和城乡一体化,优化区域教育资源配置。教育系统需要深入学习领会党的二十大精神,紧跟时代步伐,落实立德树人根本任务,以推动教育信息化、数字化为引领,进一步优化区域教育资源配置,加快义务教育优质均衡发展,努力让每个孩子都能享受到公平、高质量的教育。

目前,我国义务教育在经费投入、办学条件、师资水平、办学质量及效益五个方面存在不均衡现象。义务教育资源配置缺乏公认的标准和科学的方法,各地的配置标准差异较大。

本书着力探讨城乡统筹义务教育的中心环节——义务教育资源的合理配置问题,建立义务教育资源优化配置模型和网络结构优化配置模型,计算各地区人力资源、设备资源、资金资源的优化配置方案和区域义务教育资源网络的合理结构,本书的研究有利于为各级政府利用宏观调控手段对地区义务教育资源空间配置的战略性调整提供科学的理论指导,有利于建立健全城乡统一的义务教育保障体系,实现义务教育优质均衡和城乡一体化发展。

本书分为理论篇、实证篇、对策篇三个部分。理论篇首先从义务教育资源概述、义务教育资源配置、教育公平与教育资源优质均衡三方面介绍了义务教育资源合理配置的相关理论基础,其次使用 VOSviewer 软件分析得到我国义务教育资源配置的研究现状和研究趋势,最后对义务教育资源配置、义务教育优质均衡、教育公平和 DEA 方法在教育资源配置中的应用进行综述。实证篇构建了我国义务教育网络节点资源配置优化模型、测算方法,分析了义务教育网点合理优化布局与义务教育网络合理结构,探讨了政府配置与市场配置相结合的义务教育资源空间配置机制,梳理了我国义务教育资源配置现状,评价了我国义务教育资源配置效率。对策篇提出了要明确各级政府在义务教育资源配置中的责任,以及实现教育经费投入、基础设施、教师资源、学生资源均衡配置的建议。

本书对义务教育资源合理配置的探讨可以拓展到各层次教育资源配置中去,对教育资源配置、教育优质均衡和城乡一体化研究提供了有益的补充。本书研究思路、研究方法和研究结论对教育管理、教育经济、管理优化和区域开发领域的理论研究学者和实业界人士有一定的借鉴意义。本书适合作为教育经济与管理、教育领导与管理、教育测量、区域经济学、农村发展、管理科学与工程领域的高校教师和科研人员的研究参考资料,也可作为高年级本科生和研究生拓展阅读书籍。

本书是国家自然科学基金资助项目(71962037)、云南省省院省校教育合作人文社会科学研究项目(SYSX202207)、云南省基础研究计划面上项目(202201AT070035)、云南省教育厅重点实验室:数字金融开发与管理、云南省哲学社会科学规划项目(QN2019026)、云南省研究生导师团队建设项目(金融创新与风险管理)、云南省研究生优质课程建设项目(YH2020-C13)、云南省专业学位研究生教学案例库建设项目(农村公共管理)、云南师范大学"登峰扎根"优秀科研创新团队:农业供应链金融创新与风险精准防控的研究成果之一。本书是集体智慧的结晶,李富昌、胡晓辉对书稿总体思路和研究框架进行了设计,并负责主要章节的撰写工作。云南师范大学研究生王敏、贾岚、程笑、晏晓凌、靳方、肖育婷、付国梅、王彩芬、黄强、刘菲、王庆媛、范瀚博、张莎、包燕娜、汪菲、王涵、杨中伟、江哲参与部分章节内容的撰写、资料整理和文字校对工作。本书的撰写和编辑得到人民出版社经济与管理编辑部主任郑海燕的大力支持,也为本书的出版付出了艰辛劳动。在此,向未曾提到的所有关心和帮助过本书出版的人表示由衷的感谢!

理　论　篇

第一章　义务教育资源概述

第一节　资　　源

随着经济、社会的不断发展,国家与国家之间、人与人之间将面对更大的生存和发展空间,资源被越来越重视,资源的配置已经涉及社会经济的各个领域。对于资源的相关解释,大致归纳如下。

一、资源及资源认识

1. 资源的含义

资源,它是某区域、某国家所拥有的关于人、财、物等物质的总称。可以分为自然资源和社会资源。自然资源是指源于自然的空气、阳光、水、矿藏、森林等;社会资源包括人力资源、物力资源、财力资源等一切经过劳动力而创造的资源。

资源具有广泛性,它在自然界和人类社会中无处不在,是指一切能被人类开发和利用的物质、能量,是一种能给人类带来财富的客观存在。

资源具有稀缺性,资源投入到生产生活中,数量随着生产生活越来越少,有些资源还存在不可再生性。

资源具有多用性,同一种资源在不同的领域,其用途可能存在巨大差异。人们根据资源的开发和使用情况而决定资源的多样化用途,从而影响资源效用的最大化程度。

从经济学角度看,资源可以分为经济资源和非经济资源两大类,经济学研究的资源不同于自然地理资源,它是具有使用价值的经济资源。《经济学解说》一书将"资源"定位为"生产"过程中所使用的投入,也就是说,资源从本质上是生产要素的代名词。

从经济学范围看,资源有广义和狭义之分,狭义的资源指自然资源;广义的资源指经济资源或者生产要素,包括自然资源、劳动力、财力等,是社会经济发展的基本物质条件。

2. 资源认识的含义

对资源的认识要结合经济发展的三阶段来论述。从生产力的发展和技术的进步来看,经济发展可以分为劳动经济、自然经济、知识经济三个阶段。

农业经济时期,劳动生产率主要依托劳动者的体力,人类对资源的开发也受到劳动力的制约,开发能力比较低。工业经济时代,随着科学技术的不断发展,人类对自然资源的需求变得越来越大,开发能力不断变强,对资源的配置和占有的意识不断增强。随着科学技术的不断发展,科学成果转换的速度持续提升,知识作为能转化为技术的资源显得尤为重要。在人与自然和谐共生的观点下,可持续性发展成为主流思想,资源的合理配置对于一个区域、一个国家、一个组织的发展显得极其关键。

二、资源观

在知识经济的背景下,如何合理利用资源,如何有效配置资源是可持续发展需要考虑的问题。对于不同的资源,要结合地区优势、组织特点、人文理念等因素综合考虑配置、调动、利用的问题。

1. 资源系统观

人与自然是一个大的系统,而资源作为一个子系统,融合其中。如何处理人与资源、资源与资源之间的关系,是人们高效利用资源的要点。资源系统观是资源观中最核心的观点。人类在充分认识到自己是人与自然大系统的一部分的时候,才可能真正实现人与自然和谐共生。

2. 资源辩证

在资源观下看问题,人们应当正确处理几对重要的关系:

(1)资源是否有限。自然资源就其物质性而言是有限的,但是人类开发资源、探索资源的能力是无限的。

（2）资源大国与资源小国问题。分析一国的资源情况，既要看到宏观经济发展方面存在的潜力因素，又要清醒地认识到微观经济方面存在的人均可利用资源限度的现实问题。

（3）资源的有用性和有害性问题。根据资源的可利用程度，将资源分成有用资源和有害资源，前者指能在生产过程中为人们创造经济价值、促进生产的人力、物力、财力等；后者指对生产生活起阻碍作用的一系列具有负面影响的资源。

（4）资源的品质与数量问题。由于地区、气候、经济状况、区域等因素的差异性，资源也存在数量和品质上的差异性。就资源的品质而言，根据地区、经济条件、分配情况，不同地区不同国家所具备的资源是不一样的；就资源的数量而言，由于区域、纬度等条件的差别，各地区各国家的资源种类、每种资源的总量等是不一样的。

（5）资源短缺、过剩的问题。资源短缺指由于人口数量不断增加和经济不断发展、人类需求日益增长的情况下，生产资料和生活资料等资源出现短缺问题。资源过剩是与资源短缺相对的概念，指在生产过程中满足生产需求后而剩余的资源。

3. 资源层次

资源是相对人类认识和利用的水平来区分层次的，材料、能源、信息是现实世界三项可供利用的宝贵资源，而整个人类的文明又可根据人类对这三项资源的开发和利用划分层次。人类社会的发展是由生产力和生产关系的矛盾运动发展决定的。起初，人类最先学会了利用材料来加工制作简单的生产工具，提高劳动生产力，但仅用材料来制作的工具是一种"死的工具"，要靠人力来驱动和操作，这大体是农业、手工业时代生产力的情形。后来人类学会了利用能量资源，把材料和能量结合在一起制造新型生产工具，使原来"死的工具"变成了"活的工具"，但这种工具还是要靠人来驾驭和操纵，劳动生产力的提高仍受人的身体因素的限制，这大体是工业时代的社会生产力的情形。到了现代，人类逐渐学会开发和利用信息资源，并把材料和能量同信息有机地结合起来，创造了既具有动力驱动又具有智能控制的先进工具系统,为社会生产力的发展开辟了无限广阔的前景。在传统经济中,人们对资源的争夺主要表现在占有土地、矿藏和石油等。而今天,信息资源日益成为人们争夺的重点,这大体是信息时代生产力的情形。

总之,人类从学会利用材料资源再到能量资源、信息资源,推动了人类社会从农业时代向工业时代再向信息时代的不断迈进,材料、能源、信息"三位一体"成为现代社会不可或缺的宝贵资源,只有全面地开发和综合利用这三大资源,才能不断地推动社会进步和发展。

4. 资源开放

知识经济是世界一体化的经济,资源的开放观是从地区到全球,从微观到宏观,从局部到整体,在不同层次上都要确立的一种基本观点。中国地区差别很大,资源组合错位,地区间的资源具有很强的互补性和动态交流的必然性。以资源的开放观为指导,就是要打破地区经济封锁以实现产业结构动态优化,合理配置资源。

第二节　教育资源

一、教育资源的含义

"教育资源"最早产生于教育经济学领域,在国内首先由韩宗礼于1982年提出,并将其定义为"社会进行各种教育所提供的财力、物力、人力条件"。顾明远编的《教育大辞典》以及我国教育研究领域对教育资源的界定基本都以此为准。教育资源也称"教育经济条件",是指教育过程中所占用、使用和消耗的人力、物力和财力资源,即教育人力资源、物力资源、财力资源的总和。其中,人力资源包括教育者人力资源和受教育者人力资源,即在校生数、班级生数、招生数、毕业生数、行政人员数等;物力资源包括教育过程中要使用到的一些固定资产、材料、教学用具等,比如黑板、教室等;财力资源是开展教育活动、教学活动中的一些与资金相关的经济方面的资源。

二、教育资源的分类

1. 按照所属层级划分，可以分为国家资源、地方资源和个人资源

教育资源按照所属层级划分，可以分为国家资源、地方资源和个人资源，三者之间相辅相成，具有鲜明的层级关系，地方资源和个人资源的使用都需与国家资源相结合，把握好这三种资源间的联系，才能更好地合理配置资源。

2. 按办学层级可以分为基础教育资源和高等教育资源

基础教育资源是侧重于义务教育阶段和高中阶段所能利用和配置的相关资源。高等教育资源是涉及更高一级学历的教育资源。由于对应的办学层次不一致，教育资源的侧重点也不一样，基础教育资源体现的是普遍性，教育资源的分配范围广、公平性较高。而高等教育资源多体现层级性，资源的分配和教育成果存在一定的关系，有助于发挥资源对教育者、受教育者等教育主体的激励作用，也有可能促使教育竞争加剧。

3. 按照构成状态区分，可以分为固定资源和流动资源

在教育过程中，涉及的资源可以按照其构成状态区分为固定资源和流动资源。固定资源是指那些不会随着时间、地点而改变的资源。资源作为公共资源的一种，受教育者始终是受益的主体。流动资源指随着时间、地点等因素改变而改变的资源。

三、教育资源的特点

1. 公益性

教育资源的公益性是指公众受益的特性。公众受益是教育资源最为集中的体现。教育是一项公益性事业，这是人们对教育价值特征的判断。根据《中华人民共和国教育法》的规定："中华人民共和国公民有受教育的权利和义务。公民不分民族、种族不分性别、民族、种族、家庭财产情况、宗教信仰等，依法享有平等权利。"实现教育资源的公益性，是教育的根本体现，也是教育资源的核心价值所在。

2. 产业性

教育的产业属性是随着社会经济发展而产生的,教育资源的产业性是教育的物质属性的客观特征。

3. 理想性

教育本身就是一项寄希望于未来的事业。教育理念、教育方针和教育价值观念,通常直接体现着现实的人生理想和追求,具体体现为教育者对受教育者的期待,社会对人自身发展的期待。

4. 继承性

教育资源是历史的积淀,它并不是突然产生的,是随着教育的传承,一代一代继承而来的,也是古今中外教育实践经验的总结。教育资源也具有一定的历史性,它的继承性会更加突出。

5. 差异性

教育资源的差异性是因社会经济发展的不平衡性所造成的教育资源分布的不平衡性、管理体制和供给方式的差异性、社会对人才需求的信息不对称等因素形成的。教育资源的差异性普遍存在于人类教育的各个层面、各个角落,从而构成了教育行为过程和效果的差异。

6. 流动性

教育资源构成因素的多元性和复杂性决定了教育资源本身的不稳定性。其中有人的因素,也有物的因素,还有政策导向和社会经济条件发展变化的因素等。教育资源流动性主要表现在:教师资源的流动、学生资源的流动和经费资源的流动等方面。

第三节　义务教育资源

一、义务教育和教育义务

1. 义务教育

(1)义务教育的含义

义务教育起源于德国。宗教领袖马丁·路德是最早提出义务教育概念的人。《中国大百科全书·教育》中这样定义义务教育:"国家用法律形式规定对一定年龄儿童免费实施的某种程度的学校教育,也称为强迫教育、免费教育或普及义务。"《中华人民共和国义务教育法》定义的义务教育为:一个国家的义务教育是必须存在的公益性保障,它的实施对象是全部的适龄儿童,国家有义务承担起义务教育的责任。义务教育具有强迫性,它对全体适龄学生开放,不受宗教、民族等因素的影响,都需要接受国家颁布的义务教育政策。而学校、家庭都有义务配合政府有关部门开展义务教育工作。

(2)义务教育的特点

①强制性

义务教育的强制性要求,学校、家庭有义务配合政府相关部门将适龄儿童送入课堂,参与到相关课程的学习中。

②普及性

我国义务教育的普及性体现在:第一,地域的普及。义务教育已经推广到了全国各个地区、乡镇、村级,实现了义务教育的广泛传播。第二,受教育对象的普及性。针对适龄儿童和少年我国开展了九年义务教育的扶持政策,受教育者人数多,实现了受教育对象的普及性。

③公益性

义务教育阶段免除受教育者的学费和其他生活费用,这些相关费用由国家财政负责,最大限度地缓解了欠发达地区难以支付受教育费用的情况,是侧重于公益性的活动,进一步推动了我国的受教育水平。

2. 教育义务

教育义务是在教育过程中需要承担的责任,与在教育过程中要行使的权利相对应。教育义务涉及的主体有国家、学校、家长、教育者和受教育者,主体之间的协调联动才能更好地完成教育义务的实现。

二、义务教育资源的含义

义务教育资源指投入在义务教育上的教育人力资源、教育物力资源、教育财力资源以及无形资产。

1. 义务教育人力资源

义务教育人力资源主要包括教师资源和学生资源,义务教育学生资源分别意味着小学、初中阶段的义务教育潜在需求以及现实需求,如小学、初中阶段的学龄人口、在校学生数、招生数、毕业生数等,而义务教育小学、初中学生入学、辍学率、巩固率、升学率,则意味着其教育需求的满足情况;教师资源包括教学人员、科研人员、管理人员和教辅人员四个组成部分,他们的整体水平代表着学校的教学水平、科研水平以及整个管理水平。其中教学人员和科研人员是人力资源的中坚力量,管理人员和教辅人员是学校有效运作的重要保障。[1] 这些资源的优化配置对学校的未来发展有着重要的作用。

2. 义务教育财力资源

义务教育财力资源主要指义务教育经费资源,包括地方教育经费支出。这里所讲财力资源是以货币形态存在的资源的总额及其结构。就其来源看,主要有国家投资和学校多渠道筹集来的资金。目前,国家投入仍然是高校财力的主要来源,其他形式来源的资金比例也在逐渐扩大。资金是学校正常运转不可缺少的保障。

3. 义务教育物力资源

义务教育物力资源主要包括实施义务教育活动必需的学校数及其办学条件,如占地面积、校舍面积、绿地面积、运动场面积、图书、计算机、固定资产、教学仪器设备等物质资源。物力资源是有形资产,是以实物形态存在的教育资源,是教育活动及自身发展的物质基础。

4. 无形资产

无形资产主要包括信息资源、市场资源、学科与专业资源、声望资源、政策资源和经验资源等,是一种看不见的资源。相对于有形资产来说,其价值是不可度量的,对教育资源具有极其重要的作用。随着信息化的高度发展,信息资源对高等教育发展的作用日益重要。随着教育职能的多元化,政策资源对学校来说就比较重要。

---

① 夏茂林:《我国义务教育资源配置差距的制度述源及变革研究》,西南大学 2014 年博士学位论文。

第二章 义务教育资源配置

第一节 资源配置

一、资源配置的定义

资源配置,是人类在使用资源过程中最基础的环节,是通过一定的调节机制对有限的资源进行重组整合,使资源得到最合理的利用。

二、资源配置的手段

在当代经济社会发展与运行过程中,有两种资源配置方式与中国的发展息息相关:一种是计划配置;另一种是市场配置。

1. 计划配置

计划配置就是相关计划部门根据发展的需求和资源的数量,定额分配资源。这种分配方式有利于集中力量办大事,能合理地调节收入分配,一定程度上能保证社会的公平公正,但是计划配置可能引起资源过剩、资源短缺的问题出现。

我国的实践经验表明,计划调节的功能取决于一定的社会背景,在某些社会条件下其适用性较强。

计划配置缺乏灵活性,体现了人们对生产按比例发展规律的自觉应用,是主观见之于客观的过程,是一种偏于稳健的调节手段,是"看得见的手"。

2. 市场配置

市场配置是根据市场运行变化而进行资源配置的方式。

市场配置资源具有较强的灵活性,它的实质就是根据价值规律进行调节,是一种"看不见的手",相比于计划配置,其滞后性和盲目性较低。

三、资源配置的依据

资源配置是由于各种资源在数量、用途等方面存在稀缺性,然后根据需求对已有资源进行合理分配,以避免资源的浪费,同时减少资源损耗的费用、成本等,进而获得最佳的效益。资源是否合理配置,对一个国家的经济发展有着重要的影响,如果资源配置合理,就会对国家的经济发展起促进作用,经济效益也会提高;相反,则不利于国家的经济发展,经济效益就会相应地下降。

1. 产业组织理论

产业组织理论指运用微观经济学说来分析企业、市场、行业之间关系的理论。它的基本特征可以用 SCP 框架来概括:S 表示市场结构,指在特定的市场中,企业间在数量、份额、规模上的关系,以及由此决定的竞争方式,包括企业所在行业的集中程度、生产差别和进入壁垒;C 表示企业行为,包括企业目标、战略和企业各种竞争行为;P 表示企业的运作绩效,包括经济效益、盈利率、技术进步和经济增长。

在 SCP 框架中,市场结构决定企业行为,进而决定企业的运作绩效,即有什么样的市场结构就有什么样的企业行为和企业运作效益。

2. 规模经济

规模经济是经济学中的术语。规模经济指因生产规模增大而导致的最低平均成本的下降。规模经济容易受到技术、管理和市场的限制,技术的规模经济造成管理的边际成本增加,正好与节省的市场交易等边际成本减少相等时,企业规模便停止扩大,这时企业规模与市场规模即处在"均衡状态"上。

3. 范围经济

范围经济指因同时生产(经营)几种有关的物品或服务而引起的成本节约。范围经济的发生,是因为一个企业内部几种产品的生产可以分享共同的信息、机械、设计、营销、库存等,它在一定的产量限度内存在,也同市场需求有关。

4. 稀缺性和福利经济学

资源优化配置源于资源的稀缺性,目的是解决资源稀缺性和需求无限性的矛盾。从福利经济学角度来说,要提高资源的利用效率须及时对资源的配置状况进行帕累托改进,使资源配置状态达到帕累托最优状态,即在这种状态上,资源配置情况的任意改变都不会使任何人的状况变坏。

5. 教育公平

西方经济学家认为,效率不是评判资源配置状况的唯一标准,公平因素也是资源配置过程中应考虑的一个很重要的方面。高等教育资源分配越不均衡,受教育机会就越不公平,要实现高等教育机会的公平就必须进行资源的优化配置。

四、资源配置的理论

1. 马克思劳动力资源配置理论

马克思劳动力资源配置理论强调的是,将能够满足人类物质生活和精神生活的劳动力,按照一定的比例关系在社会各个生产部门进行分配。劳动力资源配置是否合理、利用率是否达到最优会间接或直接地影响经济的发展、社会进步和资源的浪费与否。

劳动力资源作为经济社会发展过程中的关键性因素,对经济社会的发展起着核心的作用,劳动力资源的优化配置既表示现今社会劳动力资源配置的合理性,也表示未来社会劳动力资源配置将随产业结构的变化而作出相应的调整,从而作出最优配置。

2. 马克思市场资源理论

马克思市场资源理论与马克思市场理论相对应,其资源配置的对象是社会劳动力。马克思把资源配置总结为两个方面的问题:一是社会劳动分配的比例问题;二是劳动时间的节约问题。根据马克思的观点,他把资源抽象为劳动作为资源配置的对象,把人类社会生产中资源的配置归结为对社会劳动的分配,从社会劳动的分配过程中来研究资源的配置问题。

3. 马克思人力资源理论

美国著名经济学家、诺贝尔奖获得者西奥多·舒尔茨是人力资源理论的奠基者,他认为资源可以分为两类:一类是物质资源;另一类是人力资源。在马克思的观点中,其劳动价值论所揭示的核心思想是:商品的价值是无差别的人类劳动的结晶,人是商品价值的创造者。这里,马克思所强调的"劳动"在价值创造中的作用实质是强调人在创造中的重要性。劳动必定是关于人的劳动,而劳动是人区别于动物的主要特征。

马克思人力资源理论还体现在与教育相关的内容中。如"教育会生产劳动力"。马克思认为,社会生产必须具备两个条件——劳动力和生产资料,也就是生产力的基本要素。劳动者就是生产过程的主体,也是生产力转化的关键要素,没有人,没有劳动力,就难以谈论生产力的提升。而劳动力如何作用于生产力呢? 这就需要教育,通过教育,使劳动力作用于生产力,教育通过把科学知识与实际生产生活相结合,把潜在生产力转化成现实生产力。教育与劳动力的质量呈正比,教育程度越高,劳动力质量就越高,劳动者创造的生产力就越高。教育具有生产性,它可以生产和再生产科学和科学知识。马克思认为,科学技术是生产力。人们对教育的投资属于生产性的投资,主要用于提升劳动者素质和技能。通过教育开发人的智力,提高人的素质,以创造出更高的生产力,发展经济建设,增加国民收入。

4. 社会福利最大化理论

依据福利经济学的观点,信息资源作为人类的财富,其流动应当不受任何限制,从而最大限度地实现其价值和效益。但是对于信息的生产者和所有者而言,这种不受限制的流动损害了他们的利益,从而打击了其创造的热情,最终不利于创新,进而影响社会进步。帕累托对福利经济学进行批判,提出了帕累托最优。帕累托最优状态是指,任何改变都不可能使任何一个人的境况变得更好而不使别人的境况变坏。

5. 最省力法则理论

在人的信息行为中,总有一种以最小努力去获取最大利益的心理倾向。1949 年,齐普夫博士在其专著中强调了运动和道路的概念。他认为,每一个人的各种运动中,都有意无意地去选择了一条最省力的途径,都受这个简单的基本法则制约。

6. 成本—效益分析理论

成本—效益概念首次出现在 19 世纪法国经济学家帕帕特的著作中,被定义为"社会改良"。其后,这一概念被经济学家帕累托重新界定。到了 1940 年,美国经济学家卡尔德和希克斯对前人的理论加以提炼,形成了"成本—效益"分析的基本原理,它是通过比较项目的全部成本和效益来评估项目价值的一种方法,成本—效益分析法作为一种经济决策方法,将成本费用分析法运用于政府部门的计划决策之中,以寻求在投资决策上如何以最小的成本获得最大的收益。

第二节　教育资源配置

一、教育资源配置的含义

教育资源配置包括的主体、方式、效率、制度等都是教育学领域的研究主题。国外注重教育机会均等和教育公平,缩小教育差距,寻找教育平等权利问题,将政府作为资源配置的核心主体,加大其在教育资源配置中的作用,并进行以市场为导向的教育改革,使公共教育事业大幅度向弱势人群倾斜。教育资源配置的首要问题是投入的总量,反映了教育经费的充足程度。此外,由于教育尤其是基础教育往往是政府提供的公共服务,政府的教育投入努力程度直接影响着投入规模。

1. 教育有效

相对于需求来说,资源总是呈现稀缺性,特别是优质资源。如何利用和配置这些资源就显得至关重要,而衡量资源是否合理利用,一般采用效率来衡量。教育有效就是在教育者最有效地利用资源后较大程度地满足了人们的需求和愿望,最有效地资源配置可称为"有效率"。

与教育有效相对的概念是教育无效,也就是在教育资源配置的过程中,资源配置情况较差,难以在调节和控制下达到资源配置的理想状态,导致资源的付出与回报不对等。

2. 效率

效率指有效利用资源满足人们的需要,也就是将资源投入某一领域的生产中其效用发挥的比率。效率越高,该资源的利用就会越来越充分,也就能达到有效率的状态。在教育过程中,也要依据经济学概念确定生产者、生产要素,从而才能进一步探讨效率问题。生产者为教育的参与主体,生产要素包含资金投入、物质投入等。

二、教育资源配置的理论

教育资源优化配置是在不大幅度增加教育投入的前提下,以需求理论、产出最大化理论和博弈理论为指导,追求教育投入的产出最大化。

1. 需求理论

需求分析一般包括两个方面:一是从宏观视角出发,具体指社会、国家的需求。同时,也可以从学生、学校、社会三个角度出发来讨论分析需求问题,其中:个人需求主要指学生个人自身发展的需求和期望达到的水平,学校需求主要指教学计划的制订人所期望学生达到某种水平的需求,社会需求主要指国家和地区经济文化建设尤其是教育方面的需求。在教育资源优化配置过程中,学生、学校和社会三个关系同等重要,亦处于同等地位。需求理论认为,对教育资源的优化配置由学生、学校和社会三个利益群体决定,在现实中,各级教育满足了学生的个体需求,通过社会市场调查满足了社会需求,通过相关教育领导机构的努力协调与监管满足了学习者和社会的需求,这样的教育资源配置就意味着达到了最佳模式;相反,则会影响整体教育质量,浪费大量的教育资源,无法满足社会对人才的需求。由此可见,教育资源优化配置的实现和三个利益群体的关系非常密切,三者缺一不可。

2. 产出最大化理论

产出最大化理论指在设定前提下,如何实现固定投入的效益最大化。就教育资源优化配置来讲,就是在现有师资及设备投入规模既定的前提下,各级教育管理机构(主要是各级教育局)如何充分发挥监管、调控职能,如何调动各级学校的教师积极参与、充分发挥团队意识,从而完成现有教育资源的优化整合,实现产出的最大化。

3. 博弈理论

博弈理论是解决理性决策主体之间发生冲突时的决策问题及均衡问题的理论,因此,关于教育资源优化配置的改革和创新,更要考虑各个博弈主体的预期成本和既得利益之间的协调问题,完善教育资源配置博弈过程中的激励机制,建立"以奖促优"为导向的职称评价体系,推动"能力建设";建立健全动态的教育质量信息管理、认证体系,为受教育对象制定恰当的教育发展战略、拓展其受教育发展的空间,为其提供发展性咨询评估,并帮助各个学校建立内部教育质量监控机制,加强与民间民办教育机构的信息共享,预测学生、学校和社会三方对教育发展的需求,进一步发挥教育中介机构评估、协调学生个体、教育领导机构、社会、学校等各个方面教育质量、共享教育资源配置需求信息的作用,创造有利于教育资源优化配置改革与创新的客观条件,致力于提高各级各类教育质量证书的声誉和认可度。换言之,政府、社会、教育领导机构和学校通过参照教育质量这一风向标,通过教育质量评估体系的改革和创新,实现教育资源的优化配置,从而达到个人利益与社会利益的统一。

三、教育资源配置的方法

1. 数据包络分析法[①]

(1)数据包络分析法的含义

数据包络分析法(Data Envelopment Analysis,DEA)是由美国学者查恩斯(Charnes)、库伯(Cooper)与罗兹(Rhodes)于1978年提出的基于相对效率的非参数分析方法,是多指标综合评价方法的一种,它主要利用数学模型,以某一组织系统中的实际决策单元(Decision Making Unit,DMU)为基础,评价具有多投入多产出的同类决策单元的相对有效性,并测算各投入与产出指标的冗余或不足,是基于投入产出数据的研究经济效率非

---

① 岳金辉:《省域基础教育资源优化配置研究》,武汉理工大学2011年博士学位论文。

常重要的方法。数据包络分析法建立在决策单元的"帕累托效率"概念上,实现资源分配的理想状态,从而达到决策单元的"技术有效"或"规模有效"。"技术有效"指组织的资源配置处于理想状态,相对于现有输入量可以获得最大输出量。[①]"规模有效"指资源配置处于规模效率不变的阶段,即输入量对应输出量都有所扩大。在规模有效或规模递增的情况下,决策者就要考虑增加投入;如果规模递减或非有效时,决策者就要考虑减少投入。

（2）数据包络分析法的发展历史

美国学者查恩斯、库伯与罗兹于1978年提出的第一个数据包络分析法被称为规模报酬不变CCR模型（以Charnes、Cooper、Rhodes三人首字母命名）。后来发表的论文考虑了不同假设,建立了不同研究目标和约束条件下的多种模型,但是对于数据包络分析法的模型,经典的模型主要有规模报酬不变CCR模型、规模报酬可变BCC模型（以Banker、Charnes、Cooper三人首字母命名）、规模报酬可变FG模型（以Fare、Grosskopf两人首字母命名）、规模报酬可变ST模型（以Seiford、Thrall两人首字母命名）。

规模报酬不变CCR模型主要用于判断决策单元是否能同时达到技术有效和规模有效。1984年,班克（Banker）、查恩斯与库伯在研究中提出了规模报酬可变BCC模型,其主要用来判断决策单元是否为技术有效。[②] 规模报酬可变FG模型是1985年由费尔（Fare）和格罗斯科普夫（Grosskopf）给出的,它不但可以判断决策单元的技术有效,还可以判断决策单元是规模效益不变还是规模效益递减。而规模报酬可变ST模型是1990年由赛德福（Seiford）和萨尔（Thrall）提出的,它不仅能判断决策单元的技术有效,还可以判断决策单元是规模效益不变或者规模效益递增。

[①] 李毅、杨焱灵、吴思睿:《城乡义务教育优质资源配置效率的问题及对策——基于DEA—Malmquist模型》,《中国教育学刊》2021年第1期。

[②] 刘姬:《基于DEA组合模型的农村义务教育经费配置效率研究》,中国地质大学(北京)2017年博士学位论文。

（3）数据包络分析法的优势

第一，无须事先设定任何权重，能够有效地避免主观因素，简化算法，可以不用将输入和输出指标一一对应，而只是对它们做"暗箱"式处理，就能得出各决策单元之间的相对效率，也省去了对指标量纲的处理。

第二，特别适合实际管理需要，可以用于非营利性系统（教育机构：学校），对于公共服务部门，不能简单地用利润最大化对它们的工作效益进行评价，而数据包络分析法是对这类部门工作进行有效评价的方法。[①]可以帮助决策者找出薄弱环节与最优输入输出状态的差距，从而妥善安排未来的资源配置方案。

第三，数据包络分析法是一种创新的统计方法，传统统计方法的本质是"平均"，而数据包络分析法的本质是"最优"，它致力于单个决策单元的优化，而非各决策单元构成集合的整体统计回归优化。[②]

适用于多输出—多输入的有效性综合评价问题，在处理多输出—多输入的有效性评价方面，数据包络分析法假定每个输入都关联到一个或者多个输出，并且输出和输入之间的确存在关联。

数据包络分析法所能提供的是相对评价，可以实现横向、纵向的评价，致力于单个决策单元的优化，不侧重于各决策单元集合的整体统计回归优化，对教育资源配置评价有更好的适应性。

（4）数据包络分析法的运用

①确定评价目标。明确期望通过数据包络分析法得到的结果是什么。

②选择决策单元。根据决策单元的"同质性"选择原则，对各决策单元的组织目标、组织结构、运行机制进行相同或相近的检验，确保具有相对稳定的输入和输出指标，具有大致相同的外部环境、相同的任务和目标。同时要确保参考的个数不少于输出输入指标总数的两倍。

---

① 赵琦：《基于 DEA 的义务教育资源配置效率实证研究——以东部某市小学为例》，《教育研究》2015 年第 3 期。

② 岳金辉：《省域基础教育资源优化配置研究》，武汉理工大学 2011 年博士学位论文。

③建立指标体系。指标体系的构建可结合多方位、多层次的三维结构,实现评价指标体系,在依托评价目标的前提下,选择相关的输入与产出要素。在教育资源配置过程中,考虑"软资源和硬资源"下能包含的相关指标。

④选择数据包络分析法。数据包络分析法形式较多,有规模报酬不变 CCR 模型、规模报酬可变 BCC 模型、规模报酬可变 FG 模型、规模报酬可变 ST 模型等,在选择模型时,要考虑决策单位的实际情况和评价目的。①

⑤进行数据包络分析法评价。收集数据,模型求解,分析评价结果,然后再结合实际问题背景,找出影响因素,再制定教育资源优化配置策略。

⑥得出结论。满意结论,则输出相应结果;不满意,则返回到步骤④,再进行核算,从而得到满意结果。

(5)数据包络分析法的模型

数据包络分析法中包含 n 个决策单元($j=1,2,\cdots,n$),每个决策单元有相同的 m 项投入(表示资源的消耗量),每个决策单元有相同的 s 项产出(表示资源消耗后获得的成交量),得到的投入、产出向量分别为:

$$X_j = (X_{1j}, X_{2j}, \cdots, X_{mj})^T, j = 1,2,\cdots,n \quad\quad (2-1)$$

$$Y_j = (Y_{1j}, Y_{2j}, \cdots, Y_{sj})^T, j = 1,2,\cdots,n \quad\quad (2-2)$$

每一个决策单元 DMU_j 对应的投入总量 X_j 或产出总量 Y_j 均大于 0,每一种投入、产出都有对应的权系数 V_m 和 U_s,其权重向量为:

$$V = (V_1, V_2, \cdots, V_m)^T \quad\quad (2-3)$$

$$U = (U_1, U_2, \cdots, U_s)^T \qu\quad (2-4)$$

对于每一个决策单元 DMU_j 都有对应的效率评价指数 H_j:

---

① 李玲、陶蕾:《我国义务教育资源配置效率评价及分析——基于 DEA—Tobit 模型》,《中国教育学刊》2015 年第 4 期。

$$H_j = \frac{(\text{产出总量} \times \text{输出权系数})^T}{(\text{投入总量} \times \text{输入权系数})^T} = \frac{U Y_j^T}{V X_j^T} = \frac{\sum\limits_{k=1}^{s} U_k Y_{kj}}{\sum\limits_{i=1}^{m} V_i X_{ij}}, j = 1, 2, \cdots, n$$

$$(2-5)$$

对于第 j 个决策单位进行效率评价,一般来说,H_j 越大表明 DMU_j 能够用相对较少的输入去获得相对较多的输出。因此,在对决策单元 DMU_j 的评价中,我们就看在这 N 个决策单元中相对来说是不是最优的,我们就尽可能地变化权重去看 H_j 的最大值究竟是多少。

结合效率评价指数的含义,可以得知,投入为 $V X_j^T$,产出为 $U Y_j^T$ 。在运用过程中,可以视情况而选取权系数 V_m 和 U_s ,使 $H_j \leqslant 1, j = 1, 2, \cdots, n$,进而满足生产可能集约的约束条件,同时以第 j_0 个决策单元的效率指数 H_{j_0} 最大为优化目标,构建评价第 j_0 个决策单位相对效率的模型——CCR,记 $x_0 = x_\rho$;$y_0 = y_\rho$

①规模报酬不变 CCR 模型

$$CCR\begin{cases} \max H_{j_0} = \dfrac{\sum\limits_{k=1}^{s} U_k Y_{kj}}{\sum\limits_{i=1}^{m} V_i X_{ij}} \\ s.t \dfrac{\sum\limits_{k=1}^{s} U_k Y_{kj}}{\sum\limits_{i=1}^{m} V_i X_{ij}} \leqslant 1, j = 1, 2, 3, \cdots, n \\ V_m \geqslant 0, U_s \geqslant 0 \end{cases}$$

$$(2-6)$$

上述问题是一个分式规划问题,它是将科学—工程效率的定义推广到多输入、多输出系统的场合,可以利用查恩斯和库伯对分式规划的变化,转化成一个等价的线性规划问题,其中,令:

$$\begin{cases} t = \dfrac{1}{V^T X_0} \\ w = tv \\ \mu = tu \end{cases}$$

$$(2-7)$$

可将规模报酬不变 CCR 模型化为等价的线性规划：

$$P(CCR) \begin{cases} \max u^T y_{j0} = h_\rho \\ w^t x_j - \mu^t y_j \geqslant 0, j = 1,2,3,\cdots,n \\ w^t x_0 = 1 \\ w \geqslant 0 \\ \mu \geqslant 0 \end{cases} \quad (2-8)$$

对偶规划为：

$$D(CCR) \begin{cases} \min = h_\rho \leqslant 1 \\ \sum_{j=1}^{n} x_j \lambda_j \leqslant \theta x_0 \\ \sum_{j=1}^{n} y_j \lambda_j \leqslant y_0 \\ \lambda_j \geqslant 0, j = 1,2,\cdots,n; \theta \text{ 无限} \end{cases} \quad (2-9)$$

②规模报酬可变 BCC 模型

结合公理系统,描述和确定生产可能集。公理系统反映了经济评价系统的特性。生产可能集满足凸性、锥性、无效性与最小性公理基础上构建。

锥性公理为 (x,y) 属于 T,则对任意 $K \geqslant 0$,均有 $k(x,y) = (kx,ky)$ 属于 T,就有 $T = \left\{ (x,y) \mid \sum_{j=1}^{n} x_j \lambda_j \leqslant x, \sum_{j=1}^{n} y_j \lambda_j \leqslant y, \lambda_j \geqslant 0 \right\}$

也称为可加性公理,也就是说,如果以 k 倍投入,那么可以产生原来产出量的 k 倍输出。但是,并不是任何时候锥性都能成立,此时令 $K = 1$,相对应的生产可能集变为：

$$T = \left\{ (x,y) \mid \sum_{j=1}^{n} x_j \lambda_j \leqslant x, \sum_{j=1}^{n} y_j \lambda_j \leqslant y, \right.$$
$$\left. \sum_{j=1}^{n} \lambda_j = 1, \lambda_j \geqslant 0, j = 1,2,\cdots,n \right\} \quad (2-10)$$

在微观经济理论中,规模收益有三种情况:第一种是当收入增加时,产出以相同的比例增加,则处于规模有效状态;第二种是当产出增加比例高于投入增加比例时,则处于规模收益递增状态;第三种是当产出增加比例低于投入增加比例时,则处于规模收益递减状态。规模报酬可变 BCC

模型就是基于以上考虑而提出的,是不考虑生产可能集满足锥性的模型。规模报酬可变 BCC 模型具体形式如下:

$$D(BCC)\begin{cases} \min\theta = V_{D(BCC)} \\ s.t \sum_{j=1}^{n} x_j \lambda_j \leqslant \theta x_{j0} \\ \sum_{j=1}^{n} y_j \lambda_j \leqslant y_{j0} \\ \sum_{j=1}^{n} \lambda_j = 1, \lambda_j \geqslant 0 \\ j = 1, 2, \cdots, n \end{cases} \quad (2-11)$$

在规模报酬可变 BCC 模型下数据包络分析法有效仅代表技术有效,在规模报酬不变 CCR 模型下数据包络分析法是兼顾了技术有效和规模有效。

③规模报酬可变 FG 模型

在规模报酬可变 BBC 模型的公理体系上再加上压缩公理可得到规模报酬可变 FG 模型,也就是经济学中称为规模收益非增性公理,假如 (x,y) 属于 T_{Fc},则对任意 $\alpha \leqslant 1$,均有 $\alpha(x,y) = (\alpha x, \alpha y)$ 属于 T_{Fc},进而得到生产可能集 T_{Fc} 为:

$$T_{Fc} = \left\{ (x,y) \middle| \begin{array}{l} \sum_{j=1}^{n} x_j \lambda_j \leqslant x, \sum_{j=1}^{n} y_j \lambda_j \geqslant y, y \geqslant 0 \\ \sum_{j=1}^{n} \lambda_j \leqslant 1, \lambda_j \geqslant 0, j = 1, 2, \cdots, n \end{array} \right\} \quad (2-12)$$

并得到规模报酬可变 FG 模型,即:

$$D(FG)\begin{cases} \max z \\ \sum_{j=1}^{n} x_j \lambda_j \leqslant x_0 \\ \sum_{j=1}^{n} y_j \lambda_j \leqslant z y_0 \\ \sum_{j=1}^{n} \lambda_j \leqslant 1 \\ \lambda_j \geqslant 0 \\ j = 1, 2, \cdots, n \end{cases} \quad (2-13)$$

④规模报酬可变 ST 模型

在规模报酬可变 BBC 模型的公理体系上再加上扩展性公理(经济学中称为规模收益非降性公理)可得到规模报酬可变 ST 模型,该公理假设(x,y)属于T_{ST},则对任意$\alpha \geq 1$,均有$\alpha(x,y)=(\alpha x,\alpha y)$属于$T_{ST}$,进而得到生产可能集$T_{ST}$为:

$$T_{Fc} = \left\{ (x,y) \,\middle|\, \begin{array}{l} \sum_{j=1}^{n} x_j \lambda_j \leq x, \sum_{j=1}^{n} y_j \lambda_j \geq y, y \geq 0 \\ \sum_{j=1}^{n} \lambda_j \geq 1, \lambda_j \geq 0, j = 1,2,\cdots,n \end{array} \right\} \tag{2-14}$$

并能输出 FG 模型,即

$$D(ST) \begin{cases} \max z \\ \sum_{j=1}^{n} x_j \lambda_j \leq x_0 \\ \sum_{j=1}^{n} y_j \lambda_j \leq z y_0 \\ \sum_{j=1}^{n} \lambda_j \geq 1 \\ \lambda_j \geq 0 \\ j = 1,2,\cdots,n \end{cases} \tag{2-15}$$

数据包络分析法广泛运用于不同层次、不同地区的教育效率评价中,能更好地分析资源的耗用与收益间的成果,能多层次地反映输入与输出资源间的关系。

2. 最优化理论

(1)最优化理论的含义

最优化理论是关于系统论最优设计、最优控制,最优管理的理论与方法。最优化,就是在一定的约束条件下,使系统具有所期待的最优功能的组织过程,是从众多可能的选择中作出最优选择,使系统的目标函数在约束条件下达到最大或最小。最优化是系统方法的基本目的。

优化方法有几个基本因素:系统目标;实现目标的可能方案;实行方案的支付代价;建立模型、制定系统评价标准等。

（2）最优化理论要遵循的原则

①局部效应服从整体效应原则

在最优化理论中,要追求局部和整体最优,局部最优要符合整体最优,要恰当处理好局部与整体的关系,尽可能协调局部与整体。

②坚持系统多级优化原则

问题解决过程中,从目标、方案、模型、评价到决策,每个因数都存在优化问题,特别是系统运行过程的多阶段的逐级优化,是系统整体也要保障的。

③坚持优化的绝对性和相对性结合的原则

系统本身达优是绝对的,但优化的程度又是相对的。在进行可行性缝隙时,最好能实现理想的最优,但考虑到各种条件,尽管不理想,只要能实现"满意性"优化即可。

（3）最优化理论

数学规划是运筹学的一个重要分支,其主要研究目标是在给定条件限制下,将某个目标最大化或最小化,主要解决最优规划、最优分配、最优决策等最优问题,目前已广泛应用于能源、交通、工业、建筑等各个领域。

在数学规划处理问题时,一般会有以下几个步骤:

第一步,确定目标函数,定义影响目标方程的决策变量与目标变量;

第二步,建立决策变量和目标变量之间的函数关系;

第二步,根据实际情况定量分析目标函数的限制条件以及决策变量需要满足的约束条件。

针对最优化问题的数学模型一般有以下形式:

$$\begin{cases} opt z = f(x) \\ h_i(x) = 0, i = 1, \cdots, l \\ g_j(x) \leq 0, j = 1, \cdots, m \\ t_k(x) \geq 0, k = 1, \cdots, l \\ x \in D \end{cases} \quad (2\text{-}16)$$

其中,z 表示目标函数的最优值,f 为所建立的目标函数,通过 $h_i(x)$ 、$g_i(x)$ 、$t_k(x)$ 等一系列约束方程与目标函数 z 所确定 x 为模型的最优解。数学问题可分为几类,其中最常见的有线性规划、二次规划、非线性规划、整体规划、混合整数线性/非线性规划等。

3. 空间格局理论

(1)列斐伏尔的空间理论

20世纪初,列斐伏尔是最先关注空间理论的研究学者。列斐伏尔在《空间的生产》中实现了由时间向空间转向的研究,使人们开始逐步认识到空间的重要性。列斐伏尔作为空间理论研究的先驱人物,他的空间思想为其后空间研究提供了思想源泉与理论价值。列斐伏尔将空间与社会生产紧密结合,借鉴马克思主义理论将以往"空洞化"的空间赋予社会属性。空间实属社会性,"空间里弥漫着社会关系;它不仅被社会关系所支持,也生产社会关系和被社会关系所生产"。

列斐伏尔的"空间生产"理论提出了对空间、空间生产及差异空间的全新阐释,它为我们进行教育资源的配置开启了一个新的视域,为实现教育公平和正义提供了一种新的可能性的出路。

(2)空间理论和教育资源配置的关系

①强调空间的社会性,要求教育资源在社会空间中进行

教育空间与社会空间是两个既有联系又有区别的空间概念,可以说教育空间就是社会空间。当我们谈及教育空间与社会空间时,它与社会空间是区分开的。教育空间作为一种空间类型,必然包括空间的两种属性,即物质属性和社会属性。

②强调空间自身的生产,要求教育资源配置必须能够产生新的教育空间

空间也能作为一种生产要素,空间生产要实现的是充满活力的可持续性的生产,这需要充分考虑空间中的各个要素来获得空间自身的生产,同时,这一空间还能促进社会资源的良性运作。具体到教育配置资源过程中,应冲破教育系统内部的教育资源配置,同实现教育资源与社会空间要素的相互作用,方可实现教育空间自身的生产。

③强调空间的差异性,要求教育资源配置要走进差异空间

列斐伏尔的空间理论中,他不仅强调空间是社会性的空间,同时,他还强调空间具有差异性。基于空间的差异性,他进一步提出差异空间生产这一概念。差异空间生产以尊重多元和公平为要旨,所以它能极大地拓展物质生产、提升物质生产效率、促进生产要素的优化和聚焦。而当我们把空间视为无差别的、同质的容器时,教育资源配置的均衡就会有名无实,因为这种貌似均衡的状态实际上是教育资源各个要素的僵死状态。由于这种均衡脱离了具有差异性的空间,教育资源的各个要素,如人、财、物,就无法形成能动的生产要素。这一做法将导致两种结果:一方面它无法实现教育空间自身的生产;另一方面它不能和广泛的、差异性的社会需要形成互动。

(3)空间理论的运用

①选址—分配模型

"选址—分配模型"(Location-Allocation Models)的优化原则为两类。一类是效率原则,即从居住点到学校的总体或平均出行成本最小;另一类是公平原则,即满足最大上学距离即居住点与它最近学校的距离最小化。

目前选址问题主要有三类:

第一类,P—中位问题(也称P—中值问题):研究如何选择P个服务站使需求点和服务站之间的距离与需求量的乘积之和最小;

第二类,P—中心问题(也称min max问题):是探讨如何在网络中选择P个服务站,使任意一个需求点到距离该需求点最近的服务站的最大距离最小问题;

第三类,覆盖问题分为最大覆盖问题和集覆盖问题两类,集覆盖问题研究满足覆盖所有需求点的前提下,服务站总的建站个数或建设费用最小的问题;最大覆盖问题是研究在备选物流中心里如何选择p个设施,使服务的需求点数最多或需求量最大。

②选址—分配模型求解

选址—分配模型涉及供给、需求和交通成本,通过目标函数和约束条件求可行解和最优解,即确定一个或多个设施选址以及生源分配学区划

分。其分配问题一般通过指派模型完成,指派模型按距离最短原则最先分配生源。指派模型分为两种形式,即标准形式指派问题和非标准形式指派问题。

第一种,标准形式指派问题的数学模型:

设有 n 个人 $A_1, A_2, A_3, \cdots, A_n$ 被分派去做 n 件工作 $B_1, B_2, \cdots, B_n$,要求每件工作必须且只需安排一个人做,每个人必须且只需做一件工作。已知 A_i 完成 B_j 的工作效率为 C_{ij},其中 $C_{ij} \geq 0$。如何指派,才能使总效率最小?

设 $x_{ij} = \begin{cases} 0 & \text{当不指派} A_i \text{去做} B_j \text{工作} \\ 1 & \text{当指派} A_i \text{去做} B_j \text{工作} \end{cases}, i = 1, 2, \cdots, n; j = 1, 2, \cdots, n$

则该指派问题的数学模型为:

$$\begin{cases} \min Z = \sum_{i=1}^{n} \sum_{j=1}^{n} c_{ij} x_{ij} \\ \sum_{j=1}^{n} x_{ij} = 1, i = 1, 2, \cdots, n \\ \sum_{i=1}^{n} x_{ij} = 1, j = 1, 2, \cdots, n \\ x_{ij} = 0 \text{ 或 } 1, i = 1, 2, \Lambda, n; j = 1, 2, \cdots, n \end{cases} \qquad (2\text{-}17)$$

对于目标函数求最大化的指派问题,其数学模型与上述的模型类似,只需把目标函数换成最大化。

第二种,非标准形式指派问题的数学模型,它有两种情况:

情况一:人少、工作少的指派问题的数学模型

设有 n 个人 $A_1, A_2, A_3, \cdots, A_n$ 被分派去做 m 件工作 $B_1, B_2, \cdots, B_m$(其中 $n<m$),要求每件工作必须且只需安排一个人做,每个人必须且只需做一件工作。已知 A_i 完成 B_j 的工作效率为 C_{ij},其中 $C_{ij} \geq 0$。如何指派,才能使总效率最小?

设 $x_{ij} = \begin{cases} 0 & \text{当不指派} A_i \text{去做} B_j \text{工作} \\ 1 & \text{当指派} A_i \text{去做} B_j \text{工作} \end{cases}, i = 1, 2, \cdots, n; j = 1, 2, \cdots, m$

则该指派问题的数学模型为:

$$\begin{cases} \min Z = \sum_{i=1}^{n} \sum_{j=1}^{m} c_{ij} x_{ij} \\ \sum_{j=1}^{n} x_{ij} = 1, i = 1,2,\cdots,n \\ \sum_{i=1}^{n} x_{ij} = 1, j = 1,2,\cdots,m \\ x_{ij} = 0 \text{ 或 } 1, i = 1,2,\Lambda,n; j = 1,2,\cdots,m \end{cases} \quad (2\text{-}18)$$

情况二:人多、工作数少的指派问题的数学模型

设有 n 个人 $A_1,A_2,A_3,\cdots,A_n$ 被分派去做 m 件工作 $B_1,B_2,\cdots,B_m$ (其中 $n>m$),要求每件工作必须且只需安排一个人做,每个人必须且只需做一件工作。已知 A_i 完成 B_j 的工作效率为 C_{ij},其中 $C_{ij} \geqslant 0$。如何指派,才能使总效率最小?

设 $x_{ij} = \begin{cases} 0 \text{ 当不指派} A_i \text{ 去做} B_j \text{ 工作} \\ 1 \text{ 当指派} A_i \text{ 去做} B_j \text{ 工作} \end{cases}, i = 1,2,\cdots,n; j = 1,2,\cdots,m$

则该指派问题的数学模型为:

$$\begin{cases} \min Z = \sum_{i=1}^{n} \sum_{j=1}^{m} c_{ij} x_{ij} \\ \sum_{j=1}^{n} x_{ij} = 1, i = 1,2,\cdots,n \\ \sum_{i=1}^{n} x_{ij} = 1, j = 1,2,\cdots,m \\ x_{ij} = 0 \text{ 或 } 1, i = 1,2,\cdots,n; j = 1,2,\cdots,m \end{cases} \quad (2\text{-}19)$$

就选址模型而言,从地形角度可分为连续选址模型和离散选址模型;从选址目标角度可以分为成本最低模型和效益最大化模型;从网络结构复杂性可以分单阶段选址模型和多阶段选址模型;从容量约束的角度可分为有容量约束的选址模型和无容量约束的选址模型;从产品种类角度可分为单产品选址模型和多产品选址模型,从动态性角度可分为单周期静态选址模型和多周期动态选址模型;从需求动态性角度可分为确定性选址模型和不确定性选址模型。

为了实现对选址模型的求解,研究者为其设计了一系列的算法,主要

包括分支界定法、拉格朗日算法、模拟退火算法、禁忌搜索算法和遗传算法。

4. 网络结构理论

(1)网络结构理论的含义

社会网络是个体或组织之间社会关系形成的网络。1908年,社会学家齐美尔提出"网络"概念,网络是由联系(Link)连接起来的多组对象的集合。社会网络一般由节点(Nodes)和边(Edges)组成,"节点"代表社会网络中的行动者,"边"即"关系"(Ties),代表行动者之间的联系或关联,如友谊、交易关系、成员资格等。从构成要素来看,教育资源的分配也涉及各种要素,而要素作为节点,在资源配置过程中也至关重要。

(2)网络结构理论的运用

①网络结构洞

结构洞理论在创新网络的相关研究中具有重要影响。它是指社会网络中某个个体和一些个体发生直接联系,但与其他个体不发生直接联系,从网络整体看好像网络结构中出现了洞穴。假如有 A、B、C、D, A 要与 B、C 取得联系必须通过 D,所以 D 处于绝对的优势地位,起到了桥梁和中介的作用,它可以获得更多的信息、资金等资源,并且在与 A、B、C 的交往中占据较大的议价能力,进而谋求自己利益的最大化。具体的公式如下:

$$C_i = \sum_j \left(P_{ij} + \sum_{q,q \neq i,q \neq j} P_{iq} P_{qj} \right)^2 \qquad (2-20)$$

其中,C_i 代表网络行为主体 i 的结构洞限制度;P_{ij} 代表 i 在 j 身上关系的比例轻度,比如 i 花费在 j 上的时间和精力占其总的时间或精力的比例。在这里,借用不同区域间两两合作的次数 x_{ij} 来计算:$P_{ij} = \dfrac{x_{ij}}{\sum\limits_{j \in T(i)} x_{ij}}$

结构洞限制度属于负向指标,大小在 0 至 1 之间,它的值越大,表示结构洞优势越小。

②最小支撑树

最小支撑树是指图 G 的一棵权重最小的支撑树。设图 G=(V,E;w)是一个带权无向连通图,其中 V 是图 G 的 n 个顶点的集合,E 是图 G 的

m 条边的集合,w:E—R_+。最小支撑树是指求解图 G 的一个权重最小的支撑树,支撑树 T 的权重定义为:w(T)= $\sum_{e \in T}$ w(e)。

5.层次分析法

层次分析法(Analytic Hierarchy Process,AHP),是美国运筹学家萨蒂(T.L.Satty)教授于 20 世纪 70 年代提出的,它是对方案的多指标系统进行分析的一种层次化、结构化决策方法,它采用数学方法将哲学上的分解与综合思维过程进行了描述,从而建立决策过程的数学模型,具有适用性、简洁性、有效性和系统性的特点。运用层次分析法可以将复杂问题中的各因素划分成相互联系的有序层次,通过专家较客观的判断给出每一层次全部因素相对重要性的权重值,通过对排序结果的分析研究,提出解决方案。运用层次分析法进行评价,大体上可按下面 4 个步骤进行:

(1)层次结构模型的建立

应用层次分析法分析决策问题时,首先要把问题条理化、层次化,构造出一个有层次的结构模型,如图 2-1 所示。

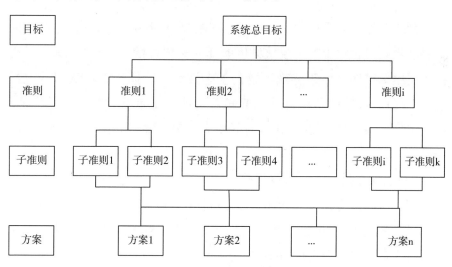

图 2-1 层次结构模型

(2)构造两两比较的判断矩阵

层次结构反映了诸元素之间的关系,但准则层中的各准则在目标衡量中所占的比重并不一定相同,在决策者的心目中,它们各占有一定的比

例(权重)。层次分析法采用1—9标度法,对不同情况的比较给出数量标度,如表2-1所示:

表2-1 1—9标度法

标度	含　义
1	表示两个因素相比,具有相同重要性
3	表示两个因素相比,前者比后者稍重要
5	表示两个因素相比,前者比后者明显重要
7	表示两个因素相比,前者比后者强烈重要
9	表示两个因素相比,前者比后者极端重要
2,4,6,8	表示上述相邻判断的中间值
倒数	若因素 i 与因素 j 的重要性之比为 a_{ij},那么因素 j 与因素 i 重要性之比为 $a_{ji} = \dfrac{1}{a_{ij}}$

(3)层次单排序及一致性检验

判断矩阵对应于最大特征值 λ_{max} 的特征向量 W,经归一化后即为同一层次相应因素对于上一层次某因素相对重要性的排序权值,这一过程称为层次单排序。由于客观事物的复杂性和人对同一事物认识的差异性,专家打分构造的两两比较判断矩阵可能出现重要性判断上的矛盾。因此,对决策者提供的判断矩阵有必要做一次一致性检验,以决定是否能接受它。

(4)层次总排序及一致性检验

同一层次所有元素对于最高层(目标层)相对重要性的排序权值利用单排序的结果,便可进一步计算对于最高层(目标层)而言,其下各层次所有元素相对重要性的权值。

6. 模糊综合评价法

(1)模糊综合评价法含义

模糊综合评价法是将杂乱无序的问题分为多个因素或多个层次进行分析的方法,其不仅可以将多因素问题综合为一个或若干指标进行讨论,还可以人工确定权重。多个层次主要包括目标层、准则层和指标层,根据各层之间的相互关系逐级分层,列出树状图或表格,这样便形成了上一层次主导下一层次各指标,同一层次各指标联合反馈上一层次各因素的情况,使复杂问题分解出的各因素呈现出有序的结构;然后按照所列分层结构中各指标的重要程度进行排序,形成判断矩阵;最后确定各指标的相对权重。层次分析法模糊评价法将层次分析法和模糊综合评价法进行有机结合,提高了研究对象评价的客观性,更直观地展示出复杂问题的多种表现,为港口设备提供了便捷、有效的管理。

(2)评价流程

①建立判断矩阵

进行综合评价,对选取的 2 个指标体系因素进行比较,以一个因素为基准,对另一个因素进行评估,判断其重要性,从而完成判断矩阵的建立。对于选中的 2 个指标体系中的因素,2 个因素分别为 w_i 和 w_j , a_{ij} 可以表示为 w_i 和 w_j 对 Z 重要性的影响程度,其结果用矩阵 A $= aij_{m \times n}$ m×n 表示。

②确定评价指标的权重

a. 将判断矩阵 A 按列归一化:

$$b_{ji} = \frac{a_{ij}}{\sum\limits_{i=1}^{n} a_{ij}} \ (i,j=1,2,\cdots,n)$$

b. 将每一列经正规化后的判断矩阵按行相加:

c. $w_i = \sum\limits_{j=1}^{i} b_{ij}$

d. 将得到的和向量归一化,得到权重向量:

$$w_i{}^- = \frac{w_i}{\sum\limits_{i=1}^{n} w_i}$$

e. 计算矩阵的最大特征值:

$$\lambda_{max} = \sum\limits_{i=1}^{n} \frac{(AW)}{n \, w_i}$$

f. 一致性检验：

$$CI = \frac{\lambda_{max} - n}{n - 1}$$

$$CR = \frac{CI}{RI}$$

随机一致性指标 R_i 的验证方法通过上述公式的计算，当 CR 小于 0.1 时，表示通过一次性随机指标验证。如果 CR 大于 0.1，则需要对判断的矩阵进行调整并重新验证，确保 CR 值小于 0.1 为止，否则矩阵需要重新进行调整并检验，直到通过检验。

③指标体系中评价指标的隶属度

确认隶属度时，由于二级指标体系中的指标都具有模糊性，因此通过各等级的隶属度来削弱每一个指标隶属的模糊性，确保结果的准确性。

7. 投入产出法

投入产出法是建立在产业关联理论的基础之上，由美国经济学家列昂惕夫 1936 年创立。该方法通过建立国民经济各部门之间的经济投入产出表，以体现经济技术联系，即某一部门的生产活动要在其他关联部门的产出供给下才能得以保障，该产业部门同时也为其他关联产业发展提供必要投入。产业间关联关系实质上是供给与需求的关系。投入产出法通过数量化这种供给与需求的关系，为分析国民经济各部门之间的相互依存与相互制约提供了有效方法。投入产出法应用的基础是建立投入产出表，此表主体为 n 个产业部门纵横交叉的表格，能够反映出中间投入与中间产出，基本框架如表 2-2 所示。

表 2-2　中间投入与中间产出

投入＼产出		中间产品	最终产品			总产出
		部门 1,2,…,n	消费	投资	出口	
中间投入	部门 1 … … 部门 n	第 I 象限	第 II 象限			

续表

产出 投入		中间产品	最终产品			总产出
		部门 1,2,…,n	消费	投资	出口	
增加值	劳动者报酬	第Ⅲ象限				
	生产税净额					
	固定资产折旧					
	营业盈余					
总投入						

由此可建立投入产出行向模型、列向模型和总量模型,分别为:

$$\begin{cases} \sum_{j=1}^{n} x_{ij} + y_i = X_i(i = 1,2,\cdots,n) \\ \sum_{i=1}^{n} x_{ij} + y_i = X_j(j = 1,2,\cdots,n) \\ \sum_{j=1}^{n} x_{ij} + y_i + \sum_{i=1}^{n} x_{ij} + N_j(i,j = 1,2,\cdots,n) \end{cases} \tag{2-21}$$

其中,x_{ij} 为 j 部门生产活动对 i 部门产品的消耗量,y_i 为第 i 部门的最终产出,X_i 为第 i 部门的总产出,N_j 为第 j 部门的增加值。

第三节　义务教育资源配置

一、义务教育资源配置的内涵

在我国各级各类教育中,义务教育是重中之重。随着义务教育的全面普及,在更大范围内促进义务教育资源有效配置,实现义务教育均衡发展已成为党和政府在"后义务教育"阶段的重要任务。2010年,《国家中长期教育改革和发展规划纲要(2010—2020年)》的颁布实施,明确提出要均衡配置教师、设备、图书、校舍等资源,并将缩小校际差距、城乡差距和区域差距作为实现义务教育均衡发展的重要措施。2012 年,党的十八大报告中又明确指出要"合理配置教育资源",有效推动教育公平。2013年,党的十八届三中全会再次提出"要深化教育领域综合改革统筹城乡义务教育资源均衡配置",这为推动义务教育均衡发展,实现教育公平提供了新的契机。① 义务教育资源配置就是在义务教育阶段将义务教育财力、义务教育物力、义务教育人力等资源进行合理分配。

二、义务教育资源配置的理论

1. 公共资源配置理论

马克思的学术研究中将资源配置定义为将社会的劳动量汇总分配,也就是说不同领域中生产要素的分配,而这种观点很明显是从社会劳动的视角出发的。在马克思的资源配置理论中对资源配置进行了较为详细的论述:最初,基于社会生产的客观要求资源配置被拿上台面,社会劳动总量在社会化的生产中存在相应的分配比例,而正是这种比例使社会的各种需求与相应的生产部门的产能相匹配成为可能,进而使生产和消费之间达到平衡状态。② 同时,随着经济的发展,优化资源配置成为必然,人类社会的各个生产部门在不同的社会时期和社会状态下一直将社会的劳动总量按相应比例进行分配,以此使生产的产品与相应的需求相匹配。在这个过程中,可能因为社会发展体制变化等使分配的方式出现差异,但追根溯源,均是资源分配中出现的问题,马克思将上述现象描述为"自然规律"。资本主义生产关系被设立为马克思主义经济学的分析对象,剩余生产理论、价值理论、流通理论以及分配理论这些经济学的相关理论,均被马克思用来论证资源配置问题。

2. 教育公平理论

教育公平的思想在我国具有较长的历史渊源,早在两千多年前,中国

---

① 凡勇昆、邬志辉:《我国城乡义务教育资源均衡发展研究报告——基于东、中、西部8省 17 个区(市、县)的实地调查分析》,《教育研究》2014 年第 11 期。

② 樊慧玲:《我国义务教育资源配置的绩效评估体系构建》,《教育科学研究》2019 年第 8 期。

古代教育家孔子就提出了"有教无类"的思想,指在教育过程中不要受贫富差距、性别等客观因素的影响,实现人人可以接受教育的现状。

教育公平有三个层次,分别是教育机会均等、教育过程均等以及教育结果均等。起点公平对应的是机会均等。平等的教育是社会公平的前提。现代教育是优化个人发展,完成个体理想的重要载体。教育平等可以给任何人一个改变生存状态的机会。相关的法律规定维持着基础的教育起点公平,保证应受义务教育的个体均能接受教育;政府对教育资源的投入则是教育过程公平的充分必要条件,各地域、行政区域间的教育投入和政策条文深刻影响着教育过程的质量与效果;教育结果公平是通过安排制度以及加强管理来实现的,使教育资源的使用效率得以提高,从而保证学生拥有平等的成就机会。可以说,在实现教育公平的过程中,政府的职能作用贯穿始终。

3. 人力资本理论

在经济增长的背景下,人力资本的作用大于物质资本。人力资本投资与国民收入呈正比,增长速度快于物质资源。提高人口的质量,提高对教育的投资是人力资源投资的一个重要组成部分。教育是改善人力资本的最关键的方式。

4. 正义理论

义务教育资源配置是从表层分析政府行为,各级政府根据区域内的义务教育需求对义务教育资源进行再分配,实际上是政府在义务教育资源空间配置上对社会公平、争议等问题的价值判断。任何教育政策在考虑效益的同时,必须兼顾公平正义,唯有如此才能符合人民的利益。探讨义务教育资源空间配置的公平和正义,需分析其蕴藏的价值,以明确义务教育资源空间配置的思想根基。其中,罗尔斯的"公平的正义"、诺齐克的"持有正义"和德沃金的"资源平等"正义理论对教育资源配置进行了哲学分析,有利于明确义务教育资源配置的合理化价值取向。

5. 地理学基础理论

中心地理论、服务业区位论、区域非均衡发展理论、点轴发展理论、地域生产综合体理论、教育地理综合体概念及地理科学研究方式对义务教育资源空间配置的问题、影响因素分析及提出相应调控策略具有重要的参考作用。

首先，中心地理论是基于市场竞争规则，平原空间以及相对均衡人口分布密度提出的地理学理论，基于中心地理论而提出服务业最佳区位模型可用于指导区域服务业资源的空间布局。义务教育资源配置会涉及学龄人口变化趋势，科学调整中小学学校空间布局、学生资源和教师资源。其次，运用区域非均衡发展的理论研究义务教育资源配置，采用极化作用、回波效应分析地域对区域义务教育发展的非均衡性影响，重视辐射、关联作用、回波、扩散作用的发挥对义务教育资源配置的积极影响，保障义务教育权益及质量、促进人才培养与地方经济发展的互动，推行有效义务教育区域均衡发展模式，促进区域健康可持续和谐发展。

6. 空间公正理论

空间公正，本质是指空间中所有资源归属的公平和正义，具体指存在于社会空间生产和空间资源配置领域中，公民所享受的空间权益是公平和公正的，包括对空间资源和空间产品的生产、占有、利用、交换、消费的公正。空间是义务教育资源配置行为发生的场所及基本载体，空间本身承载公正性，同时也是构建并形成其空间公正的重要元素。社会空间理论将空间公正设置为目标价值追求，学者爱德华·索亚认为，空间正义的建立及形成是构建合理生活空间的可行路径，构建空间权益意识的觉醒，保障社会个体有权利表达公平的诉求及意愿，在保护整体环节公平的前提下，通过政策研发和实践进行最大限度地补救和保护。空间是空间公正理论的主要研究成果，因此所有面向义务教育阶段的教育资源，无论人力、物力、财力等空间配置上均应遵循"福利最大化原则"。

第三章　教育公平与教育资源优质均衡

第一节　教育公平

一、教育公平的相关概念

1. 教育

教育有广义和狭义之分,广义的教育指影响人的身心发展的社会实践活动;狭义的教育指专门组织的学校教育,它包括义务教育、全日制教育、函授教育等。它根据现实生产需求,教育者遵循一定的社会发展规律、人的身心发展规律,有目的、有组织、有计划地教授受教育者获取知识、技能,发展智力,陶冶情操的一种活动,以便把受教育者培养成为适应社会需求、社会发展的人。进一步而言,教育通过各种手段培养具备一定知识和技能的人,而这些受教育者将所学知识和技能与生产生活相结合,促进生产力的发展、社会的进步。

2. 公平

公平指在处理事情、分配资源过程中基于一定的标准或者原则对参与双方不偏不倚,具有严格的合理性。公平不仅体现在教学过程中,也体现在教育中。

3. 教育公平

(1)教育公平

教育公平指国家在合理的规则和制度指导下对教育资源进行公平分配,是公平在教育领域的延伸和扩展。教育公平具有宏观层面和微观层面之分。宏观的教育公平侧重教育权利、教育机会的公平;微观的教育公平侧重教学过程的公平、教学评价的公平。教育公平是随着经济增长而发展的动态过程,已引起社会各界的关注。教育公平涉及地区教学资源分配,包括入学机会、教育过程、教育结果等方面的内容。教学公平与教育公平是相互对应的,只有实现教学公平才能推动教育公平。

在新文化运动以后,中国国内接触到一些西方思想后,渐渐有了教育公平的要求,但当时主要关注的是教育上关于性别的公平;随着改革开放的推进,中国经济得到发展,城乡之间的差距不断拉大,教育公平的问题主要体现在城乡、地区教育资源分配不均衡的问题上。

(2)教育公平的阶段

教育公平分为三个递进的阶段:教育起点公平、教育过程公平、教育结果公平。教育起点公平指权利的平等和机会的均等,它要求国家保障公民平等的受教育权利。教育过程公平指在教育过程中享受到资源公平,每个个体享受到公平的教育,它要求实现教育的均衡发展。教育结果公平是最高层次的公平。因为平等的教育权利、均等的教育机会、均衡的教育资源都是结果公平的条件,结果公平才是"教育公平的最终目标",它指向教育质量,追求教育质量的公平与均衡。

教学公平指在教学过程中,教育者要根据实际情况、及时结合现有资源调整教学过程。早在中国古代,孔子就提出"有教无类"和"因材施教"这类涵盖教学公平的思想。教学公平中存在各种教学资源,而这些资源如何分配,显得至关重要。教学是教育的主体部分,关于教育公平的研究一般都会涉及教学公平。

二、教育公平的重要性

教育公平是教育现代化的基本要求,也是教育现代化的重要标志。推进教育现代化建设,就必须把教育公平作为基本原则,统筹好区域和城乡教育、统筹好公办教育和民办教育,统筹好普通教育和职业教育,科学合理配置资源,推动各区域的教育发展,推动基础教育体系建设,尽可能最大化地实现教育公平。在教育公平的支撑下,实现社会公平,让更多的教育成果惠及全体人民,以教育公平促进社会公平、正义。

1. 国家经济发展需要

教育公平是促进我国经济发展的重要动力。教育公平能够保障教育机会的均等,从而实现教育过程和教育结果的公平,这样公民的文化涵养、知识能力和技术水平随之提高,从而提高工作效率,创造更多的经济效益,推动我国国民经济的发展。我国经济要实现经久不衰的持续性发展,就要不断深入落实教育公平,只有实现人才更好地培养,才能让我们国家随着一批批新鲜血液的注入,不断焕发新的生机。

2. 社会和谐发展需求

教育公平是构建和谐社会的重要基石。构建和谐社会是包括教育公平在内的,以公平正义为基础和前提的。社会的发展离不开教育,教育的目的是促进人的发展,而社会的发展依靠的就是人。和谐社会的建设要通过实现社会的公平正义来实现。教育公平是现代社会公平的重要组成部分。

3. 教育制度发展需求

教育公平与一定的教育制度相关联,教育公平受到各种因素的影响,其制度因素是主要的。教育制度是构成现代教育的主要规则体系,直接决定教育发展公平与否,制度以此为基准,具体规定所有社会成员的教育权利和义务,规定着教育资源。制度因素和制度路径是实现教育公平必须充分考虑的要素,制度是教育公平的保障和基础,离开教育制度的支撑,单独去寻找教育公平的现实道路,要明确教育制度的内容和指向,力争促进教育公平。

4. 个人身心发展需求

教育公平不仅是社会的基础性公平,而且是人的发展的起点公平。这主要是因为教育在人的发展中起主导作用。我们从教育学上可知,人的发展受许多因素的影响,其中遗传素质、社会因素、教育环境和个体的自觉努力是比较重要的因素

真正的教育触及人的生命,教育可以看成是人的一种生存方式,对人生有着深远的影响。教育和人生是紧密联系在一起的,教育要关注人的现实,关注人的真正存在,摒弃教育狭隘的知识教育立场,关注人的思想、

情感、责任、精神价值,使人有一个完整的人生。

三、教育公平的特点

1. 历史性

教育公平是一个历史范畴,具有历史性。它是围绕着人类社会发展不断变化的,在不同的国家、不同的阶级、不同的时段对教育公平的看法都不一样。就中国而言,不同时期教育公平映射出来的现象不一致。科举制下教育公平在一定程度上实现了寒门能出贵子的公平,实现了一部分贫苦弟子通过教育改变命运的现实。新文化运动以后,教育的公平主要体现在教育主体性别上的公平,打破了只有男性才能接受教育的局面。

2. 相对性

任何公平都是相对的,教育公平也不例外。由于人与人之间存在巨大且普遍的差异性,在看待教育公平的问题上都有自己评价的标准,这样会加剧教育的不公平性。因此,在教育公平问题的探讨中,务必依据某一特定的标准,在该标准下尽可能地实现教育的公平。

3. 主观性

教育公平是一种主观价值判断,具有主观性。其主观性表现为教育公平感,即对教育公平问题进行评价时所产生的一种心理感受。它与客观存在的教育公平问题,既有一致性,又有不对称性。教育公平感实际上是公平感与不公平感的总称。客观存在的教育与主观心理预期完全吻合,将产生公平感;如果客观存在的教育与主观心理预期不吻合,将产生不公平感。教育公平又是一个理想范畴,具有理想性,它作为人们对教育理想的追求,也是促进教育发展的动力。

四、教育公平的内涵分析

1. 教育制度公平

(1)教育制度公平的含义

教育制度公平涉及静态层面,为教育程序公平提供了良好的依据。宪法明确指出,每个公民在达到法定年龄后,都有平等地接受教育的权利。法律政策是我们行为的导向,实施公平的教育资源配置就需要一定的政策。教育公平需要国家的相关政策支持,在师资调配、生源分配、教育经费、校舍建造等都要有相关政策支持。

①制度

制度,泛指规则或者运作模式,规范个体行动的一种社会结构,是一种要求成员共同遵守的规章或准则。制度是调节人与人之间社会关系的一系列习惯、道德、规章等,是在一定历史条件下的政治、经济、文化等方面的体系,对相关的行为具有指导意义。

②教育制度

教育制度是国家各级各类教育机构及其管理规则。这个概念包含两个方面的内容:第一,是各级各类教育机构与组织的体系,这里强调的是学制,即各级各类学校教育的制度;第二,是教育机构与组织体系赖以生存和运行的整套规则,如各种各样的教育法律、规则等。

③教育制度公平

教育制度公平是教育制度中的一部分,是能直观体现教育公平的政策性规则、法律法规等内容。教育领域内把公平的理念与要求具体化为制度,可以体现为教育公平的法律,如《义务教育法》、各级各类教育的助学金政策及资助政策。

(2)教育制度公平的体现

教育制度公平不仅仅体现在国家的体系建设方面,更体现在考试招生、禁止性别歧视、合理规划资源等方面。我国的教育由弱到强,一步一步地从不平等走向平等,并不断追求各种层面上的公平。

①法律体系建设

1986 年,《中共中央关于教育体制改革的决定》提出制定义务教育大法,实施九年义务教育,我国颁布了《中华人民共和国义务教育法》,1992年我国出台了《中华人民共和国义务教育法实施细则》,在 2006 年,我国整合了上述两个关于义务教育的文件,并根据义务教育实际情况增加新的规范和条文,完善了相关条款,明确了"凡具有中华人民共和国国籍的适龄儿童、少年,不分性别、民族、种族、家庭财产情况、宗教信仰等,依法享有平等接受义务教育的权利,并履行接受义务教育的义务"。逐渐保障了我国适龄儿童和少年接受的教育的权利。同时,《中华人民共和国妇女权益保障法》相关规定"国家保障妇女享有和男子平等的文化教育的权利",保护了妇女受教育的权利,更加坚定地打破了男女教育不平等的局面,从性别角度促进教育公平。

《义务教育法(修订案)》中将"均衡发展"作为义务教育发展的指导思想,而均衡发展的最终目标就是为了缩小城乡、区域间教育发展差距,促进教育公平。《义务教育法(修订案)》的实施体现了中国对教育公平发展的思路,教育公平法律体系得到不断完善,使公平能不断摆在更加突出的位置。

②考试招生层面

2014年12月,我国教育部颁发了《关于普通高中学业水平考试的实施意见》和《关于加强和改进普通高中学生综合素质评价的意见》,意味着国家从学业水平和综合素质评价两个方面去关注学生的全面发展,促使每个学生发展学科兴趣与个性特长。2005年5月27日教育部办公厅发布《教育部办公厅关于建立高等学校招生全国考试考生诚信档案的通知》,从制度出发,保障了考试的公平和诚信,为学校招生公平奠定了基础。2014年7月23日,中央精神文明建设指导委员会印发《关于推进诚信建设制度的意见》。推进诚信建设制度化的重要意义、指导思想和主要原则;建立起全覆盖的社会信用信息记录;切实增加诚信教育实践针对性,保障教育考试的公平。

招生层面,招生计划是各高校在国家指导下,根据本校教育发展状况、办学实力,结合毕业生就业情况、各省生源情况进行分配编制。这其中包含国家制度政策倾斜的支援中西部地区招生协作计划、农村欠发达地区定向招生,以及农村学生单独招生、地方重点高校招收农村学生等各类专项计划等。定向招生是指在高考填报志愿时,学生填写《定向生志愿表》。高等学校应根据考生填写的定向志愿录取定向生,并在录取通知中注明定向地区或部门,须在入学注册前与高校及定向就业单位签订有关定向就业协议,这样在招生的制度上逐步实现教育的公平。

③解决师资问题

在我国教育公平发展的过程中,除了解决法律体系建设、财政投入等层面的问题,师资问题也是关键。而关于师资问题的解决,我国从制度政策上提出了师范生公费教育政策和特岗教师政策。

2018年8月10日,《教育部直属师范大学师范生公费教育》对部属师范大学师范生公费教育政策进行了系统全面规定。师范生公费政策是师范生在校学习期间免缴学费、住宿费、领取生活费补助;师范生在入学前与学校和生源地省级教育行政部门签订协议,承诺毕业后从事中小学教育六年以上,需到农村薄弱学校任教2年。

特岗教师是中央为解决中西部欠发达地区农村义务教育教师人员紧缺问题推进的一项政策,通过公开招聘的形式,向西部地区"两基"攻坚县、县以下农村学校输送教师。免费教育师范生和特岗教师政策都是中国为解决教育师资不足,特别是农村教育师资不足问题所出台的创新性举措,通过这些政策,既解决了一部分在校家庭困难学生的学费或就业问题,又为解决城乡、区域教育发展差距过大问题找到了新的突破口。

2. 教育程序公平

教育程序公平是动态层面,与教育制度公平相辅相成,是在教育的实施中呈现出的公平。

(1)教育程序公平的含义

①程序公平

程序公平,顾名思义,就是指当事人根据一定的规则在处理某一件事情的过程中不偏不倚。程序公平要求制度在指导事件处理的实施与监督过程中是开放与透明的,事件相关方是平等的。

②教育程序公平

教育程序公平是程序公平在教育领域的体现,也就是教育相关主体在教育过程中保障教育过程的公平公正。在教育中涉及的主要程序有教育资源分配、教学过程、教育评价。

（2）教育程序公平的原则

①公平原则

公平原则指在处理事情的过程中以社会公平、公平的观念指导自己的行为，平衡各方的利益，要求以社会正义、公平的观念来处理事情。就教育而言，教育公平指教育资源分配的公平、教育者在教学过程中的公平、教育评价上的公平。

②机会均等原则

在中国古代，孔子就强调"有教无类"，强调教育的无差别化，强调教育机会的均等化，也就是指受教育者在接受教育上机会均等，不受教育者性别、年龄、种族、家庭情况等客观因素的影响。就教育程序中所涉及的教育资源分配、教学过程、教育评价的环节，受教育者都有相同的机会参与其中。

③差别原则

教育程序中的差别原则主要侧重于教育评价环节。教育者只有针对不同的受教育群体作出客观合理的评价，才有利于促进教育程序的公平。差别原则最核心的精神在于对处于不利地位学生的补偿要以不损害其他学生的利益为基本前提。差别原则是互惠的，只有处于不利地位学生的发展和其他学生的发展同时得到考虑的资源分配方式才是符合公平原则的分配方式。

（3）教育程序公平的体现

①程序公开

程序公开意味着在教育资源配置的过程中，从一开始就确保公开、公平、公正，严格防止秘密交易，进而增加公众的信任感。在教育资源配置的相关政策制定过程中、政策实施过程中都保持公开透明，加大社会大众的监督作用，强调资源配置过程中的透明度。现在政府相关部门在对教育资源作出相关决策时都会公开向社会征求意见和建议。

②程序参与

利益相关者的广泛参与使教育资源的配置不单一受制于某一集团。利益相关者参与教育资源配置相关政策的制定、措施的落实是保证教育公平性的有效手段。教育资源的合理配置是多个利益集团相互妥协的结果。为了保障大多数社会成员的利益要求及时全面地反映到教育资源配置活动中,必须不断推进教育决策活动的民主化,保证绝大多数社会成员的需求和利益在教育政策中得到全面反映,要形成一种有效的利益平衡机制,以实现最大多数人的公平。

3. 教育政策公平

(1)教育政策公平的含义

①政策

政策就其字面意思而言指政府在某件事情上所提出的策略。其行为主体是政府、政治有关的行为个体,无论怎样均带有政治意味,是一种政治性的活动,并带有规划、计划和谋略的含义。

公共政策的制定主体是政党和政府,而且是执政党和代表国家的政府,具有明确的目标取向,也是利益分配和调节的手段。政策表现成一种系统性的行动方案和过程。政策也就能定义为:政策是政府和政党依据特定时期的目标,对社会利益进行协调和分配以解决社会公共问题、平衡社会公众利益的行动准则、措施、工具、手段或过程。①

②教育政策

教育政策可以分为动态和静态,所谓动态就是注重教育政策的实施过程。而静态指的是教育政策的文本形式。它是关于政府在教育层面对公共资源作出计划、分配、协调的过程,也是包含政府对教育相关的一些书面文件。

(2)教育政策公平的特点

①规范性

教育政策产生于国家相关机构,它能代表一定的阶级、阶层、集团的根本利益,注重研究、制定和执行的过程。教育政策的规范性主要体现在如何合理地分配教学资源的过程中,如何最大限度地实现教育的公平,怎样实现教育利益的分配和调节。只有教育政策规范性得以落实,教育的

---

① 朱永坤:《教育政策公平性研究》,东北师范大学 2008 年博士学位论文。

目标才得以实现。

②权威性

众所周知,为避免社会直接分配的盲目和矛盾,教育政策的制定和实施者都是国家相关部门,能从宏观层面去调节和指导教育资源的配置,进而尽可能实现教育利益在各阶层中的合理配置。基于政策制定者的权威性,教育政策也具有权威性,再结合政策实施主体的本质,能达到在政策实施过程中的权威性调节和分析。

③价值取向性

教育政策的主体在制定和执行教育政策时,无论是针对什么问题都要明确能做和不能做的问题,实质上也是以某种价值标准去衡量。价值观不同,实现的目标也不一样,行动方向也有所不同。价值标准直接影响甚至决定政策的性质、方向、合法性、有效性和公平程度。

④文本性

教育政策用文字表现出来的便是政策文本,人们一般叫作政策条文。它的文本形式有多种,在我国主要有法律条文、政府文件、地方政府规章,党的各级领导机关制定的各种纲领、决议、通知、宣言、声明等文件,还有国家中央机关制定、发布的教育发展计划及远景规划、教育预算,以及教育厅、教育局制定、发布的各种规章、发展战略和计划等。

(3)教育政策公平的体现

①制定者的公平

一般而言,政策的制定者均为政府。通过法定程序将意识形态的思想上升为国家意志,以政府的名义公布执行,成为国家政策,是一种政策的"间接制定"。我国教育政策的制定与执行过程,实际上指"以中国共产党组织为首的所有履行当代中国社会公共权利的组织机构的决策与执行的过程"。公平合理地分配教育资源是政府的基本职能①。

②形成的公平

教育政策形成过程是各利益主体相互协调、妥协和综合的过程。在

---

① 朱永坤:《教育政策公平性研究》,东北师范大学 2008 年博士学位论文。

社会生活中,存在各种有着自身利益的群体,他们都有各自不同的利益,要追求社会稳定的发展,就必须对各种利益群体或团体作斗争并相互影响。教育政策是政府对教育资源和利益的合理分配,照顾到了各利益集团的利益需求,最大化地合理配置资源。

③客体的公平

义务教育政策的客体包括整个"义务教育"领域。教育,是一种培养人的社会活动,不但为了个体发展需要,而且也是为了社会发展需要,教育在人和社会的发展中越来越重要。人人享有教育权,平等地获得教育机会是人的基本权利,"公平"是教育的内在精神和价值追求,义务教育是公共事业,是超越任何特殊利益集团的共同占有,这就意味着平等接受义务教育是人的基本权利。

五、教育公平的体现

1. 义务教育的稳步实施

义务教育是国家统一实施的所有适龄儿童、少年必须接受的教育,是教育工作中的重中之重,是国家必须予以保障的基础性、公益性事业。免费的义务教育具有明显的福利效应,大力促进了教育公平。党中央、国务院高度重视义务教育工作,在促进教育公平、保障适龄儿童平等接受义务教育方面作出了重要部署,建立了农村的义务教育经费保障机制,实现了城乡免费义务教育,义务教育覆盖面、入学率、巩固率持续提高。普及义务教育,体现了实施义务教育的根本目标,是教育公平在教育实践中的具体要求。

2. 城乡差距的不断缩小

2016年7月,国务院印发《关于统筹推进县域内城乡义务教育一体化改革发展的若干意见》,要求按照全面建成小康社会目标,加快缩小城乡差距,促进教育公平,统筹推进县域内城乡义务教育一体化改革发展。加快推进县域内城乡义务教育学校建设标准统一、教师编制标准统一,"两免一补"征程城乡全覆盖。城乡教师交流轮岗管理制度是指学校对口帮扶,实现"管理团队+骨干教师"组团输出等多种形式,促进城乡教师交流轮岗,加强师资均衡。

3. 入学方式更多样合理

近年来,教育部为落实好普通中小学招生入学工作,要求各地要科学合理划定片区,建立义务教育阶段常住人口学龄儿童摸底调查制度,按照"学校划片招生、生源就近入学"的目标,为每所义务教育学校科学划定招生片区范围。在教育资源相对均衡的地方,鼓励逐步实行单校划片,合理稳定就学预期。教育资源不够的地方,积极稳妥推进多校划片。

第二节　义务教育公平

一、义务教育公平的相关概念

义务教育应该是政府意志:教育制度的唯一永恒的主题。[①] 义务教育的平等性、义务性又使公平成为教育政策的首要价值标准。义务教育是指按照法律规定,适龄儿童、少年必须接受的教育,国家、社会、学校、家庭必须予以保证的基础教育。义务教育也被称为"强迫教育"和"免费义务教育",这是依据法律所规定的,只要是满足年龄的儿童必须接受的教育,所有人都有义务和责任帮助适龄儿童入学。[②]

对义务教育公平的内涵,有很多种解释,有的学者认为义务教育就是要求教育者在进行义务教育过程的阶段,对受教育者要进行公正合理的对待和评价,不能有任何歧视。还有学者认为在义务教育阶段,应当做到在受教育者应该享有的基本权利上,进行平等的保障,并且要尊重差异化发展。同时义务教育公平就是资源的合理配置,要保障义务教育公平就必须要做到对于义务教育资源的合理配置。丁亚东、薛海平(2016)还认为推进义务教育均衡发展的最终目标是实现人与人之间在接受教育机会、享受教育资源的均衡化和平等化。[③] 从教育学本身看义务教育公平

---

① 朱永坤:《教育政策公平性研究》,东北师范大学 2008 年博士学位论文。
② 张婷婷:《黑龙江省城乡义务教育均等化问题研究》,东北农业大学 2014 年硕士学位论文。
③ 丁亚东、薛海平:《博弈论视角下义务教育均衡发展中公平与效率的关系》,《教育导刊》2016 年第 2 期。

的学者认为,义务教育公平主要指评价机制研究水平,课堂课程过程公平,整个教育运行内部的公平。

二、义务教育公平的原则

1. 教育机会平等原则

教育机会平等,就是指在受教育过程中,不论民族、性别、地区、经济条件等因素,都在一定的年龄阶段享有同等的教育机会,能和同龄人一样,到学校学习。义务教育不仅是公民的一项权利还是公民的一项义务,是政府提供的一种福利,也是教育平等的重要体现。我国将九年义务教育确定为社会成员受教育的基本权利,并且规定在接受义务教育过程中人人平等。在义务教育时间中不仅要承认每个人的基本权利,而且要看到他们之间的差别,同时让不同智力水平、家庭情况的儿童获得教育机会,也是教育公平原则的体现。

2. 能力差异原则

每个人都是不同的个体,在教育过程中就要注意"有教无类"的落实。义务教育是根据儿童的年龄去判断入学的时机,尽可能地保证每个儿童都能得到适合其发展的教育,尽可能在公平的规则与环境中实施因材施教,在保证教育质量和水平的前提下,关注到每个儿童的能力差异,切实做到"有教无类,因材施教",进而促进义务教育的发展。

3. 弱势补偿原则

根据罗尔斯提出的"要对教育过程中弱势群体的教育进行必要补偿"的原则,实现教育公平应该尽量照顾最少受益人的最大利益,立足于教育的整体利益,充分保证弱势群体教育利益,提高弱势群体的教育质量。而目前我国所涉及的弱势群体有家庭经济困难的学生、身体智力上存在障碍的学生、少数民族学生及流动人口子女。根据弱势补偿原则,教育资源的分配应该向其倾斜,进而促进教育的公平。①

---

① 祁芳:《我国现阶段义务教育公平现状、问题与对策研究》,陕西师范大学 2011 年硕士学位论文。

三、义务教育公平的实现路径

1. 强调教育公平的政府发展理念

政府在教育公平的落实中具有主导性、权威性,通过对教育资源的合理配置进一步达到教育公平。这也要求政府在教育资源配置过程中严格遵守教育公平的原则,规避区域间、校际间、城镇间资源分配的不平等现象。尽可能地缩小我国义务教育质量差异,保障义务教育结果公平的根本条件是推进城乡、地区、校际义务教育阶段学校资源的均衡配置,通过各种合法手段加强国家各种义务教育资源配置政策的落实。[①]

对于教育的兼顾公平,经济发达的地区较为突出,教育促进社会公平、减少贫富差距的功能得到很大程度的发挥。我国教育改革和发展过程中,务必重视教育公平的作用,在提出理论政策阶段、落实时间阶段始终谨记公平原则。

2. 加大财政的扶持力度

经费是教育发展过程中不可或缺的重要因素,也是教育资源配置过程中的重心所在。在义务教育经费配置过程中,向资源较薄弱的地方倾斜,侧重于对农村地区、经济欠发达地区的扶持,加大对其的资金投入。通过财政的倾斜加强对义务教育公平的落实力度,从而也发挥了财政的公平职能,有利于促进义务教育的发展。

少数民族地区普及义务教育是教育公平实现道路上的重点内容,需要采取重点支持,与东部、中部地区在初中教育普及上存在巨大的差距,要加大缩小的力度,要进一步提高少数民族自治县的初中教育普及率。此外,要切实解决流动人口及农民工、低收入群体子女的教育机会和教育公平问题。

3. 完善义务教育公平的评价和检测指标体系

要衡量义务教育是否达到公平,就必须有一套公平、公正的评价体系

---

① 阮平南、赵琦:《基于资源配置视角的义务教育公平研究评述》,《新疆大学学报(哲学人文社会科学版)》2014年第3期。

和监测体系。平等、公平、均衡都是定性的标准,而这些定性的标准如何转化为定量的标准,如何更直观地告知社会大众这是公平合理的分配,评价标准的选取、衡定就显得尤为重要。同时,在评价过程中配备的监测标准也应考虑,通过对教育资源配置的理念、法律包装、政策、配置模式、配置手段等更好地把握,实现义务教育的过程公平。

虽然我国通过各种手段和措施去促进义务教育公平,但是在我国义务教育阶段城乡、地区和校际教育资源配置非常不均衡,而这些不均衡又影响了教育质量的不公平。因此在推动我国义务教育公平发展过程中,义务教育结果公平也是极为重要的部分。

4. 公平配置义务教育资源

义务教育资源均衡就是将社会配置给义务教育阶段学校的总资源相对平等地分配到每一所中小学,公平合理地对待每一地区、每一所中小学,让每一位受教育者实际享有的资源数量、质量都相等。在资源配置过程中,从重视义务教育起点公平到重视结果公平,切实将我国九年义务教育资源配置更好地落实。

废除旧的资源配置理念,从理念上改变资源配置的方法,努力在教育发展中缩小城乡区域差距,进一步迈向公平。而城乡差距的缩小要作为资源配置中参考的一个重要标准,加强偏远地区适龄孩童受教育的机会。

第三节　教育资源优质均衡

一、教育资源优质均衡提出的背景

1. 政策背景

教育优质均衡主要集中在义务教育阶段,其发展是全面提升义务教育、加快推进教育现代化、建设教育强国的重要举措。2021 年年底,全国 2895 个县级行政单位均通过了国家督导评估,这是继全面实现"两基"后,我国义务教育发展中的又一重要里程碑。基本均衡发展成效显著,立足新起点、新阶段,以质量为核心的优质均衡成为义务教育发展的新方向。

在全国义务教育发展基本均衡目标实现后,我国近年提出了"以提高教育质量、促进内涵发展为重点",推进义务教育优质均衡发展的新思路。在解决义务教育发展不均衡的过程中,国家不断出台各种政策文件,巩固义务教育均衡发展的成果,提升均衡发展水平,2012年印发的《国务院关于深入推进义务教育均衡发展的意见》提出,推进义务教育均衡发展,教师资源配置是关键;2017年5月教育部颁布了《县域义务教育优质均衡发展督导评估办法》,并于2019年10月召开全国县域义务教育优质均衡发展督导评估认定工作启动会。同年,中共中央、国务院印发《中国教育现代化2035》,把"实现优质均衡的义务教育"作为2035年国家教育现代化的主要发展目标之一,在"实现基本公共教育服务均等化"的战略任务中提出,要"提升义务教育均等化水平,建立学校标准化建设长效机制,推进城乡义务教育均衡发展"。

2. 现实意义

目前,我国的城市与农村、东部沿海地区与西部地区的发展仍有较大的差距,各个城市之间的发展差距更为显著,体现在基础设施、教育、医疗等方面。教育公平是城市与城市、农村与城市、东部与西部教育发展的关键点,而这个关键点的达成要依靠教育的优质均衡,而教育的优质均衡依托于教育资源的分配。

如何实现教师资源的均衡配置、如何均衡配置教育资源的经费、如何促使办学条件的均衡化、如何提升教育质量等问题都是目前我国教育发展道路上所存在的问题。因此,新时期中国的教育就要在相关政策的支持下,转变教育发展方式,深化义务教育综合改革,拓展义务教育的内涵均衡,实现优质均衡与特色均衡共同发展的道路,从各个方面推动教育的均衡发展。

二、教育资源优质均衡的内涵

教育资源优质均衡,是对教育资源进行公平、合理的分配,紧密结合教育质量去提升学校的办学水平,突出学校特色的同时,让每一个孩子都有接受优质教育的机会,能够接受合适的教育,尽可能地实现多方位的发展。

教育资源配置的均衡是教育均衡发展的前提和基础,教育优质均衡是教育均衡发展的高阶段。在教育资源优质均衡中,优质均衡的核心是"优质",它是在资源均衡的前提下,追求教育的优质,实现均衡和优质的统一。在优质均衡中,"优质"不是指向教育资源,而是指向教育质量。

教育资源优质均衡就是在均衡发展的基础上,实现"软资源"和"硬资源"的发展。其中"软资源"指的是师资力量、教育经费,在优质均衡过程中,要注重提升教师素质、教学能力、教职工人数比例、代课教师比例、师生比等,多方位地不断完善学校的软资源建设。"硬资源"指的是硬件配套设施,包括办学场地、教学设施设备、生均校舍面积、危房率、各类仪器设备等。二者之间的匹配有助于教育的均衡发展,缩小教育差距。

三、教育资源优质均衡的特征

1. 合理性

教育资源优质均衡的核心任务在于合理配置资源。在资源分配上,着力实现不同地区、不同学校、不同阶段的教育能得到公平、合理的分配,即缩小地区间、不同阶段的学校在教育过程中的发展差异。同时,依托资源的合理配置,推动各阶段、各地区教育质量的提升。

2. 全覆盖

强调教育在关于人的培养中的积极作用,说明教育资源优质均衡要着眼于人的发展。从发展人的角度,要关注人的德智体美劳的全面发展;从地区教育而言,教育资源优质均衡,要关注不同经济发展地区的教育资源配置,通过合理地配置资源,实现地区全覆盖,赋予较落后地区发展教育的新可能,实现教育资源的去区域化。

3. 多层次

教育资源优质均衡强调从学校、地区、时间、教育环节等层次入手,实现教育资源分配的多层次,从而推动各级各类院校关注自身的办学水平、教学质量的提升。结合政府、社区、学校等各自情况,不断深化教育资源的合理配置,多方位合作促进教育资源配置的不断优化。

4. 全程性

教育资源配置要注重从资源分配的开始,到资源分配的过程、资源分配的结果等环节的全程均衡,进而实现教育资源分配的起点公平、过程公平、结果公平,持续推进教育资源的优质配置。

四、教育资源优质均衡的意义

1. 教育改革的关键环节

教育的优质均衡是推动教育改革的关键环节,教育均衡发展是教育公平的重要基础。在我国教育发展过程中,国家不断颁布相关的政策文件,促进教育从法律、制度等方面稳健发展。教育改革过程中要面临的问题仍然是优质教育机会的获得、教育资源配置的均衡、教育质量的提升,如何解决这些问题是改革的关键。

2. 教育发展的战略任务

2012 年 12 月,党的十八大报告再次将"均衡发展九年义务教育"作为全面建成小康社会进程中的战略性任务。教育均衡是教育权利平等的重要体现,也是实现教育公平和社会公平的重要基础。在此过程中,需要关注义务教育机会均衡,对择校、就近入学、招生考试等涉及机会均衡的问题进行明确,保障最基本的受教育权利与教育机会均衡。

五、教育资源优质均衡的重点领域

义务教育阶段是教育优质均衡的重点领域,义务教育均衡发展是社会公平的重要基石,也是中国教育改革的百年理想。自 1904 年义务教育制度确立,多种促使义务教育均衡发展的政策制度不断提出并得以落实,义务教育不断发展。2003 年,《国务院关于进一步加强农村教育工作的决定》改革义务教育管理体制和经费投入政策,打破了义务教育非均衡发展的制度格局。2006 年,全国人大常委会新修订的《义务教育法》规定,"国务院和县级以上地方人民政府应当合理配置教育资源,促进义务教育均衡发展",这是我国首次以法律形式规定"义务教育均衡发展"。

六、教育资源优质均衡的实现路径

1. 政府持续加强教育投入

在教育资源配置过程中,政府是关键的办学主体,通过政府的引导,完成政府、学校、社会三大办学主体的有机合作。政府的投入是教育资源的主要方面,也是资源分配的主导方,资源的持续投入是教育资源优质均衡中的关键环节。政府的保障才能使教育资源得以配置,逐步实现优质均衡。

2. 完善评价体系和标准

教育资源优质均衡的结果可依托教学质量和教学水平实现量化,在此前提下需要不断完善教学质量、教学水平相关的评价体系和标准,为教育资源配置的结果评价提出依据,更好地衡量教育资源配置的结果。

3. 强化师资队伍的建设

重视教师队伍建设,对教师的专业水平和配置结构提出了更高的要求。教师资源是教育资源中重要的"软资源",是促进教育资源优质均衡的关键。高素质的教师队伍有利于提升学校的办学水平,强化教学质量的提升。

4. 制定相关法律法规

通过实施法规克服资源配置和使用上的随意性,保障资源的优化配置。同时,从法律角度确立一种"利益机制"和"责任机制",使配置和使用资源的各层主体合理利用教育资源的意识有所提高。

5. 转变资源配置观念

目前,政府部门在资源配置观念上的主要问题是谁有需求就给谁,能给多少就给多少,而很少去考虑怎样才是配置后的最优效果。在资源的使用上应更多考虑怎样使用资源才是最好的效果,使有限的资源得到充分的利用。

6. 加强学校内部科学管理

首先,实施统一规划,按学科建设的要求配置资源,优化人力、物力、财力的配置,调动各方面的积极性。同时打破封闭式管理,实现资源共享,尤其是价值比较高的科研教学仪器等,最大限度地减少各类资源的冲突和内耗。其次,建立和加强与资源配置相配套的激励机制,这种激励机制包括管理人员考核、分配和流动机制以及奖励机制,通过建立这种机制,使考评奖励与资源使用效率相挂钩。

第四章 义务教育的研究热点分析

第一节 我国义务教育的研究热点分析

教育是立国之本、强国之基。义务教育则是教育之根本、育人之根基。义务教育作为政府提供的一种基本公共服务,具有公益性、普惠性、公平性的特征。

新中国成立以来,我国义务教育在培养规模、校园建设、教学设备、教学水平、办学质量等方面均得到显著的提升和改善。当前,我国义务教育的发展程度还不高,仍面临诸多难题,需要继续秉持科学的发展理念,作出科学、高效、贴合实际又具有可操作性的制度安排,破除掣肘义务教育发展的各种藩篱。

一、研究方法

1. 数据来源及检索方式

本书以 CNKI 数据库为文献来源,采用高级检索方法,使用"义务教育"主题进行主题检索,主要选取其中的核心期刊及其以上期刊,时间节点选取截至 2021 年 10 月 28 日的所有文献,检索出与"义务教育"相关的文献,对其进行作者聚类分析和关键词共现分析,了解我国义务教育研究发展脉络,并发现研究热点。

2. VOSviewer 软件工具

VOSviewer 是众多科学知识图谱软件之一,即通过文献知识单元的关系构建和可视化分析,实现科学知识图谱的绘制,展现知识领域的结构、进化、合作等关系,其突出特点是图形展示能力强,适合大规模数据。

关键词共现分析是通过分析关键词共同出现的频次来确定研究主题之间的亲疏关系,从而判断学科领域各主题间的关系,发现该学科领域的研究内容和结构。一般而言,关键词共同出现的次数越多,表示这两个关键词之间的相关性越强,其代表的研究领域内容越相近或相关性越强。

3. 分析方法

使用 Endnote 软件对获得文献的基本数据进行提取并导入,在加工和整理之后导出文献结果。根据 VOSviewer 软件对数据的相关要求,对所得关键词数据进行了替换和合并的清洗操作,分别制作作者共现知识图谱、关键词频次表和关键词时间切片图进行进一步处理和分析。本书所检索出的文献均使用 VOSviewer 软件进行可视化分析。

二、我国义务教育领域研究现状及研究趋势分析

1. 发表文献数量和文献内容涉及的年代统计分析

根据检索方法,在 CNKI 数据库中检出 2151 篇论文,经过筛选,剔除其中不符合要求的,共剩下 2101 篇论文,并对其进行分析。根据统计结果,全部文献的每年发文数量分布结果见图 4-1。

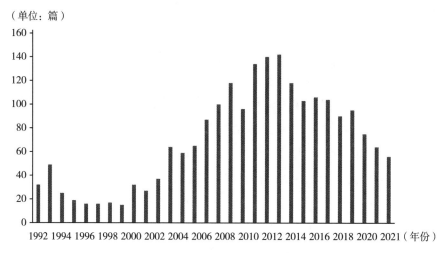

(单位: 篇)

图 4-1　1992—2021 年 CNKI 数据库中以
"义务教育"为主题的文献发文量

总体来看,关于义务教育研究的文献的发表呈先上涨后下降趋势,发文量主要集中在 21 世纪初以后,特别是在 2012 年出现了高峰。在 20 世纪 90 年代发文数量很少,尤其 1999 年,是近 30 年义务教育文献量的低谷,但是在此之后再次上升,在 2012 年达到峰值,但近几年的文献量又有所减少。整体来说,义务教育研究在近 20 年开始受到越来越多学者的关注。

2. 作者共现知识图谱分析

通过 VOSviewer 软件对所选义务教育主题的文献进行作者共现分析,选取发表论文数 5 篇及以上的作者共 51 位,最终得出图 4-2 作者共现知识图谱,从图 4-2 中可以看出,在我国义务教育研究领域中主要的专家学者有邬志辉、宋乃庆、薛海平、司晓宏等。其中,邬志辉、丁学森、秦玉友存在共现关系;王定华、宋乃庆存在共现关系,还有其他学者之间也存在共现关系。

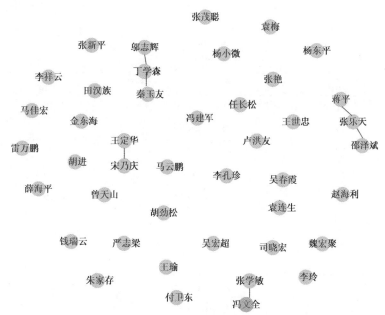

图 4-2　1992—2021 年以"义务教育"为主题的作者共现知识图谱

3. 关键词词频分析

将以"义务教育"为主题的文献遴选出的 3712 个关键词共现频率进

行统计(见表4-1),发现除"义务教育"以外,"均衡发展""教育公平""农村""农民工子女"均属于高频率的关键词,这些高频关键词说明了义务教育的基本研究方向,这表明我国义务教育在发展中不断拓展新的内容,追求义务教育的均衡发展,缩小城乡教育差距,优化教育资源配置。

表4-1 1992—2021年以"义务教育"为主题的排名
前20位的高频词及其出现频次统计

序号	关键词	频次
1	义务教育	1791
2	均衡发展	225
3	教育公平	96
4	农村	47
5	农民工子女	37
6	对策	36
7	公平	31
8	流动儿童	29
9	民族地区	27
10	择校	27
11	问题	26
12	教育均衡发展	26
13	教育政策	26
14	教育经费	25
15	义务教育阶段	20
16	人教版	20
17	优质均衡	20
18	绩效工资	20
19	教育质量	20
20	资源配置	20

4. 关键词的时间切片分析

关键词的时间变化可以从关键词时间切片图中进行分析。软件自动筛选出所选年份的关键词变化,主要是 1992—2021 年 10 月 28 日的关键词变化。由图 4-3 可知,我国义务教育研究主题在不断深化和拓展,在 20 世纪 90 年代,研究内容主要集中于义务教育政策制定、对策以及农村义务教育的开展等方面的研究;而 21 世纪初学者们主要研究义务教育均衡发展、资源分配、教育公平等问题,提出城乡义务教育一体化发展。

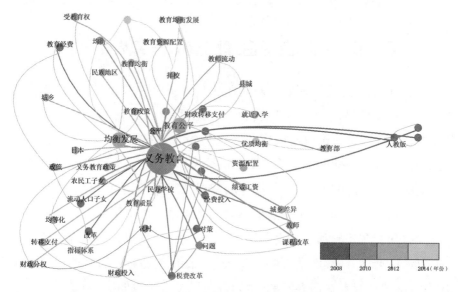

图 4-3 1992—2021 年以"义务教育"为主题的关键词的时间切片

综上所述,通过对国内义务教育文献的研究,可以更好地了解国内义务教育研究的动态,促进我国义务教育研究事业的发展。本书对 CNKI 数据库中"义务教育"主题的文献进行主题词检索,将检索出来的文献通过 VOSviewer 可视化软件进行主题词共现分析,以分析"义务教育"文献的研究重点和热点。研究发现,"义务教育"主题的研究在与时俱进,近 10 年的研究内容、视角较为广泛,并出现了新的热点,主要是义务教育的均衡发展。

义务教育是教育工作的重中之重,是提升国民素质的奠基性工程。国内教育专家都十分重视对义务教育的研究,自提出发展义务教育以来,学者们纷纷把目光投注到义务教育研究领域,发表了众多文章。随着义务教育的不断发展,国内义务教育的研究也在随之发展,从 20 世纪 90 年代对义务教育政策、措施提出,以及农村义务教育发展等研究,到 21 世纪义务教育均衡化发展,城乡义务教育一体化发展、教育资源分配、教育公平等研究,研究深度和广度在不断加深与拓展,为我国义务教育发展提供了理论基础,推动我国义务教育不断完善,但仍存在很多亟须解决的问题,比如义务教育资源的城乡差距、教育公平等问题。

第二节　我国资源合理配置的研究热点分析

我国正处于并将长期处于差异性社会,"差异"与"正义"是当前我国社会发展阶段的两个基本组成要素。在此背景下,如何基于差异实现资源的正义分配,是我国政府面临的严峻考验。从我国资源配置的历史演变来看,从资源分配的不公平不断走向公平,基本上是无法做到绝对的公平,只能做到相对的公平,随着社会的发展,资源分配不断规范化、制度化和清晰化。差异化的现实决定了我国只有通过立法来保障人人平等享有资源的权利,在差异和正义之间寻求一个平衡点,实现人人享有资源的权利平等、机会均等、程序平等和结果公平,最终实现资源的合理配置。我国资源配置一直存在诸多问题,亟须创新思维来予以解决,需要学者不断推动资源合理配置理论的发展,以期更好地指导实践。

一、研究方法

本书数据来源于 CNKI 数据库,选择高级检索进行数据检索,用"资源合理配置"作为主题词进行检索,选择其中的核心期刊及其以上期刊的文献,时间节点主要是 1992 年至 2021 年 9 月 26 日的文献,用 VOSviewer 软件进行分析,主要对作者及关键词进行分析,了解资源合理配置领域的研究脉络,发现研究热点亟待弥补的空白。

二、我国资源合理配置领域研究现状及研究趋势分析

1. 发表文献数量和文献内容涉及的年代统计分析

在 CNKI 数据库中检索"资源合理配置"主题相关的文献,选择核心

期刊及其以上的文献,总共 765 篇,剔除其中不适合的文献,剩下 743 篇,选择这些文献作为研究样本进行分析,导入 Endnote 软件对文献进行分析,分析每年资源合理配置领域的发文量,分析结果见图 4-4。

（单位：篇）

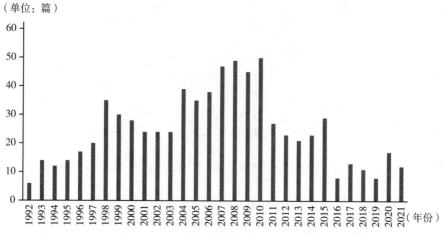

图 4-4　1992—2021 年 CNKI 数据库中以"资源合理配置"为主题的文献发文量

如图 4-4 所示,我国资源合理配置领域的每年发表文献量总体呈现先升后降的趋势,1992 年发文量最少,只有 6 篇,2010 年发文量达到巅峰,有 50 篇,从图 4-4 中我们可以看出,2004—2010 年这一时间段资源合理配置领域的发文量比较多。

2. 作者共现知识图谱分析

将资源合理配置领域的文献导入 VOSviewer 软件进行分析,选取发文量至少两篇的作者进行共现分析,一共 27 位作者,作者共现图见图 4-5。从图 4-5 中可知,点越大,则发表文献数量越多,其中王浩发表资源合理配置文献最多,高达 9 篇,姚倡锋、张定华、赵勇和裴源生也发表了不少的文献。王浩、秦大庸、朱厚华、严登华等存在共现关系,姚倡锋、张定华也存在共现关系等。

3. 关键词词频分析

通过 Endnote 软件对资源合理配置领域文献的关键词进行分析,总共有 2083 个关键词,关键词排名前 20 位的高频词见表 4-2,其中出现频

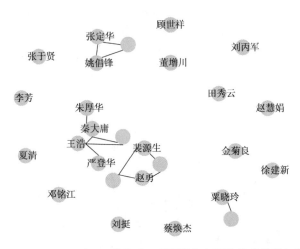

图 4-5 1992—2021 年以"资源合理配置"为主题的作者共现知识图谱

次最高的是"合理配置"关键词,出现了 240 次,排第 20 位的关键词是"护理人力资源",出现了 9 次;"资源优化配置""水资源""人力资源""资源配置"和"合理配置资源"出现的次数也很多。

表 4-2 1992—2021 年以"资源合理配置"为主题的
排名前 20 位的高频词及其出现频次统计

序号	关键词	频次
1	合理配置	240
2	资源优化配置	112
3	水资源	86
4	人力资源	41
5	资源配置	41
6	合理配置资源	40
7	水资源配置	33
8	配置	29
9	水资源合理配置	25
10	卫生资源	21
11	可持续发展	20
12	教育资源	15

续表

序号	关键词	频次
13	生态环境	12
14	遗传算法	12
15	市场经济	11
16	人才资源	11
17	信息资源	10
18	土地资源	10
19	社会主义	9
20	护理人力资源	9

4. 关键词的时间切片分析

对所选资源合理配置领域的文献进行关键词的时间切片分析,得出每个时间段学者研究的主要内容,通过 VOSviewer 软件对关键词出现的时间进行分析,得出结论见图 4-6。从图 4-6 中可知,在资源合理配置领域,2000 年左右,主要是"合理配置资源""社会主义""高等教育资源"等关键词;2005 年左右,主要是"合理配置""人力资源""可持续发展""资源配置""教育资源"等关键词;2010 年左右,主要是"资源优化配置""水资源配置""遗传算法"等关键词。总的来说,近 30 年的资源合理配置领域的研究内容在不断地深入和拓展。

综上所述,为了客观呈现我国资源合理配置的研究进展和发展趋势,本书以中国知网数据库 743 篇核心期刊文献作为数据源,采用科学计量学的方法结合 VOSviewer 软件构建了我国资源合理配置研究知识图谱。研究结果表明,从 1992 年起,核心期刊发文量总体呈现先升后降的趋势;通过 VOSviewer 对发文作者进行分析发现,研究内容多元化;形成了数个领域高水平学术研究群体;通过 VOSviewer 软件对关键词进行共现、聚类和突现词分析发现,合理配置、资源优化配置、水资源、人力资源、资源配置和合理配置资源是该领域的热点问题,并形成了以合理配置、水资源、资源优化为代表的研究聚类;资源优化配置、水资源合理配置等是我国资

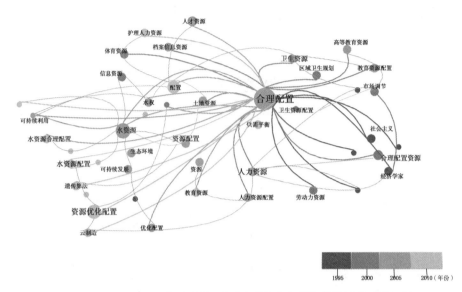

图 4-6　1992—2021 年以"资源合理配置"为主题的关键词的时间切片

源合理配置研究的前沿主题。

　　资源合理配置问题一直是诸多领域研究的热点话题,国内诸多学者在不同领域研究了资源合理配置问题,比如教育资源合理配置、生态资源合理配置、人力资源合理配置等,为我国资源合理配置提供了理论指导。如今,资源合理配置领域的热点话题主要是资源优化配置,以最优化的方法来提高配置效率,达到最大化的目标。但随着社会的不断进步与发展,原本提出的解决措施已经无法适应现实发展的需求,亟须学者们对此进行深入研究,提出与时俱进、切实可行的措施来指导实践发展。

第三节　我国教育资源配置的研究热点分析

　　教育资源配置一直是教育经济学领域研究的热点问题。所谓教育资源,是指社会为进行各种教育所提供的财力、人力、物力条件,而教育资源配置是教育资源在各级各类教育间的合理分配。党的十九大报告指出:

"优先发展教育事业……必须把教育事业放在优先位置,深化教育改革,加快教育现代化,办好人民满意的教育……推进教育公平"①。优质均衡发展也是我国学前教育发展的长期目标。一直以来,我国"城乡二元"格局不仅带来社会经济发展的不均衡,同时也使学前教育发展呈现"二元分割"的局面。教育资源的公平配置关系到居民的切身利益,也是衡量教育发展水平的重要指标。我国教育资源配置问题一直存在诸多问题,教育资源的优化配置、教育公平、城乡教育等一直是学者们研究的重点话题。

一、研究方法

本书主要采用高级检索方法,使用"教育资源配置"主题在 CNKI 数据库中进行主题检索,主要选取其中的核心期刊及其以上期刊,时间节点选取截至 2021 年 12 月 24 日 CNKI 数据库的所有文献,检索出与"教育资源配置"相关的文献,使用 VOSviewer 对国内教育资源配置的文献进行了定量分析,根据其聚类结果和高频突现词,了解我国教育资源配置研究发展脉络,并发现研究热点。

二、我国教育资源配置领域研究现状及研究趋势分析

1. 发表文献数量和文献内容涉及的年代统计分析

为了更加准确地进行研究分析,在 CNKI 数据库中将主题词设定为"教育资源配置",将检索方式设定为高级检索,选取其中的核心期刊及其以上的文献,总共获得 1341 篇文献,在去除会议、投稿通知以及与主题不相关的文献后,最终以得到的 1317 篇有效文献作为本书的数据和样本进行分析。选取文献的时间段是 1993 年至 2021 年 12 月 24 日,每年教育资源配置主题发文量见图 4-7,并对每年学者们的发文量进行分析。

---

① 习近平:《决胜全面建成小康社会　夺取新时代中国特色社会主义伟大胜利——在中国共产党第十九次全国代表大会上的报告》,人民出版社 2017 年版,第 45 页。

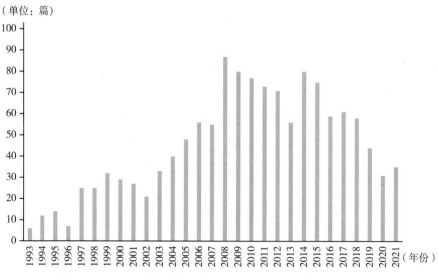

（单位：篇）

**图4-7　1993—2021年CNKI数据库中以"教育资源配置"
为主题的文献发文量**

在对图4-7进行分析的基础上，可以看出我国教育资源配置发文量总体上呈现先升后降的趋势，1993年发文量最低，只有6篇文献；2008年发文量达到最高峰，有87篇文献；在2014年的时候出现了一个次高峰，有80篇文献。总之，近10年，我国学者们纷纷把目光投向教育资源配置问题的研究上来，出现了众多的研究内容。

2. 作者共现知识图谱分析

在教育资源配置研究领域，我国学者在不断拓展研究内容及研究方法，在采用VOSviewer进行共现分析时，选取发表论文篇数至少3篇的作者进行共现分析，满足条件的作者共77位，作者共现知识图谱见图4-8，其中，康宁、沈有禄、李玲等学者发表较多教育资源配置领域相关的论文；王成瑞、谢华等存在共现关系。

3. 关键词词频分析

通过Endnote软件对所选的1317篇文献进行关键词统计，统计结果得出前20位的高频词及其出现频次见表4-3，从统计表格中可以看出，教育资源配置研究领域的关键词主要有"资源配置""教育资源配置""高等教育""教育资源"和"教育公平"等，其中"资源配置"关键词的频次遥

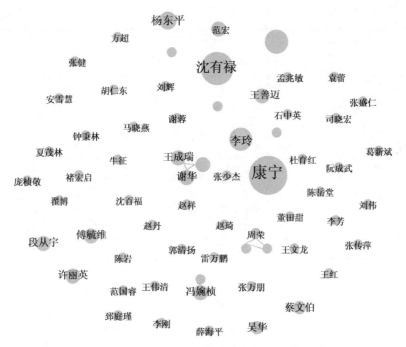

图 4-8 1993—2021 年以"教育资源配置"为主题的作者共现知识图谱

遥领先其他关键词,出现频次高达 322 次,最后一位关键词是"教师资源",出现频次为 20 次。

表 4-3 1993—2021 年以"教育资源配置"为主题的
排名前 20 位的高频词及其出现频次统计

序号	关键词	频次
1	资源配置	322
2	教育资源配置	238
3	高等教育	136
4	教育资源	109
5	教育公平	108
6	义务教育	79
7	高等教育资源配置	46
8	基础教育	41
9	优化配置	36
10	合理配置	34

续表

序号	关键词	频次
11	公平	32
12	高等教育资源	28
13	职业教育	27
14	均衡发展	27
15	配置	27
16	均衡配置	25
17	教育	23
18	资源配置效率	21
19	资源	21
20	教师资源	20

4. 关键词的时间切片分析

通过 VOSviewer 软件对所选 1993 年到 2021 年 12 月 24 日的教育资源配置主题的文献进行分析,得出图 4-9 关键词的时间切片图,从中我

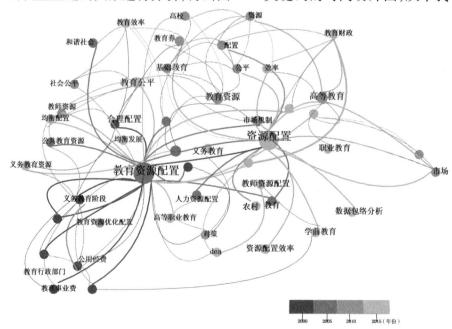

图 4-9　1993—2021 年以"教育资源配置"为主题的关键词的时间切片

们可以看出,2000 年左右,学者们主要研究"义务教育阶段""教育资源"
"教育事业费"等领域;2005 年左右,学者们主要研究"教育资源配置"
"公共教育资源""义务教育资源"等领域;2010 年左右,学者们主要研究
"资源配置""教育效率""高等职业教育""义务教育"等领域,而 2015 年
左右,学者们转向了"资源配置效率""学前教育""教师资源配置""职业
教育"等领域。随着国内学者们对教育资源配置领域的不断深入研究,
研究内容得到了深化与拓展。

综上所述,近几年,我国教育资源配置得到了很大的发展。随着国内
学者们对教育资源配置领域的不断深入研究,用理论指导实践,进而推动
我国教育资源配置公平。

探索当前教育资源配置研究领域热点,发现"资源配置""教育资源
配置"和"高等教育"等关键词保持一定的研究热度。未来的研究将会更
加注重我国教育资源配置的现状分析,发现存在的诸多问题,以提供切实
可行的措施来解决存在的问题,进而更好地指导教育资源配置的实践。
在近 30 年的研究中,从教育资源配置不均衡到均衡化的不断发展,从城
乡教育资源差距悬殊到城乡教育一体化发展的不断过渡,进而实现教育
资源配置公平,达到教育公平的目标。

第四节　我国义务教育资源配置的 研究热点分析

从"均衡"向"优质均衡"发展已成为我国新时期义务教育发展的根
本诉求。教育均衡指向的是教育资源配置,遵循的是平等化思路。"教
育资源"即教育过程所占用、使用及消耗的教育财力、物力和人力资源。
所谓教育资源配置,是将有限的教育资源进行合理的分配,以发挥其最大
效用的方式或途径。而优质均衡强调的是在资源均衡的前提下,追求教
育的优质,实现均衡和优质的统一。城乡教育之间存在的显著差距持续
受到了国家的高度重视。城乡义务教育一体化是体现教育公平、保障教
育质量、办好人民满意的教育的重要途径和举措。现阶段,我国在深化教

育资源配置改革上面临着政府占有绝对控制地位,增量投入为主,结构调整为辅,缺乏教育经费增长长效机制等诸多瓶颈和障碍。数据表明,2021年我国义务教育阶段学校共有 20.72 万所,义务教育招生 3488.02 万人,在校生 1.58 亿人,专任教师 1057.19 万人,九年义务教育巩固率达95.4%。其中,义务教育阶段在校生中进城务工人员随迁子女 1372.41万人。我国义务教育资源配置存在诸多亟待解决的问题,推动我国义务教育优质均衡发展,还有很长一段路要走。教育资源配置改革既是我国教育改革的重要领域,也是推进教育事业稳步发展的基础保障。

一、研究方法

数据来源主要是 CNKI 数据库中的义务教育资源配置主题相关的文献,通过高级检索中的主题检索,检索词是"义务教育资源配置",选取其中核心期刊及其以上的期刊文献,获取义务教育资源配置研究文献,利用VOSviewer 分析软件,借助图形化手段,从文献发文量的总体趋势分析、关键词共现网络分析,对义务教育资源配置研究的趋势、进展和热点进行定量分析,以期对未来义务教育资源配置的发展提供参考和借鉴。

二、我国义务教育资源配置领域研究现状及研究趋势分析

1. 发表文献数量和文献内容涉及的年代统计分析

在 CNKI 数据库中检索义务教育资源配置领域的核心文献,得到了304 篇,剔除其中不合适的文献,还剩下 300 篇,文献选取时间主要从1995 年到 2021 年 12 月 24 日,可以看出义务教育资源配置领域的发文量相较于其他教育领域来说较少。根据数据统计,每年发文量见图 4-10。

根据图 4-10,我们可以看出,每年义务教育资源配置领域的发文数量都不是很多,其中发文量最少的一年是 1995 年的 2 篇,发文量最多的一年是 2008 年的 29 篇,以及 2009 年的发文量也有 28 篇。总的来说,在义务教育资源配置领域,发文数量总体呈现先升后降的趋势,我国对义务教育资源配置领域研究较少,不够关注,研究内容还不够深入。

（单位：篇）

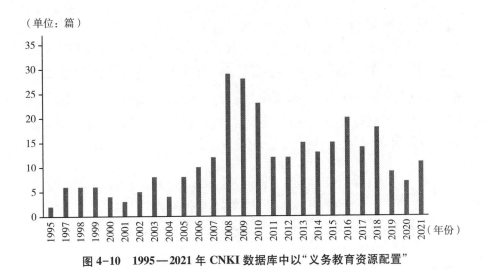

图 4-10　1995—2021 年 CNKI 数据库中以"义务教育资源配置"
为主题的文献发文量

2. 作者共现知识图谱分析

用 VOSviewer 软件对文献进行分析，选择论文发文数量大于等于 2 篇的作者进行分析，一共 49 位作者，并进行共现分析，结果见图 4-11。在图 4-11 中颜色越深，说明发文量越多，沈有禄、安雪慧、张盛仁、李玲等作者发表较多，其中，沈有禄、安雪慧各发表了 4 篇论文，沈有禄、谯欣怡存在共现关系，于伟、吴殿廷以及其他学者之间存在共现关系。

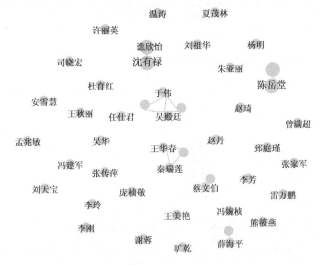

图 4-11　1995—2021 年以"义务教育资源配置"
为主题的作者共现知识图谱

3. 关键词词频分析

在对所选 300 篇义务教育资源配置领域的论文进行关键词频次统计主要使用的是 Endnote 软件,一共统计出 715 个关键词,其中排名前 20 位的关键词及其频次见表 4-4,其中"教育资源配置"出现频次最多,高达 87 次,"效率"出现次数最少,只有 5 次,对比悬殊。"义务教育""资源配置""教育公平""教育资源"以及"均衡发展"出现的频次都很高。

表 4-4 1995—2021 年以"义务教育资源配置"为主题的
排名前 20 位的高频词及其出现频次统计

序号	关键词	频次
1	教育资源配置	87
2	义务教育	78
3	资源配置	47
4	教育公平	34
5	教育资源	32
6	均衡发展	19
7	义务教育阶段	14
8	均衡配置	12
9	义务教育资源配置	12
10	资源配置效率	12
11	公平	10
12	基础教育	9
13	义务教育资源	9
14	农村义务教育	8
15	教师资源	8
16	义务教育均衡发展	7
17	公共教育资源	7
18	数据包络分析法	6
19	配置	6
20	效率	5

4. 关键词的时间切片分析

通过 VOSviewer 软件分析从 1995 年到 2021 年 12 月 24 日的义务教育资源配置文献的关键词时间切片,分析结果见图 4-12,从图 4-12 中可知,2000 年左右,发表的文献关键词主要是"非义务教育""公用费用"等;2005 年左右,发表的文献关键词主要是"教育资源配置""义务教育资源""教师资源配置"等;2010 年左右,发表的文献关键词主要是"义务教育""资源配置""均衡"等;而在 2015 年左右发表文献关键词主要是"资源配置效率""基础教育资源配置"等。总的来说,我国义务教育资源配置研究内容在不断深化和拓展。

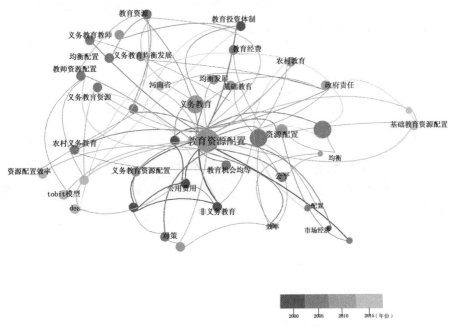

**图 4-12　1995—2021 年以"义务教育资源配置"
为主题的关键词的时间切片**

综上所述,我国义务教育资源配置一直是教育领域研究的重点,为了推动其发展,厘清当下研究的薄弱领域及趋势,文章用 VOSviewer 对现有研究文献进行梳理分析,发现在教育资源配置、义务教育、资源配置、教育公平等方面有了一定的研究成果,但在义务教育资源配置效率、发展均衡等方面存在一定的欠缺,因此,在以后的研究与实践应该更加注重义务教育的均衡化发展,缩小城乡资源差距,实现教育公平。不断拓展义务教育资源配置领域的研究内容,促使其研究形成一个更完整、更宽广的系统。

一直以来,教育资源配置问题都是教育经济学界研究的核心问题和经典课题,以教育资源配置为主题的研究也非常丰富,概括起来,主要集中在以下几个方面:关于教育资源配置主体及其权责的研究、关于教育资源配置目标的研究和关于教育资源配置机制改革的研究。教育事业作为国家经济增长和社会发展的驱动力之一,在经济新常态的背景下同样迎来重大的机遇与挑战。满足人民群众对优质而公平的教育的追求,已然成为教育改革的主要目标和任务。我国义务教育资源配置研究还需不断拓展新的内容,不断进行理论创新,推动义务教育资源配置的实践发展。

第五章　义务教育的研究综述

第一节　义务教育研究现状

在 2018 年的全国教育大会上，习近平总书记以教育是国之大计、党之大计"两个大计"的高度概括了教育在新时代的重要地位。义务教育是国家基本公共服务的重要内容，承担着国民基本公共教育的重要责任（罗静和沙治慧，2022）。

义务教育是教育事业的奠基工程，是必须优先发展的公益性事业，是脱贫攻坚的基础性事业（陈岳堂和赵婷婷，2018）。实现义务教育均衡发展，关系到实现乡村振兴、脱贫攻坚、全面建成小康社会等战略目标（Li 等，2021）。一直以来，教育被视为提高居民收入、促进经济增长的重要抓手，是减少贫困的重要手段，同时教育发展有助于提高私人回报和公共回报（卢时盛等，2022）。

一、义务教育二元结构研究

当前我国在农村义务教育经费投入上存在增长速度放缓、中部地区投入相对不足、城乡之间存在较大差距等问题（戎乘阳，2022）。城乡教育的差距体现在教育投入、子女受教育程度、学校质量和教育回报等方面（Zhang、Huafeng，2017）。城乡师资分布仍然严重失衡，主要集中在城市。留守儿童教育是当前教育发展的一个重要问题。留守儿童的出现是经济转型和社会发展造成的（Bao，2021）。城乡教育发展的不平衡导致大量农村学生选择跨校入学，学生寄宿方式呈现多元化特征，很多学生面临不同程度的求学困境（苏恩民等，2018）。当前乡村生源的严重外流已成为全面振兴乡村教育的最大瓶颈,乡村学前和义务教育阶段学生跨县域的跳跃流动更是对县域为基础的教育资源配置模式和县级政府为主体的教育治理体制产生了明显冲击(赵思敏,2022)。生源流动带动的教育资源流动具有向县城集中的单向流动特征,这造成乡村教育资源的流失和县域优质教育资源的集中,城乡教育差距因此进一步拉大(安永军,2021)。

城乡义务教育发展差距是空间非正义的现实反映,以求打破二元结构体制、实现教育公平为目标的城乡义务教育一体化(阎乃胜,2021)。城乡教育一体化发展是实现公平而有质量教育的重要战略选择和实践路径(谭天美和欧阳修俊,2022)。要推进城乡教育一体化,就必须打破体制障碍,建立新的教育体制。适应服务型政府的财政体制和适应城乡教育双向融合的完善的教育体制(Wu,2012)。实现城乡义务教育均衡,应同等重视城乡教育普遍性的一体化与乡村教育的特殊性,根据城乡教育的共同条件和目标,制定城乡教育现代化共同标准和措施(郝文武,2022)。城乡教育改革从体制问题入手,改革二元教育管理体制、教育投入体制、人事制度、教育质量保障体系。同时,要建立严格的教育责任追究制度(Chu,2009)。互联网支持下城乡教育共同体是在"尊重差异、协同作用、互利共赢"的思想统领下,由城镇学校和乡村学校两类教育主体组成,通过互联网技术实现主体间互动,具有生态属性的学校发展组织机构,是实现城乡义务教育优质均衡的有效途径(童兆平等,2021)。在教育优质均衡发展进程中,县域内义务教育资源共享可以克服优质资源短缺和不均衡的困境,进而达到"节省成本"和"质量提升"的双重目的(赵丹和曾新,2022)。构建城乡教师流动一体化机制,有助于实现溢出效应最大化和教师流动模式的多样性,使城乡良好的教育资源相互补充,使城乡教师合理流动,能有效解决城乡教师分布不均衡的问题(Ying-Hong等,2013)。坚持多元、均衡、智慧、系统的发展思路,全面促进城乡教育资源按需供给,积极推动城乡教育优质均衡发展,持续提升城乡智慧教育水平,协同推进体制机制改革,坚定不移走城乡义务教育公平之路(苏红键,2021)。需要在保持农村义务教育经费投入稳定增长的同时,建立治理型财政投入机制,以促进教育在农村建设中充分发挥作用。

二、随迁子女义务教育研究

随着大量农民下乡进城打工,子女教育问题逐渐凸显。农民工子女虽然大部分进入公办学校就读,但也有一定数量的子女就读于以招收农民工子女为主的简易学校。制度性障碍已经成为影响农民工子女就学的重要症结所在(Wang,2009)。我国高度重视进城务工人员随迁子女的义务教育,随迁子女跨区域流动显著降低了地方财政对义务教育的经费供给水平(胡阳光和张翼,2021)。转移支付资金显著降低了学生部分科目的学业成就,扩大了教育结果的不平等,这可能是转移支付的"挤出效应"造成的地方教育经费缩减所带来的结果(付卫东和周威,2021)。在优质义务教育资源稀缺的情境下,户籍制度和城市中小学入学条件限制了随迁子女的教育选择,其义务教育获得面临着尖锐的供需矛盾(金红昊,2021)。家庭有限的经济能力和学校有限的师资阻碍随迁子女获取优质教育资源,班级成员构成的复杂性和沉默的师生交流更加剧了他们所受到的排斥。

智能教学系统以其个性化的教学模式、独特的师生交流方式和低廉的价格在一定程度上解决了随迁子女所面临的问题(贾积有等,2022)。推进义务教育实现公平、优质、均衡发展的关键在于合理划分中央和地方政府财政支出责任,确保随迁子女义务教育具备充足、可靠的资金和制度保障(吴开俊和周丽萍,2021)。保障进城务工人员随迁子女义务教育公平和质量的关键在于构建边界清晰、规范合理的财政责任分担机制(周丽萍和吴开俊,2021)。教育政策要从保障新生代进城农民工子女"受教育"转向"受素质教育",即完善教育决策方式,承认开放社会制度中各方的关联性,保障这些儿童平等受教育的权利(Moehlecke,2013)。流入地政府应加强对随迁子女家庭教育负担问题的关注,建立对弱势农村随迁儿童的教育补偿机制,以减轻随迁家庭的教育负担(张锦华和陈博欧,2021)。积分入学政策有利于提高农业转移人口迁移的稳定性与随迁女性工作的稳定性,是实现稳定城市化、缩小城乡收入差距的重要手段(刘欢,2021)。农民工子弟学校办学标准需要拓宽要求,慎重考虑放款办学条件,加强政府监督和支持,适时修订法律法规(Ni,2010)。

第二节　教育资源配置研究现状

一、教育资源配置内涵研究

资源指对人类有价值的所有组成的集合,包括自然资源、人力资源、信息资源、时空资源和制度资源(韩嵩和张宝歌,2022)。教育资源也称"教育经济条件",指教育过程所占用、使用和消耗的人力、物力和财力资源(张莹和胡耀宗,2022)。资源配置指在资源有限的情况下以合理的方式把资源合理分配到社会的各个领域中去,以实现资源利用率和收益最大化(江长州和陈志敏,2021)。教育资源的公平配置关系到居民的切身利益,也是衡量教育发展水平的重要指标(饶映雪和林国栋,2021)。合理进行教育资源配置并使之发挥最大效益至关重要,教育资源配置是教育资源在各级各类教育间的合理分配,主要理顺资源的供需关系。追求"效率"都是教育资源配置的宗旨,在投入不变的条件下,通常通过资源的优化组合有效配置,效率就会提高,产出就会增大。

二、教育资源配置存在的问题研究

在我国教育资源配置领域的研究,国内诸多学者对各个教育阶段进行了深入探讨。在学前教育阶段,全国农村学前教育资源配置总体效率不高;省份及区域间农村学前教育资源配置效率差异较大;农村学前教育资源配置效率主要受班级规模的影响(陈蓉晖和赖晓倩,2021)。在小学教育阶段,乡村教育资源"质弱量余"与城镇教育资源"质强量缺"并存(苏红键,2021)。大部分省份小学教育资源配置的总系统效率未达到有效边界,仍有需要改进的地方(李勇军和江莹,2021)。在中学教育阶段,我国高中阶段教育资源配置的空间分布呈现出显著的"东西高、中部低"的空间非均衡特征,全国及各地区高中阶段教育资源配置水平均呈现较大幅度逐年递增态势(于璇,2021)。在大学教育阶段,随着高等教育的普及,城市高等教育规模不断扩大,教育资源供需矛盾日益突出,制约了城市高等教育的稳步发展(Wang等,2022)。我国高校资源配置的发展趋势逐渐以政府为主体的"政策性"单一资源配置转向以市场为主体的"竞争性"多元资源配置(韩嵩和张宝歌,2021)。也有学者对教育资源配置的公平性和空间均等化问题进行研究,发现东部省份高等教育资源配置效率显著低于中部、西部省份,并出现教育投入要素的明显浪费(蒋玉成等,2020)。

在中职教育阶段,西藏中等职业教育资源配置较充分,但配置不均匀,区域间差异较大;城镇化建设、人口出生率、地方经济发展水平和产业结构对中等职业教育资源配置效率有促进作用(江长州和陈志敏,2021)。还有一些学者针对城乡教育资源配置问题进行研究,我国城乡义务教育优质资源配置效率整体偏低,且农村比城镇更低;我国城乡义务教育优质资源配置效率逐年下降,且农村降幅显著大于城镇(李毅等,2021)。还有学者针对在线教育资源配置问题进行研究,随着我国在线教育的不断发展,对数字教育平台的资源质量与服务提出了更高要求,但数字教育资源现状远远不能满足日益增长的用户需求(陈明选和李兰,2021)。教师资源配置问题对教育发展至关重要,教师是教育发展的"第一资源",是教育事业发展中最重要的要素之一。教师资源的配置与教育发展目标、人口规模及结构等因素密切相关(莫东晓和黄姣华,2021)。

三、教育资源配置的路径研究

教育发展水平是一个国家发展水平和发展潜力的重要标志,研究我国教育资源配置效率问题,对进一步促进教育优质均衡发展、建设教育强国具有重要意义。优质均衡发展是新时期我国教育发展的目标和诉求。效率与公平是教育资源配置追求的双重目标,同时也是一对矛盾的统一体。国内学者纷纷提出优化资源配置的方法,比如适当提高办学标准、降低生师比、缩小班级规模、及时补充优秀教师;统筹优化学前、托育和义务教育阶段的教师资源配置,不断优化教师队伍结构(乔锦忠等,2021)。为了进一步提高资源配置效率,应加强统筹管理,建立绩效考评机制,建立国家层面的教育帮扶与互助政策(金双华和杨艺,2021)。政府配置教育资源的方式应侧重于以下几个方面:政府、市场、市场竞争机制、协同合作理念(张万朋和李梦琦,2020)。高等教育财政资源配置注重政府对高等教育投入的努力程度、政府财政分权度、地区经济发展水平、地区产业结构和高等教育规模(徐孝民和王劲,2022)。高校内部教育资源配置主要在满足基本教育教学需要的基本资源、强化培育学科特色竞争力的专项资源和支撑师生发展与区域社会服务的共享资源之间合理分配(王丽丽,2021)。利用人工智能时代的热潮,优化资源配置,弥合数字鸿沟,促进城乡教师双向流动,实现城乡教师一体化(Wang,2020)。巩固基本均衡发展成果,分层推进优质均衡发展;继续加大财政投入,强化农村地区经费保障机制;多措并举优化教师队伍,促进农村师资配置均衡;重视信息技术的引进与应用,推动农村学校教学质量提升;多方联动加快学校特色发展,促进优质资源内生力提升(李毅等,2021)。扩大资源要素范围,重构乡村教育资源配置的区域化空间,建立受教育权分配与教育资源要素配置之间的适配性关系,平衡教育资源配置中的公平与效率关系,以实现权力性资源配置最优化(周兴国和江珊,2021)。

第三节　义务教育资源配置研究现状

一、义务教育资源配置内涵研究

教育是国之大计、党之大计,是关系民生福祉的基本公共服务。义务教育不仅推动着整个国家教育事业的发展,还在提高我国国民素质中起着至关重要的作用(麻嘉玲等,2021)。义务教育是教育事业的奠基工程,是必须优先发展的公益性事业,是脱贫攻坚的基础性事业(陈岳堂和赵婷婷,2018)。义务教育平等是实现社会和空间平等的重要途径,而不同地区、不同群体的教育资源配置不均,导致机会不平等和社会阶层固化(He和Huang,2021)。义务教育具有普及性、免费性和强迫性等基本属性。我国的义务教育发展具有起步晚、人口基数大、学龄人口分布结构不均衡等突出特征(杨清溪和柳海民,2020)。以追求"公平有质量的教育"为诉求的优质均衡是我国教育发展的重要战略目标。优化基础教育资源配置结构,提升基础教育资源配置水平,实现基础教育资源供给的"公平性"和"充足性"是政府的长期诉求(张莹和胡耀宗,2022)。优质教育资源共享是提高义务教育资源配置公平性和效率、化解现阶段义务教育资源配置矛盾的有效途径(Kang 和 Liang,2019)。义务教育优质均衡发展是全面提升义务教育质量、加快推进教育现代化、建设教育强国的重要举措。教育资源的均衡配置是义务教育优质均衡发展的基础和保障,其包含的人力、物力和财力资源配置是涉及教育起点、过程和结果均衡全过程的重要因素(赵丹和曾新,2022)。

二、义务教育资源配置障碍研究

当前我国实现了义务教育基本均衡,充足的教育资源供给是办好人民满意教育的重要前提。义务教育优质均衡是教育均衡发展的升级,是对义务教育发展质量的更高层次追求(文少保和张芊映,2021)。然而,现实中的教育资源供给还不能满足人民对优质教育的多元化需求,呈现出一定的结构性矛盾。教育资源不足表现为"不够用"和"不够优"两个层次。目前已经基本解决了教育资源"不够用"的问题。当前我国义务教育质量提升主要面临着资源"不够优"的问题,义务教育的发展差距表现在多个层次上(周晓娇和孙绵涛,2021)。学校资源是影响教育均衡和教育质量的重要因素(田亚惠等,2022)。我国各省份小学、初中教育投入效率整体水平不高,且小学效率更低,两者都受到环境因素的较大影响(周均旭和刘子俊,2021)。多年来,我国义务教育阶段学龄人口总体呈下降趋势,随着城市化进程的推进,还出现了"城镇挤,乡村空"分布不均等问题(乔锦忠,2021)。我国社会长期以来处于城乡二元结构状态,使城乡教师资源配置不均问题较为突出,具体体现为师资配置不均衡、结构不合理、农村及边远地区师资缺乏、学科结构失调、教师专业素质低下等现象(靳俊友和陈芳,2018)。我国城乡义务教育优质资源配置效率整体偏低,且农村比城镇更低;我国城乡义务教育优质资源配置效率逐年下降,且农村降幅显著大于城镇(李毅等,2021)。地区间经济社会发展水平的差异和政府非均衡发展政策,直接影响到教育资源的供给和配置,无形中拉大了地区间教育发展的差距。据了解,东部及沿海地区学校的校园建设、教学设施、师资力量等方面远远超过中西部落后地区(黄明东等,2021)。中部地区学校的基础设施建设、师资队伍建设、经费投入等方面多项生均指标明显落后于东部和西部地区(尚伟伟等,2020)。人力资源中最重要的是师资力量,师资力量包括师资规模和教师的学历,师资规模通常以生师比来衡量,城市群发展的不同阶段,义务教育师资呈现出不同的空间分布特征(吕赛鸫等,2022)。

三、义务教育资源配置手段研究

义务教育的均衡发展是一项长期复杂的工作,有效配置教育资源,是促进教育均衡的基础保障。义务教育均衡发展是一项系统工程,需要以客观、科学的评价作为基础。实现我国义务教育资源优化配置、推进我国义务教育均衡发展的逻辑前提是对我国的义务教育资源配置状况进行客观的测度和衡量,从规模绩效、效率绩效和效果绩效三个维度构建义务教育资源配置的绩效评估框架(樊慧玲,2019)。优质均衡发展过程中优质教育资源的配置是基础和关键,如何将有限的教育资源在各级各类教育之间、各地区之间和各学校之间进行分配,以促使资源能够充分有效的使用是一大难题。教育技术可以为教与学提供许多优势(Wang 和 Zheng,2020)。教育人口与资源间"空间匹配"的实现是提升大城市义务教育资源承载力的关键,教育资源的空间布局需要统筹考虑地区人口、经济、地理环境等差异。义务教育空间均衡是在当前学龄人口数、人口流动、义务教育资源、义务教育政策等供需条件下,各个中小学区域位置、空间辐射能力和资源承载力中形成的动态平稳状态(罗静和沙治慧,2022)。政府加大对农村和偏远欠发达地区的基础教育信息化投入,缩小城乡数字化差距,推进基础教育综合信息化,着力深化信息化教育供给侧改革,扩大优质数字教育资源供给(Chen 和 Zhi,2018)。优化中西部地区教育扶贫资源配置,提升中西部地区综合教育发展水平;加强教育扶贫政策供给质量,助推乡村振兴(严仲连等,2021)。缩小区县义务教育资源分配差距,促进地区教育公平(Wang,2020)。促进乡村教育优质均衡发展的发力重点在于巩固脱贫攻坚阶段义务教育基本均衡发展的既有成果,围绕照顾留守儿童和引进师资等问题破局,逐步提升统筹的层级、加大统筹的力度,推动城乡义务教育资源要素的均衡配置(曹东勃和梁思思,2021)。通过完善教育立法,促进农村义务教育资源配置和城乡义务教育协调发展。教师补助政策、课程设置、城市教师资助农村义务教育(Zhu 和 Hu,2019)。教师资源的配置与教育发展目标、人口规模及结构等因素密切相关,教育现代化目标的实现需要一支数量充足、结构合理的专业师资队伍作为支撑(莫东晓和黄姣华,2021)。应有针对性地制定城乡不同地区义务教育教师资源配置的政策文件与发展规划,完善义务教育教师资源差异化配置有关配套措施,丰富义务教育教师资源配置政策的使用对象与手段(贺静霞等,2020)。加大对义务教育的财政投入,增加中央和地方的财政负担,提高教育质量,促进我国义务教育均衡发展(Li 等,2019)。

第四节　义务教育优质均衡研究现状

一、义务教育优质均衡的内涵研究

义务教育是支撑科教兴国战略的基础工程,是实现中华民族伟大复兴的关键工程,是满足人民大众对优质教育资源需求的民生工程。伴随我国教育现代化进程的持续推进,优质均衡发展成为义务教育发展的一项长期目标和任务。推进义务教育优质均衡发展是我国"十四五"时期的重要任务。教育均衡中的高质量均衡已成为发达地区新时代教育公平的首要追求。在资源均衡配置的基础上,实现高质量均衡发展。教育均衡是缩小地区差距、促进社会进步的必要步骤(Ye,2003)。义务教育均衡发展是为更多的人提供受教育的机会,随着社会经济、政治、文化的深入发展,义务教育阶段发展的目标一定是为更多人提供更好的优质教育,促进教育公平。义务教育均衡发展是实现教育公平、达致"让每个孩子都能享有公平而有质量的教育"目标的重要一环(林天伦和吕芹,2022)。促进均衡发展、实现教育公平是 21 世纪以来中国义务教育发展的战略目标和时代主题(樊莲花和司晓宏,2021),也是实现国家教育治理现代化的战略任务,更是迈向教育强国的坚实保障。义务教育均衡发展是实现教育公平的重要手段和现代教育的本质要求,更是社会主义制度的显著优势。我国始终把义务教育均衡发展作为实现教育公平的重要手段,而义务教育优质均衡又是进一步促进区域义务教育高质量发展的重要抓手(唐巾媛,2021)。义务教育均衡发展的内涵大致有三个层面:一是公民应同等享有受教育的权利和义务;二是公民应享有相对均等的教育机会和条件;三是教育效果和成功机会要相对均衡(刘永泉等,2021)。义务教育均衡发展是在义务教育阶段,合理配置教育资源,缩小区域、城乡和学校间教育发展水平的差距,使区域内义务教育学校在办学经费投入、硬件设施条件、师资队伍结构和教育质量水平等方面处于相对均衡的态势,与义务教育的基础性、普惠性和公平性相适应(王正惠和蒋平,2021)。

二、义务教育优质均衡的困境研究

我国义务教育迈入了质量发展、内涵发展、现代发展的新时代,以达到更高水平,增进人民福祉,有力化解优质而均衡的教育资源需求与供给的主要矛盾。随着以资源配置为核心的"外延式配置性均衡"的实现,义务教育均衡发展的重心逐渐从"保底式均衡"过渡到"保优式均衡",以此满足民众对义务教育优质资源均衡获益的发展性需求(马立超和蒋帆,2021)。

优质而均衡的义务教育是新时代县城/区域教育发展的努力方向,也是教育治理攻坚克难的重要任务。质量问题、公平问题、活力问题是当代学校发展面临的三大重要问题,也是优质而均衡的义务教育治理的核心价值取向(邹维,2021)。

如今,我国义务教育在区域之间、城乡之间、校际之间义务教育办学条件和水平的差异较大,存在校际差距明显、师资保障难度较大、教育发展质量不高、传统文化日渐式微、教育资源开发利用不充分等困境。我国中小学教育投入差距还是比较大的,不同群体接受教育的覆盖面仍然不均衡,我国基础教育发展不平衡的主要原因是基础教育资源配置不平衡(Bo,2007)。一直以来,我国"城乡二元"格局不仅带来社会经济发展的不均衡,同时也使教育发展呈现"二元分割"的局面。为了最大限度地发挥国民经济宏观配置和教育资源再分配的效益,需要解决教育系统的优化合理配置问题(Thanon 等,2021)。

三、义务教育优质均衡的路径研究

随着社会经济、政治、文化的深入发展,义务教育阶段发展的目标一定是为更多的人提供更好的优质教育,促进教育公平。教育信息化时代背景下,信息技术与教育教学不断融合创新,为教育优质均衡发展提供了越来越多的路径(魏和平和伏蓉,2022)。"互联网+教育"的融合为城乡以强弱学校结对帮扶、促进教育优质均衡发展创造了良好条件和机遇。以优质教学资源共享为目标的在线教育不仅可以强化课程的价值引领、提升办学效益、保障教育公平,还可以提高薄弱学校教师教学能力、提高学生学习能力、推进基础教育教学改革进程,是促进义务教育均衡发展的有效助力。在教育优质均衡发展进程中,县域内义务教育资源共享可以克服优质资源短缺和不均衡的困境,进而达到"节省成本"和"质量提升"的双重目的(赵丹和曾新,2022)。民族地区以新发展理念为指导,大力彰显公平正义,充分发挥社会主义制度优势,通过全面增强学校领导力量、切实做好师资保障工作、积极推进课程教学建设、努力拓展学生学习经验、有效提升家长教育参与等方式,不断推进民族地区义务教育优质均衡发展(袁梅和罗正鹏,2021)。义务教育优质均衡应该采取依次推进资源均衡、质量均衡,依次推进县域、市域内均衡的发展路径,采取分段、分类与分步相结合的政策措施(陈·巴特尔和赵志军,2021)。推进教育城镇化、提升农村小规模学校办学质量或将农村学校向乡镇集中是学界当下提出的实现城乡义务教育优质均衡发展的三条主要路径(刘永泉等,2021)。调整结构,逐步完善农村义务教育经费保障机制,增加资源,改善义务教育基础条件,强化师资队伍建设,完善师资均衡配置,定期监测,构建义务教育均衡评价体系(Li,2012)。

第五节　教育公平研究现状

一、教育公平内涵研究

教育公平托举民族未来,教育公平不仅是国家的基本教育政策,也是社会各界关注的热点(陈武元等,2021)。教育公平应该是指教育成果的公平,并包括个人和社会群体的方面。教育平等既包括不同阶级、阶层的人的受教育机会、教育过程、教育结果和受教育程度的平等,也包括经济发达地区与经济欠发达地区教育发展、学校建设的平等(郝文武,2022)。教育公平包括起点公平、过程公平、结果公平。实现义务教育优质均衡,体现的是教育过程及结果的公平。其目的旨在缩小区域间、区域内城乡间、校际的差异(连文达和于小盼,2021)。"以人民为中心发展教育",须坚持教育的公益性原则,防止市场逻辑和资本运作对教育的侵蚀,让全体人民都能平等共享教育发展的成果,包括平等的教育机会、平等择校、平等获取知识、平等使用教育设施、平等参与教育评价,不因出身、地位、财富不同而有损这种平等(王嘉毅,2022)。优质受教育权是保障"每个孩子都能享有公平而有质量的教育"之权利话语的转换,是新时代人民对美好教育生活需要的一种权利诉求,国家负有积极为每个公民提供与经济发展水平相适应教育的义务(唐淑艳和龚向和,2021)。

二、教育公平存在的问题研究

我国城乡、区域和学校之间在师资水平和办学条件等方面存在显著差距。新冠疫情之下,全区域、全覆盖、全方位的在线教学实践暴露出中国区域、城乡、校际在线教育发展的不平衡,表现为基础设施、教学资源、师资力量等存在明显差异,且在线教育过程面临课程设计不科学、教学互动不足、管理不规范等诸多问题,导致线上教学开展得如火如荼却成效不彰(龚伯韬,2022)。我国义务教育信息化资源配置出现的不均衡,相比较城市和县镇,农村存在增长速度缓慢、整体数目偏少的问题(白文倩和徐晶晶,2019)。教育经费投入的不公平将导致教育结果的不公平。中国基础教育生均经费支出公平性总体上处于"比较公平"和"相对合理"水平,且整体上更加公平了;基础教育生均经费支出的省际差异大于区域差异;东部地区基础教育生均经费支出省际差异较大,公平程度较低;全国高中生均经费支出的公平性有降低的趋势(耿乐乐,2022)。

三、教育公平路径研究

教育公平是社会公平的重要基础,促进公平是我国的基本教育政策,而机会公平被认为是关键所在,推动教育从基本公平走向优质公平。突破时空限制,优化资源均衡配置,提供个性化终身教育支持,促进教育公平(韩世梅,2022)。信息技术利用及其异质性特征有助于促进义务教育结果公平(方超,2022)。发展不均衡,引发"新数字鸿沟",加大教育不公平。教育信息化能够以相对较低的成本、高效地将优质教育资源向农村和边远地区扩散,扩大优质教育资源覆盖面,从而促进教育公平,提高教育质量。教育资源均衡是教育均衡中的一个重要内容,它为实现教育公平正义提供了条件、保障(石泽婷和张学敏,2020)。教育公平在很大程度上依赖于教育资源的投入,尤其是教育经费投入,更多的经费投入意味着更先进的教学设施、更好的教学环境和更优秀的师资队伍。义务教育转移支付是阻断经济与教育投入关系、促进教育公平的重要途径,对义务教育均衡投入起到了很好的促进作用(Zhao,2017)。教育经费投入的不公平将导致教育结果的不公平。国家通过物质给付义务、教育服务义务和制度保护义务的履行来推动、促进、保障优质受教育权的实现。教育政策是保证教育机会公平的重要机制,基础教育投入应该继续向农村地区,尤其是相对落后的西部地区农村倾斜,加快推进城乡教育一体化发展(彭骏和赵西亮,2022)。"以信息化促进教育公平"对推进教育现代化和建设教育强国有着深远的战略意义,是一项重大而紧迫的时代课题(胡钦太等,2022)。教育信息化切实促进了教育公平。在教育内部,教育信息化实现了教育教学管理从原来的垂直型向水平型、双向交互型等模式的新跨越,促进了师生之间的平等对话,加强了生生之间的互动互助(高松等,2022)。

第六节　数据包络分析法在教育资源配置中的应用研究

一、数据包络分析法在学前教育资源配置中的研究

数据包络分析法在学前教育资源配置中的研究主要有全国性、区域性、城乡二元结构等研究。

1. 数据包络分析法在全国学前教育资源配置效率中的研究

郭燕芬和柏维春(2017)利用数据包络分析法分析全国175所幼儿园2014年经费投入效率,发现学前教育经费投入整体上存在较大的效率损失,规模效率是导致整体效率损失的主要原因;县镇幼儿园经费投入效率、经费投入的纯技术效率和规模效率要高于城市幼儿园和农村幼儿园;中部省份幼儿园经费投入效率、规模效率和纯技术效率优于东部和西部省份幼儿园。陈岳堂和陈慧玲(2018)通过数据包络分析法和受限因变量模型(Tobit)分析2007—2013年全国31个省份的学前教育资源配置的效率,发现我国学前教育资源配置效率大体上呈现上升态势,地域差距较大,而班级规模、生均教育经费指数以及学前教育经费投入规模对学前教育资源配置效率具有显著影响。

2. 数据包络分析法在区域性学前教育资源配置效率中的研究

王水娟和柏檀(2012)利用数据包络分析法研究江苏省51个县的学前教育财政投入效率,发现学前教育财政投入效率整体都很低。万丹(2020)运用三阶段数据包络分析法分析江苏省168所幼儿园2019年的教研投入产出效率,发现当前幼儿园教研投入产出的纯技术效率虽然较为理想,但由于规模效率不高,导致综合效率偏低;幼儿园教研投入产出效率在园所性质和常见教研组规模方面不存在显著差异,在幼儿园所处

地区和教研引领类型方面存在显著差异。

3. 数据包络分析法在城乡学前教育资源配置中的研究

赖晓倩和陈蓉晖(2021)基于数据包络分析法和 Malmquist 指数法(最早由马尔姆奎斯特提出)模型分析 2014—2017 年我国 31 个省份城乡学前教育资源配置效率,发现我国学前教育资源投入绩效整体不高,且农村低于城市;东部、中部、西部城乡学前教育资源投入绩效存在差异。陈蓉晖和赖晓倩(2021)基于数据包络分析法和受限因变量模型分析 2011—2017 年我国 31 个省份农村学前教育资源配置效率,发现我国农村学前教育资源配置总体效率不高,省份及区域间差异较大,主要受班级规模的影响。

二、数据包络分析法在基础教育资源配置中的研究

数据包络分析法在基础教育资源配置中的研究主要有小学教育、义务教育、高中教育、基础教育阶段的研究,同时还有从全国性、区域性、城乡二元结构等维度的研究。

1. 数据包络分析法在小学教育资源配置中的研究

关于数据包络分析法在全国小学教育资源配置中的应用,李勇军和江莹(2021)通过平行结构数据包络分析法来衡量我国 2012—2018 年各省份小学教育的资源配置情况,发现大部分省份小学教育资源配置的总系统效率未达到有效边界。关于数据包络分析法在区域性小学教育资源配置中的应用,梁文艳和杜育红(2009)基于数据包络分析法—受限因变量模型(DEA—Tobit)分析我国西部农村小学的办学效率,发现西部农村小学间办学效率差异较大,村完小的办学效率最高,九年一贯制学校和教学点的办学效率状况较差,学校办学效率存在较大的提升空间。胡咏梅和杜育红(2008)采用数据包络分析法分析我国西部地区农村部分小学学校资源配置,并探究影响学校资源配置技术效率和规模效率的因素,提出提高教育资源配置效率的建议。王水娟(2012)基于数据包络分析法—受限因变量模型分析江苏省苏中地区一县级市所有小学的办学效率,发现校际存在显著的效率差异,造成这种效率差异的重要原因是教师

平均工资水平、学校类型。程(Cheng,2009)等使用数据包络分析法对北京市六区58所小学学校效率进行分析,试图找到因投资不足而导致的学校效率提升的解决方案。

2. 数据包络分析法在义务教育资源配置中的研究

关于数据包络分析法在城乡义务教育资源配置中的应用,陈岳堂和赵婷婷(2018)采用三阶段数据包络分析法对湖南省39个县(市)的农村义务教育资源配置效率进行测度,发现农村义务教育资源配置效率稳步提高,但县域间存在明显差异;外部环境因素与县域农村义务教育资源配置效率具有明显的相关性,经济发展水平的人均GDP具有正向影响效应,城镇化水平具有明显负相关性。李毅等(2021)采用数据包络分析法—Malmquist指数法(DEA—Malmquist)对2011—2017年我国31个省份的城乡义务教育优质资源配置效率进行评价,发现我国城乡义务教育优质资源配置效率整体偏低且逐年下降,农村比城镇更低且降幅显著大于城镇。闻勇和薛军(2019)利用数据包络分析法—Malmquist指数法对全国30个省份城乡各级义务教育财政投入效率现状及变动趋势进行分析,发现全国城乡义务教育财政投入整体上存在较大的效率损失,规模无效是主要原因;小学投入效率低于初中;城市规模效率整体低于农村。中部地区城乡各级义务教育财政投入效率最高;西部地区次之,但农村技术效率低于其他地区;东部地区整体效率水平最低,东部地区农村财政投入效率高于城市,且存在较大城乡差异。

关于数据包络分析法在区域性义务教育资源配置中的应用,周均旭和刘子俊(2021)用超效率修正的三阶段数据包络分析法—视窗分析模型(DEA—Windows)分析2012—2018年我国各省份的义务教育投入产出,发现我国小学和初中真实的教育投入效率整体水平不高;各省份小学投入效率大多低于初中,但两者都受环境因素影响;东部、中部、西部区域均等化水平发展趋势总体呈微弱收敛态势,其中中部各省份均等化水平略高,但效率并没有达到有效,而东部地区和西部地区则既不均等也无效。董(Dong,2011)使用数据包络分析法对三峡库区义务教育资源配置效率进行分析,发现资源配置相对较低,其技术效率的有效性不足50%,

但也呈现出典型的"倒置"现象。陈岳堂和赵婷婷(2018)使用传统数据包络分析法、非参数规划方法、随机前沿分析法(SFA)和参数回归法分析湖南省 39 个县域义务教育资源配置效率,发现湖南省县域义务教育资源配置效率整体较高,人均 GDP、城镇化率、地区人口密度以及公共财政教育经费支出占地方公共财政支出对义务教育资源配置均有显著影响。

3. 数据包络分析法在高中教育资源配置中的研究

关于数据包络分析法在高中教育资源配置中的应用,解百臣等(2011)基于规模报酬可变 SBM 交叉效率评价法和数据包络分析法研究我国 31 个省份 2000—2007 年普通高中教育效率,发现经济发展处于中等水平的地区教育效率值较高,而经济发展水平较发达或较落后的地区的教育效率值较低。解百臣等(2012)利用数据包络分析法研究 1999—2009 年我国各省份普通高中的教育效率,发现同一时间段不同省份之间的教育效率差别很大,但同一省份不同时间段间的效率差别不大;与经济发展情况不同,中西部地区的教育效率高于东部地区;经济发达地区的各种投入的影子价格均低于欠发达地区。金双华和杨艺(2021)采用数据包络分析法分析 2013—2015 年普通高中资源配置情况,发现资源配置总体上效率良好,但出现逐年递减趋势;资源结构设置不合理,管理水平较低;存在明显的省际不均衡,经济发达地区资源配置效率都比较低;个别省份在资源分配过程中存在冗余;地方政府自给率和城镇化率影响显著且为负,人口密度影响显著为正,政府对教育的支持力度与资源配置效益则不相关。

4. 数据包络分析法在基础教育资源配置中的研究

关于数据包络分析法在城乡基础教育资源配置中的应用,余兴厚等(2019)通过数据包络分析法动静态模型测算我国 29 个省份 2011—2017 年城乡基础教育绩效,发现其差距具体表现在技术进步和规模效率上,主要原因是经济发展水平、财政自由度、城镇化、居民贫困化程度。关于区域性基础教育资源配置,彭(Peng,2017)采用数据包络分析法对 X 省 2002—2013 年中小学教育投入产出效率进行分析,发现 2002—2008 年基础教育资源配置效率达到最优,教育资源得到充分利用;配置效率在

2008 年后呈现下降趋势,但总体上处于规模报酬递增状态。

三、数据包络分析法在高等教育资源配置中的研究

数据包络分析法在高等教育资源配置中的研究主要有经费投入产出效率、科研产出效率等研究,同时还有从全国性、区域性、城乡二元结构等维度的研究。

1. 数据包络分析法在全国高等教育资源配置中的研究

王(Wang,2018)使用规模报酬不变 CCR 模型、数据包络分析法和 Lingo 软件对我国研究生教育资源配置效率进行分析,发现东部地区资源配置效率领先,中部地区总体情况好于西部地区,西部地区与中东部地区差距正在缩小。张必胜(2019)利用博弈交叉效率数据包络分析法与全局 Malmquist 指数法对我国 2000—2016 年高等教育效率进行了动态分析,发现我国教育平均效率水平以 2006 年为拐点呈现"V"字型趋势,省际效率水平存在差异,东部省份总体优于中西部省份。刘湖等(2020)运用 Kernel 密度估计法与数据包络分析法分析中国教育资源的配置与失衡,发现教育资源在数量与质量上均存在较大差异。蒋玉成等(2020)使用规模报酬不变 CCR 模型及 Malmquist 指数法分析 2006—2017 年我国 30 个省份高等教育资源配置效率,发现东部省份高等教育资源配置效率显著低于中部、西部省份,并出现教育投入要素的明显浪费。游丽和孔庆鹏(2021)基于超效率数据包络分析法—Malmquist 指数法和受限因变量模型分析我国 31 个省份 2016—2019 年高等教育资源配置效率,发现高等教育资源配置综合效率稳步提升,配置效率主要受技术效率变动影响,区域间高等教育资源配置效率不存在显著差异。周小刚等(2022)基于三阶段数据包络分析法与超效率数据包络分析法评价中国高等教育效率,发现环境系统对高等教育效率存在显著性影响,影响高等教育综合技术效率的主要因素是规模效率。

2. 数据包络分析法在区域性高等教育资源配置中的研究

王伟(2017)采用数据包络分析法对吉林省 19 所高校的教育资源配置效率进行测度,发现吉林省高校的内部教育资源能够满足其发展的需

要,但有 4 所高校产生冗余,3 所学校没有产生效益。李阿利等(2018)利用数据包络分析法和受限因变量模型分析湖南省 15 所本科院校创新创业教育效率,发现高校创新创业教育效率呈上升趋势,但整体水平仍不高;生源素质、高级职称教师比例和每年入校科研经费有显著的正向影响,生师比和生均实习经费的影响不显著。柳劲松和苏美玲(2019)基于数据包络分析法,对八个少数民族聚居省区 2000—2014 年基本公共教育投入促进人力资本积累的效率进行分析,发现八省份公共教育生均教育经费投入增速、师资力量投入和人力资本积累与全国平均水平相比差距仍然较大;教育投入在促进人力资本积累方面的整体效率较好,但仍有部分地区存在教育经费与师资力量投入冗余的现象。

3. 数据包络分析法在高等教育经费投入产出效率中的研究

易明等(2019)运用 Malmquist 指数法和空间聚类方法测算分析中国 31 个省份 2004—2015 年的高等教育投入产出效率,发现中国高等教育投入产出效率相对稳定,但上升趋势并不明显,且存在两极分化或多极分化的可能性;东部沿海地区的高等教育投入产出效率具有“高高”特征,且效率值明显高于其他地区;技术进步是其提升的主要贡献因素,但“区域鸿沟”的存在却导致追赶效应拉低了效率值,降低了空间联系。冯宝军等(2020)基于两阶段共享投入关联网络数据包络分析法分析 2006—2016 年 29 所中国研究型大学财务资源配置相对效率,发现无形资源积累阶段是限制绝大多数研究型大学财务资源配置总体效率提升的瓶颈;由于无形资源产出与积累相对不足,研究型大学两个配置阶段的效率分别出现逐年降低与升高的趋势,东部地区研究型大学的效率均值低于中西部地区。沈丹和修凯(2021)应用数据包络分析法和 Malmquist 指数法对 2015—2019 年西藏高等教育财政支出进行分析,发现西藏高等教育财政资金边际收益递减,使用效率仍有较大提升空间。余(Yu,2021)基于数据包络分析法和 Malmquist 指数法分析 2009—2017 年我国普通高校经费投入效率的静态和动态变化,发现我国经费投入效率普遍较低,受纯技术有效性影响较大,地区之间存在显著差异。胡芳和刘鸿锋(2022)基于数据包络分析法—Malmquist 指数法和受限因变量模型对八个民族省份

2005—2018年高等教育财政经费支出效率进行评价,发现民族省份高等教育财政经费支出效率为非数据包络分析法有效,且各省份效率值存在较大差距,技术效率改善、技术进步、经济、社会、人口等因素对民族省份高等教育财政经费支出效率有显著影响。

4. 数据包络分析法在高等教育科研产出效率中的研究

荣耀华等(2019)采用输出导向权重约束规模报酬可变BCC视窗分析模型测算2009—2015年教育部直属72所高校办学效率,发现高校办学效率表现为小幅波动后的明显上升趋势;东部地区高校平均办学效率最高,中部地区次之,西部地区最低;综合类高校平均办学效率最高,工科类其次,专业类最低。许晓东和智耀徵(2021)利用数据包络分析法—视窗分析模型和受限因变量模型分析我国29个省份的高校科研效率,发现高校科研效率水平普遍不高;东部地区高校科研效率领先于中西部地区;地方政府科研资金投入、高校高级职称科研人员、高校国际学术会议举办次数、双一流建设政策与其呈现显著正相关。马宝林等(2021)应用数据包络分析法—Malmquist指数法分析2009—2018年中国31个省份文理科高等学校的科技创新静态效率水平和动态效率变化,并比较文理差异,发现高等学校创新效率的地区差异巨大,文理科差异较小;技术效率主要受纯技术效率影响;相比理科高校,文科高校产出不足偏多;海南和西藏高校创新效率波动最大等。刘传斌等(2022)基于改进的微软VC运行系统(MSVC)构建了高效的科研平台运行状态评价分类预测模型,并利用教育部重点实验室评价数据开展了实验研究,验证了所提方法的有效性。

李康和范跃进(2021)通过三阶段数据包络分析法测度一流大学建设高校的科研效率,并分析环境因素对科研效率的影响差异,发现环境变量和随机误差是影响一流大学科研效率的重要因素;地区经济水平、居民受教育程度和政府扶持力度对各个高校科研效率存在差异性影响;一流大学建设高校科研效率存在分化倾向,规模收益递减现象突出。姜华等(2022)运用数据包络分析法和随机前沿分析法对我国52所"双一流"高校的科研产出成果进行分析,发现高校论文数、高校被引论文数与科研项目经费之间存在显著的正相关,评价指标具有一定的可替换性;使用科研项目经费指标使高校更具区分性;科研项目经费与论文数、高校被引论文数作为科研产出指标时可以根据其适用范围和高校需求来选择,提升科研评价的效率。

四、数据包络分析法在职业教育资源配置中的研究

1. 数据包络分析法在职业教育资源配置中的研究

王伟(2017)运用数据包络分析法—Malmquist 指数法分析我国2003—2014 年 31 个省份职业教育资源配置效率,发现我国职业教育资源配置效率呈技术进步主导的增长态势,西部地区、中部地区、东部地区和东北地区"四大板块"资源配置效率依次下降,产业结构、教育结构、区域人口变迁、硬件设备、师资力量和人才培养质量等促进教育资源配置效率,经济实力和经费投入等约束配置效率。苏荟等(2019)利用 Malmquist 指数法和规模报酬可变 BCC 模型探究我国职业教育经费的投入效率,发现我国职业教育经费投入的全要素生产率和综合技术效率较低;东部地区、中部地区和西部地区的职业教育对劳动生产效率的规模效益均降幅较大,东部地区的规模效益呈现报酬递减的趋势,而中部地区和西部地区呈现递增的趋势。

2. 数据包络分析法在农村农业职业教育资源配置中的研究

景琴玲和贾金荣(2012)以数据包络分析法为基础,采用 Malmquist 指数法分析 2003—2007 年中国农业职业教育全要素生产率,发现中国农业职业教育全要素生产率增长主要是由规模效率推动的,而由于技术进步水平的限制使农业职业教育全要素生产率(TFP)整体处于无效状态。王凤羽和温涛(2014)运用 Malmquist 指数法分析辽宁省 2005—2010 年具有代表性的农村职业学校教育投入的内部效应,发现辽宁省农村职业教育投入效应不明显。

3. 数据包络分析法在中等职业教育资源配置中的研究

陶蕾和杨欣(2015)基于数据包络分析法和 Malmquist 指数法分析2009—2013 年全国 31 个省份中职教育投入与产出,发现我国中职教育资源配置技术效率整体较高,西部地区职业教育资源配置总体技术效率

高于东部地区、中部地区；全国中职教育全要素生产率呈下降趋势，中部地区全要素生产率降幅最大。潘健和黄潇剑（2018）运用数据包络分析法—受限因变量两阶段模型分析 2015 年广西 34 个县（市）的县级中职的办学效率，发现县级中职整体办学效率偏低，原因主要是技术非有效，即在办学过程中缺乏高效、稳定的组织运行机制；特困地区与一般地区县级中职的办学效率存在差异，但不显著；"双师型"专任教师和实训基地投入的冗余量偏高；地方经济发展水平、城镇化水平对县级中职办学效率有较为显著的影响。江长州和陈志敏（2021）运用规模报酬可变的超效率SBM 模型（Super—SBM）和受限因变量模型对西藏 11 所中等职业院校资源配置效率进行分析，发现西藏中等职业教育资源配置较充分，但配置不均匀，区域间差异较大；城镇化建设、人口出生率、地方经济发展水平和产业结构对中等职业教育资源配置效率有促进作用。

4. 数据包络分析法在高等职业教育资源配置中的研究

苏荟和吴玉楠（2018）建立主成分分析—数据包络分析（PCA—DEA）二步法分析我国 30 个省份高职院校的办学绩效，发现我国 30 个省份高职院校整体效率呈现出东西高、中间低的分布状态，"高投入—低产出—低效率""高投入—高产出—低效率"状况。王琨和丁超（2019）基于规模报酬可变 SBM 模型及 Malmquist 指数法分析 2013—2017 年全国 31 个省份的高职教育办学绩效，发现全国高职教育的办学总体效率为中等水平，但民族地区效率无效且波动较大，处于"低投入—低产出—低效率"的状态。何芸和张良桥（2019）基于三阶段数据包络分析法分析 2012—2016 年综合类国家示范高职院校的科技投入产出，发现各个综合类国家示范高职院校的科技投入产出综合效率有明显的上升。宋亚峰等（2019）通过相对效率评价模型（数据包络分析法）和探索性空间数据分析模型（ESDA）分析我国高等职业教育资源区域配置效率，发现我国高等职业教育资源区域配置效率在地区和省域两个层面的差异，差异主要体现在不同决策单元（DMU）资源配置效率的综合值、纯技术效率值、规模效率和规模报酬等不同的方面。

实 证 篇

第六章 我国义务教育资源配置现状、机制与问题研究

义务教育是教育工作中的重中之重。加快推进城乡义务教育一体化发展、缩小城乡教育资源差距、促进教育公平，切断贫困代际传递，是保障我国社会稳定发展的重要举措。长期以来，我国教育资源短缺和教育资源浪费现象严重，教育资源总体分布不均衡的现象普遍存在，教育资源的供需矛盾十分突出。教育资源，包括文化资源、制度资源、物质资源、教师资源，其中文化资源、制度资源通常被视为隐性资源，物质资源、教师资源则通常被视为显性资源。区域之间、城乡之间、学校之间办学水平和教育质量差距问题突出。近年来，京津沪等大城市和经济发达地区已经接近普及高中阶段教育，而在中西部欠发达省份，尤其是边远地区、欠发达地区以及少数民族聚居地区，"九年制义务教育"的任务尚未完成。改革开放以来，我国三级教育的升学率分别从 90%、60%、20%，迅速提高到99%、90%、53%。但是在城市，已经普及了九年制义务教育，小学升入初中的比例已经达到 98%以上，而农村还有 10%左右的学生由于各种各样的原因不能或不愿升入初中。义务教育校际差距过大可以从多个方面体现出来，但最主要的表现是：重点学校、示范学校和普通学校、薄弱学校之间的不均衡，形成了教育经费、办学条件、师资方面的重大差异。

2017 年 4 月，教育部发布《县域义务教育优质均衡发展督导评估办法》。该办法对县域义务教育优质均衡发展督导评估的认定，从资源配置、政府保障度、教育质量、社会认可度 4 个维度进行了规定，在每一个维度下又细化出若干评估内容与标准。资源配置评估通过 7 项指标，重点评估县域义务教育学校在教师、校舍、仪器设备等方面的配置水平，同时

评估这些指标的校际均衡情况;政府保障程度评估通过 15 项指标,重点评估县级人民政府依法履职,落实国家有关法律、法规、政策要求,推进义务教育均衡发展和城乡一体化的工作成效;教育质量评估通过 9 项指标,重点评估县域义务教育普及程度、学校管理水平、学生学业质量、综合素质发展水平、社会认可度。调查的内容包括县级人民政府及有关职能部门落实教育公平政策、推动优质资源共享,以及义务教育学校规范办学行为,实施素质教育,改革考试评价制度、提高教育质量等方面取得的成效。国家对义务教育向优质均衡发展评估标准的这一规定,成为各级地方政府推进义务教育优质均衡发展的指南和落实方略。

自《国务院关于基础教育改革与发展的决定》颁布实施以来,我国城乡义务教育学校资源分配不断调整,综观已有文献,国内学者在教育信息化和技术上做了比较分析,如靳等分析义务教育教师资源配置制度现状研究、李霞阐述义务教育均衡化发展中的问题及其解决策略,但欠缺面向未来的大数据与教育资源配置问题相结合的分析。随着我国教育资源配置改革,截至 2020 年年底,县域义务教育均衡发展如期实现了国务院提出的"到 2020 年全国和中西部地区实现基本均衡的县(市、区)比例均达到95%"的目标。在新阶段,为推动我国义务教育资源配置向优质均衡发展,对我国义务教育资源配置的现状、机制与问题进行分析具有重要的现实意义。

第一节 我国义务教育资源配置现状

本章基于教育部发展规划司编撰的 2020 年《中国教育统计年鉴》以及教育部、国家统计局和财政部联合发布的 2020 年《全国教育经费执行情况统计公告》相关数据,从物力资源、人力资源和财力资源的三个维度比较分析城乡义务教育和不同区域义务教育的资源配置现状。

一、义务教育物力资源现状

参考尚伟伟等(2020)、陈纯槿和郅庭瑾(2018)的研究,由生均教学仪器设备值、每百名学生拥有教学用计算机台数、网络多媒体教室占教室总数比例、生均图书册数这4个指标来衡量物力资源状况。"生均教学仪器设备值"和"生均图书册数"用来考察义务教育基本硬件设施水平,该指标越高,说明学校基本硬件设施越完备。"每百名学生拥有教学用计算机台数"用于评价教育信息化的基础设施条件,侧重反映信息化设备配置水平。该指标值越高,说明学校教学用的数字化终端越充足。"网络多媒体教室占教室总数比例"用于监测网络多媒体教室建设情况,网络多媒体教室占有比例越高,说明学生实际获得多媒体教学的机会越多。相关指标见表6-1。

表6-1 反映学校义务教育水平的相关指标及含义

指标	目的	含义
生均教学仪器设备值	考察义务教育基本硬件设施水平	该指标越高,说明学校基本硬件设施越完备
生均图书册数		
每百名学生拥有教学用计算机台数	评价教育信息化的基础设施条件	该指标值越高,说明学校教学用的数字化终端越充足
网络多媒体教室占教室总数比例	监测网络多媒体教室建设情况	该指标值越高,说明学生实际获得多媒体教学的机会越多

由表6-2可知,(1)城区义务教育整体上生均教学仪器设备值以及网络多媒体教室占普通教室比例要优于镇区和乡村,显示出城区在信息基础设施建设中仍处于领先地位。(2)乡村在每百名学生拥有计算机台数以及生均图书册数上要优于城区和镇区,体现出乡村办学基本硬件力量的提升。但乡村网络多媒体教室占教室总数比例仍与城镇有较大差距。表明乡村义务教育学校网络基础设施建设亟待推进。(3)镇区整体办学基础设施不及城区和乡村。尤其对于镇区小学而言,生均图书册数以及每百名学生拥有教学用计算机台数远低于城区和乡村。显示出在国家对农村地区教育资源倾斜的情况下,镇区义务教育资源配置一定程度上被忽略。(4)总体而言,我国城乡义务教育物力资源差距缩小,在某些方面乡村甚至优于城镇。乡村的生均图书册数较高于城镇指标。随着义

务教育信息化发展的推进,城乡中小学校互联网接入率渐趋均衡化。义务教育宽带网络全覆盖,触控一体机、投影等大屏多媒体覆盖普通教室等措施能够缩小我国中小学基础设施和资源配置的城乡差距。

表6-2 2020年城乡义务教育物力资源状况比较

地区学校	生均教学仪器设备值(万元)	每百名学生拥有教学用计算机台数(台)	网络多媒体教室占教室总数比例(%)	生均图书册数(册)
城区初中	0.31	16.76	88.37	34.09
镇区初中	0.22	13.98	79.84	35.42
乡村初中	0.28	17.59	73.44	43.34
城区小学	0.19	11.37	90.01	22.51
镇区小学	0.14	7.79	77.69	22.36
乡村小学	0.17	13.70	59.75	27.26
城区义务教育	0.23	13.06	89.40	26.14
镇区义务教育	0.17	10.08	78.55	14.58
乡村义务教育	0.19	14.49	62.11	30.52

资料来源:教育部2020年教育统计数据。

由表6-3可知,(1)无论是学校基础硬件设施方面还是信息基础建设设施方面,东部地区均要优于中西部地区,显示出我国东部地区义务教育物力资源仍处于领先地位。(2)对比中西部地区义务教育物力资源状况,差别不大,但根据2020年数据来看,西部地区义务教育物力资源优于中部地区,表明近年来西部地区义务教育在基础设施上有很大改进。(3)总体而言,我国东部地区、中部地区、西部地区义务教育物力资源较前些年差距有所缩小。

表6-3 2020年不同地区义务教育物力资源状态比较

学校	地区	生均教学仪器设备值(万元)	每百名学生拥有教学用计算机台数(台)	网络多媒体教室占教室总数比例(%)	生均图书册数(册)
初中	东部	0.46	24.76	90	41.12
	中部	0.27	18.29	78	34.23
	西部	0.26	18.83	85	35.36

续表

学校	地区	生均教学仪器设备值(万元)	每百名学生拥有教学用计算机台数(台)	网络多媒体教室占教室总数比例(%)	生均图书册数(册)
小学	东部	0.29	16.96	88	27.67
	中部	0.17	13.03	72	21.71
	西部	0.19	14.51	78	22.77

资料来源:教育部2020年教育统计数据。

二、义务教育教师资源现状

参考相关文献以及根据数据可得性,使用每百名学生专任教师数、具有研究生学位教师占专任教师比、具有高级职务教师占专任教师比这三个指标来衡量城乡义务教育的教师资源。"每百名学生专任教师数"用来衡量基本教师资源,数值越大,说明基本教师资源越充足。"具有研究生学位教师占专任教师比"和"具有高级职务教师占专任教师比"用来考察学校教师团队的专业水准和教学水平。数值越大,说明教师团队专业水平越高。

由表6-4可知,(1)乡村每百名学生专任教师数最高,且小学乡村具有高级职务教师占专任教师比要高于城区。一方面在于农村义务教育学校教师职务评聘和待遇方面的政策倾斜以及新招聘教师优先补充到农村、偏远地区的政策实施,保障了乡村教师的数量。另一方面,随着城镇化的发展,城区义务教育"大班额"以及乡村"空心化"现象同时出现,导致城区义务教育教师资源紧张与乡村资源浪费。(2)城区义务教育具有研究生学位教师占专任教师比要远高于镇区和乡村。城区、镇区与乡村之间差异较大,均衡水平较低。这种状况在初中阶段尤为显著,城区初中具有研究生学位教师占专任教师比高出乡村初中5.81个百分点。这在于城区生活便利,城市教师社会认同感更高,且城市教师待遇优于镇区和乡村。凡勇昆和邬志辉研究发现,虽然各地在进行绩效工资制度设计时基本上都会强调"对农村学校特别是条件艰苦的学校要给予适当倾斜",但这种"倾斜"不但没有体现出来,还使乡村学校受到一定压制,导致绩效工资从城市到农村呈现降低趋势。从另一角度看,这也显示出乡村优质师资数量不足、结构性缺编等问题。

表 6-4 2020 年我国城乡义务教育教师资源状况比较

地区学校	每百名学生专任教师数(人)	具有研究生学位教师占专任教师比(%)	具有高级职务教师占专任教师比(%)
城区初中	7.62	7.07	21.68
镇区初中	7.65	1.50	19.07
乡村初中	8.58	1.26	18.03
城区小学	4.56	3.60	7.47
镇区小学	4.95	0.67	8.97
乡村小学	6.57	0.40	8.12
城区义务教育	5.51	5.10	13.61
镇区义务教育	5.95	1.07	13.78
乡村义务教育	6.98	0.61	10.59

资料来源:教育局 2020 年教育统计数据。

由表 6-5 可知,(1)根据以下三个指标的对比可以看出,东部地区初中教师资源状况最优,其次是中部地区,最后才是西部地区。而对于小学教师资源状态而言,中部地区每百名学生专任教师数最高,东部地区具有研究生学位教师占比最高,西部地区具有高级职务教师占比最高,即各地区都有其各自优势。东部地区经济发达,更能吸引高学历人才任教,中西部地区相对欠缺。(2)对比初中和小学,东部地区的优质资源更偏向初中部聚集;相对东部地区,中西部地区则没有放松对小学教师资源的投入。(3)总而言之,近年来,我国义务教育有所发展,尽管区域间有所差距,但差距在不断缩小。

表6-5 2020年不同地区义务教育教师资源状况比较

学校	地区	每百名学生专任教师数(人)	具有研究生学位教师占专任教师比(%)	具有高级职务教师占专任教师比(%)
初中	东部	8.41	7.63	23.38
	中部	8.49	3.27	21.09
	西部	7.97	2.86	19.94
小学	东部	6.19	3.52	7.83
	中部	6.71	1.18	10.04
	西部	6.23	0.94	12.69

资料来源:教育部2020年教育统计数据。

三、义务教育财力资源现状

财力资源通过《全国教育经费执行情况统计公告》中生均一般公共预算教育经费增长情况、生均一般公共预算教育事业费支出增长情况、教育生均一般公共预算公用经费支出增长情况来考察。

基础教育作为公共产品,政府是教育资源的主要供给主体,政府的财政收支状况,特别是支出能力对教育资源配置水平具有重要影响。整体上,我国对教育投入不断增加。2020年国家财政性教育投入为42908.15亿元,年均增长7.15%,占GDP比例为4.22%,连续第九年保持在4%以上。"十三五"时期中央财政累计安排补助经费达7495亿元,年均增长5.97%,其中,用于农村地区的资金占比一直保持在90%左右,用于中西部地区的资金占比保持在80%以上。

"十四五"规划纲要明确提出,"坚持教育公益性原则,加大教育经费投入",同时强调,"改革完善经费使用管理制度,提高经费使用效益"。2020年城乡义务教育补助经费达1695.9亿元,比上年增加130.6亿元,增长了8.3%,补助经费进一步向薄弱环节和欠发达地区倾斜,持续支持地方优化义务教育资源配置,缩小城乡差距,推动教育领域基本公共服务均等化。

第二节 义务教育资源配置中存在的问题

一、义务教育物力资源配置问题

1. 硬件设施使用率不高

城乡学校的硬件设施总体上已无明显差距,但从实地调研结果来看,部分学校依然存在教育教学设备闲置废弃、利用率不高的现象。原因在于,受师资水平教育理念的影响,一些学校教师"不想用""不会用"教育教学设备的现象普遍存在。在许多省份实施"互联网+义务教育"策略推动城乡义务教育一体化发展中,存在直播教室硬件不友好、网络课堂关注"数量",流于形式,造成硬件设备被浪费现象更为严重。

2. 教学硬件设备的完好率不高

部分学校教育教学硬件设备的损坏严重,主要在于教学设备拥有量与专业维修人员数量不匹配,而且学校未建立设施设备维护与更新的长效机制,导致教学设施设备"不能用"问题突出。

3. 城镇学校义务教育供给资源紧张

一方面,城镇化使大量义务教育人口持续涌入城市,导致义务教育人口的城镇化率显著高于常住人口城镇化率,城镇学校义务教育供给资源紧张,资源分配压力大。同时,城区义务教育"大班额"状况限制了探究教学、合作学习等新型教学模式的应用,阻碍了城镇创新教学技术的进步。而乡村生源流出,造成教育资源的浪费,也使其人力、物力、财力的聚集能力被弱化,导致乡村技术创新所需的资源条件不足。另一方面,当前城镇化快速发展阶段对基础教育需求快速扩大,而教育质量提高缓慢,形成了相对的"技术退步"。由"技术退步"导致的基础教育产出降低,从而形成基础教育投入资源的相对浪费。

二、义务教育教师资源配置问题

1. 城乡教师队伍差距大

与城市学校相比,农村学校教师队伍依然存在较大差距,农村学校教师学历、职称和骨干教师整体低于城市学校，老龄化问题突出。有学者从学科知识、一般教学法知识、学科教学知识等方面对省会城市、地级城市、县级城市、乡镇、村校的教师专业水平进行了对比研究。比较与差异性检验表明，各层级教师在教师知识方面存在非常显著的差异，其中学科知识与学科教学知识的差距非常显著，城市教师专业水平明显高于农村教师。《2017年全国义务教育均衡发展督导评估工作报告》也明确指出，一些农村学校特别是小规模学校和教学点的教师缺口较大，教师走教、远程网络教学等方式尚未满足每个学生享有公平而有质量教育资源的需求。原因在于，在现有的特岗教师制度以及城乡教师交流轮岗制度下，许多年轻教师向乡村流动，积累一定经验后，出于对生活环境、婚姻以及发展前景的考虑，又回到城市教学，使乡村学校成为城市学校教师资源的培养基地。

2. 农村缺乏专业教师

农村许多学校缺乏专业教师，美术、体育、科学等学科教师资源不足，许多教师所教非所学。顶替的教师在兼职学科方面能力与经验不足，教学效果差，使一些学历合格的教师在兼教的科目上变成了不合格的教师。

3. 信息技术教师稀缺

受我国义务教育国策和中考制度的影响，在义务教育阶段，信息技术教师尤其是农村信息技术教师一直不受重视，数量少，质量参差不齐，这影响了信息技术师资的良性建设。

三、义务教育财力资源投入问题

某种程度上，地方政府的财政投入是教育资源配置的根本保证。例如中西部地区地方政府的财政支出能力远落后于东部地区，地方政府在推进农村基础教育建设的投入规模、强度方面存在显著的东西差异，进而直接影响到教育资源配置的空间差异。此外，教育经费投入规模有待进一步提高以达到优质均衡发展要求的规格。义务教育经费保障机制未能落实到位，教育经费增长的长效机制仍未建立。长期以来，在教育资源配置问题上，我国中央和地方政府之间的事权、财权划分以及支出责任问题一直未能很好解决。政府间责任定位不清晰、财政预算内各级教育经费支出增长不均衡不稳定等问题依旧突出,构建教育经费增长的长效机制进程缓慢,由此导致上述提及的教育经费投入问题难以进一步深化解决。另外,部分地区存在教育资金滞拨、挤占、挪用等现象,大量小规模学校拿不到足额经费,长期采用"项目报销"方式向所属中心学校申请经费;一些县级教育行政部门甚至挤占、挪用小规模学校经费,对其采取"歧视"性政策,加剧小规模学校办学困境。

四、城乡义务教育布局问题

合理规划城乡学校布局是推动我国城乡教育一体化发展的基本前提。义务教育属于一种主要由政府提供的公共物品或准公共物品,其消费具有非排他性,每个适龄居民均可享受义务教育。地方政府为进行乡村标准化办学,在学校布局调整中建立中心校,使乡村小规模学校布局过于分散,学校服务范围进一步扩大,村庄与学校距离大幅增加,导致儿童上学距离加大,造成相当数量学生家长陪读的现象,加重了农民的经济负担。2018年9月中共中央、国务院印发的《乡村振兴战略规划(2018—2022年)》,提出要统筹规划布局农村基础教育学校,保障学生就近享有有质量的教育,保留并办好必要的小规模学校。合理布点学校,根据地方特色和学习规模合理分布学校资源的投入。

乡村振兴战略的实施推动乡村经济文化各方面发展,但在长期城乡二元结构的影响下,城乡之间仍存在不可忽视的差距。乡村学校内涵发展不足,诸如校园文化、特色发展等软环境资源的建设上远落后于城镇学校,在培养模式、教学管理、教学研究等方面严重滞后,且课程设置具有城市中心主义倾向,教育内容与乡土文化疏离,导致农村学校优质教育资源的内生力不足。且我国义务教育目标的确定、课程内容的设置、教学标准和考试形式的确定等,都倾向于城市教育价值立场,使农村学生对农村生活与文化的片面解读,淡化对乡土文化的绝对认同,产生文化自卑感,乡土文化的继承与发展面临着巨大挑战。

农村小学课程开设不足,教学手段单一,教学质量难以保障,小而弱成为学校的标签,乡村教师在农村社会中也面临着信任困境。大多数家庭希望孩子到县镇学校读书,这反映出农村家庭教育需求的城镇化取向。如何在不损害农村基础教育现代性和公共性的基础上,安置农村教育的文化性和地方性,仍然是农村小学发展中需要着重思考的问题。

五、义务教育资源配置效率问题

教育资源配置的主要目标是效率、公平与稳定的动态平衡。提高义务教育资源配置效率是推动我国教育资源向优质均衡发展的重要举措。从城乡角度来看,我国义务教育优质资源配置效率整体偏低,城镇义务教育优质资源配置效率远高于农村,且农村义务教育优质资源配置效率降幅显著大于城镇。从空间布局角度来看,我国基础教育资源浪费现象存在地区差异,只有不到1/2的省份实现了义务教育基础资源的优化配置,东部地区基础教育技术效率水平最高,西部地区基础教育技术效率却高于中部地区。这可能源于中部地区优质教育资源投入规模小,有学者研究发现中部地区学校的基础设施建设、师资队伍建设、经费投入等方面多项生均指标明显落后于东部和西部地区,且"中部塌陷"呈现不同程度的加剧态势,这成为当前我国义务教育发展的新短板。将基础教育资源配置与新型城镇化发展相结合,发现教育资源配置与城镇化耦合协调度呈稳步提升态势,且基础教育资源配置与新型城镇化的协调度具有明显的地区差异,协调度由东部至西部递减,形成了"东强西弱"的特征。应适当加大城镇基础教育资源的供给,增强基础教育资源的公共协调服务能力,同时重视优化投入要素的规模,提高我国义务教育资源配置的规模效率。

第三节 应对义务教育资源配置
问题的相关对策

一、平衡义务教育物力资源分配

首先,制定义务教育物力资源分配政策,从制度设计上堵住义务教育物力资源分配不均的各种漏洞,使城乡义务教育物力资源分配均衡、东中西部义务教育物力资源分配均衡。其次,倡议学校积极利用物力资源,避免出现教学设备闲置的现象,废弃的设备要及时保修,保障设备的完好率。

二、缩小城乡义务教育教师资源差距

第一,不断提高偏远地区或经济落后地区的信息化战略教学,推动偏远地区尤其是乡村经济发展落后地区的教育改革;响应乡村振兴战略之一即缩小城乡教育资源配置差距,加快精准扶贫,帮助建档立卡的孩子获得教育的机会、供给公平的教育制度,同时加快对外开放学习获得教育资源的步伐,根据边境省份特殊的地理位置,边疆教育应该引进东南亚地区、欧洲地区等的先进教育资源,促进民族教育融合创新,形成动态的教育生态圈。第二,制定人才引进相关政策,为乡村留住优秀教师。第三,制定乡村教师培训计划,并严格执行,为乡村教育培养更多的优秀教师,从而缩小城乡义务教育教师资源差距。

三、完善义务教育经费投入机制

教育的发展离不开各种资源的支持,各级政府要加大对义务教育经费的投入力度。为确保我国城乡义务教育均衡发展能够得到充足的教育经费,需要建立完善的经费投入机制。一是要明确中央、省、市、县(区)各级政府应承担的责任,对各级政府所占教育经费投入负担比例、教育经费投入占政府财政支出的比例、教育经费投入增长的比例等各个方面作出明确规定。二是加大中央和省级政府对教育经费的投入力度,并不断提高教育经费投入主体的重心,最终形成以中央、省级政府为主的义务教育经费投入模式。三是完善县级政府和学校教育经费管理制度,加强对教育经费使用情况的监管、调控和评价,提高教育经费的使用效益。通过建立完善的教育经费投入机制,切实保障城乡义务教育均衡发展能够得到持续、规范、充足的经费支持,并不断满足学校基础设施建设、仪器设备购置、学校日常运转、教师总体收入和学生资助等多方面的合理需求。

四、运用社会空间重构效应改善城乡义务教育布局

应当厘清资源配置与义务教育质量的关系,促进人口垂直流动,在社区中探索以最优半径为原则的资源配比模式,完善教师的柔韧性措施流动,创新办学模式。补偿性也是教育资源分配中的一大原则,在城乡二元结构差距明显的省份,资源通过社会分化—空间分布—教育流动,达到资本的场域流通,通过核心制度补偿师资和财政投入,从而有利于教育公平。

第七章　我国义务教育网络节点资源配置优化模型、测算方法与实证研究

义务教育是国民教育的基础,关系着一个国家国民的整体素质,体现一个国家的文明程度。努力推进义务教育的均衡发展是促进社会公平的重要手段。目前,全国大部分地区通过相关认定,义务教育整体处于基本均衡状态。但由于城乡二元结构的影响,我国城乡义务教育资源配置仍然存在差距,主要表现在教师中高职称、教师学历(教师队伍结构参差不齐)和教学经费投入不均衡、办学条件差异等。同时,属地管理体制下随务工父母迁入城内的学生数量增加,给流入地政府带来财力、师资和建设用地等方面的政策调整压力,使集中流入地的义务教育资源供求矛盾突出,教学资源不足且配置失衡。近年来,京津沪等大城市和经济发达地区已经接近普及高中阶段教育,而在中西部欠发达省份,尤其是边远地区、欠发达地区以及少数民族聚居地区,"普九"的任务尚未完成。改革开放以来,我国三级教育的升学率分别从 90%、60%、20% 迅速提高到 99%、90%、53%。但是在城市,已经普及了九年义务教育,小学升入初中的比例已经达到 98% 以上,而农村还有 10% 左右的学生由于各种各样的原因不能或不愿升入初中。义务教育校际差距过大可以从多个方面体现出来,但最主要的表现是:重点学校、示范学校和普通学校、薄弱学校之间的不均衡,形成了教育经费、办学条件、师资方面的重大差异。在"全面三孩"政策下,未来我国学前教育学龄人口增幅将扩大,师资、校舍以及经费缺口大,我国城乡义务教育资源配置均衡面临挑战。合理配置义务教育资源,促进义务教育均衡发展,使不同地区、不同学校的孩子受到公平

的教育,避免社会困难群体子女丧失受教育的平等权利,防止社会公正信念的加速失落,防止滋生新的腐败。

国内外学者关于义务教育资源配置的研究众多,已奠定了一定的理论基础。约翰等(John 等,1991)[1]认为,在政府垄断的情况下,教育资源配置效率低下。相反,杨公安[2]认为市场机制对于教育改革具有两面性,因此政府在配置教育资源时必须坚持"补救办法"与"防御措施"相结合,防止教育资源配置失衡。赵琦[3]、李玲和陶蕾[4]、刘天宝等[5]等部分学者对义务教育配置现状进行了分析,其运用了不同的方法,均指出义务教育配置失衡、低效。许丽英[6]、张盛仁[7]、赵林等[8]部分学者对配置失衡和低效问题的原因进行探讨,分别得到以下原因:教育投资体制缺陷、教育政策不合理;人口对义务教育资源配置具有重要影响;城镇化水平、地方政府财政能力和经济发展水平在一定程度上影响教育资源配置。毛峰等[9]指出,教育是国之大计、党之大计,推动教育高质量发展,对提升城市核心竞争力、满足市民群众对美好生活的向往具有重要意义。在"全面三孩"政策的背景下,研究我国义务教育资源配置优化问题具有一定的理论意

[1]　John E.Chubb,Terry M.Moe,"Politics,Markets and America's Schools",*British Journal of Sociology of Education*,Vol.12,No.3,1991.

[2]　杨公安:《县域内义务教育资源配置低效率问题研究》,西南大学 2012 年博士学位论文。

[3]　赵琦:《基于 DEA 的义务教育资源配置效率实证研究——以东部某市小学为例》,《教育研究》2015 年第 3 期。

[4]　李玲、陶蕾:《我国义务教育资源配置效率评价及分析——基于 DEA—Tobit 模型》,《中国教育学刊》2015 年第 4 期。

[5]　刘天宝、郑莉文、杜鹏:《市域义务教育资源均衡水平的空间特征与分布模式——以大连市小学为例》,《经济地理》2018 年第 7 期。

[6]　许丽英:《论教育补偿机制的构建——义务教育资源均衡配置的实现路径探讨》,《教育发展研究》2010 年第 19 期。

[7]　张盛仁:《农村人口变化对义务教育资源配置的影响——基于湖北省农村的调查分析》,《中国教育学刊》2008 年第 12 期。

[8]　赵林、吴殿廷、王志慧:《中国农村基础教育资源配置的时空格局与影响因素》,《经济地理》2018 年第 11 期。

[9]　毛峰、苏忠鑫、陈倩:《面向 2035 的义务教育阶段资源配置方略研究——以上海市为例》,《教育发展研究》2022 年第 6 期。

义和现实意义。

第一节 运用数据包络分析法评价目前我国义务教育资源配置的相对效率

选取全国31个省份的县区义务教育资源配置的数据,将全国划分为东部、中部、西部、东北地区4个区域,数据来源于2011—2020年的《中国教育统计年鉴》。研究发现,一些落后地区义务教育配置效率高于发达地区的配置效率,说明经济发展水平与义务教育资源配置效率不成正比。

一、选取研究方法

目前评价效率的方法很多,数据包络分析法是在评价多投入、多产出的多目标决策问题的一种方法,也是评价教育资源配置效率的主流方法之一。本章主要运用数据包络分析法的经典模型即规模报酬不变 CCR 模型对决策单元义务教育资源配置的相对效率作出评价。假设有 n 个待评价的决策单元 DMU_{j_0}($j=1,2,3,\cdots,n$),每个决策单元有 m 种投入和 s 种产出,投入记为 x_i($i=1,2,\cdots,m$),产出记为 y_k($k=1,2,3,\cdots,s$),投入的权重记为 V_i($i=1,2,\cdots,m$),产出权重记为 U_k($k=1,2,3,\cdots,s$),设当前需要评价的决策单元为 DMU_{j_0},构建投入导向规模报酬不变 CCR 模型:

$$\begin{cases} \min\theta \\ s.t. \sum_{j=1}^{n} x_j \lambda_j + s^+ \leqslant \theta x_{j0} \\ \sum_{j=1}^{n} y_j \lambda_j - s^- \leqslant y_{j_0} \\ \lambda_j \geqslant 0, j=1,2,\cdots,n \\ s^+ \geqslant 0, s^- \geqslant 0 \end{cases} \quad (7-1)$$

式(7-1)中,λ 表示决策单元的线性组合系数,s^+、s^- 为松弛变量,θ 表示综合技术效率,且 $0<\theta\leqslant 1$,θ 越大表示效率越高。$\theta=1$ 时,决策单元

118

DMU_{j_0} 为数据包络分析法有效，$\theta<1$ 时，决策单元 DMU_{j_0} 为非数据包络分析法有效。

二、指标选择

根据已有的效率评价研究，结合指标的可获取性和可度量性选取相应指标。在投入指标上选取从人力、财力、物力三方面出发，选取义务教育的教师数量作为人力指标，教师是教育事业的执行者，对于教育的发展发挥着至关重要的作用。完善的教育软硬件设施是推动教育发展的重要力量，因此选取固定资产价值作为物力指标，教育经费是促进教育发展和改革的动力，选择教育经费投入作为财力指标。因此投入指标为教师数量、固定资产价值、教育经费投入。而产出指标通过义务教育的升学率、毕业生数量直观反映义务教育资源配置的效用。具体指标见表 7-1。

表 7-1　义务教育阶段资源配置投入、产出指标

指标	指标含义
投入指标	专任教师数量
	固定资产总价
	教育经费投入
产出指标	毕业生数量
	义务教育的升学率

按照表 7-2 将 31 个省份划分成东部、中部、西部和东北地区。

表 7-2　我国东部、中部、西部以及东北地区的划分

东部地区			中部地区		西部地区			东北地区
北京	天津	福建	山西	内蒙古	重庆	四川	甘肃	黑龙江
河北	上海	山东	江西	河南	贵州	云南	青海	吉林
江苏	浙江	广东	湖南	安徽	西藏	陕西	宁夏	辽宁
广西	海南		湖北		新疆			

三、实证分析

本节运用 DEAP Version2.1 软件将 2011—2020 年所有数据运用投入导向下的规模报酬不变 CCR 模型测算技术效率,然后整合各时期决策单元的技术效率(见表 7-3)。根据 2011—2020 年综合技术效率绘制我国县区义务教育资源配置效率变化折线势图(见图 7-1)。

表 7-3 2011—2020 年我国县区义务教育资源配置效率

全国		东部地区		西部地区		中部地区		东北地区	
DMU	技术效率	DMU	技术效率	DMU	技术效率	DMU	技术效率	DMU	技术效率
1	1.000	1	1.000	1	1.000	1	1.000	1	1.000
2	0.988	2	1.000	2	1.000	2	0.985	2	0.935
3	1.000	3	0.978	3	0.968	3	0.956	3	0.894
4	1.000	4	0.984	4	1.000	4	0.899	4	0.856
5	1.000	5	1.000	5	0.992	5	0.847	5	0.790
6	0.987	6	0.996	6	0.988	6	0.821	6	0.781
7	0.984	7	0.995	7	0.976	7	0.826	7	0.783
8	0.972	8	0.996	8	0.960	8	0.805	8	0.804
9	0.960	9	0.990	9	0.949	9	0.783	9	0.805
10	0.961	10	1.000	10	0.956	10	0.771	10	0.805

由图 7-1 可知,中国整体义务教育资源配置效率较高,但多地区整体效率水平呈下降趋势,东部地区效率最高,且高于全国平均效率,其次是西部地区,东北地区和中部地区效率最低,远低于全国平均效率。从技术效率方面看,综合技术效率是对决策单元的资源配置能力、资源使用效率等方面的综合衡量与评价。数据包络分析法有效,即技术效率达到 1。从全国的 4 个区域来看,技术效率是 1 的区域占评价决策单元的 40%,可以看出,我国县区义务教育的资源配置效率存在较为显著的差异,同时,一些相对落后地区县区的义务教育技术效率是数据包络分析法有效,例

如西部地区,可见其对义务教育还是很重视的。

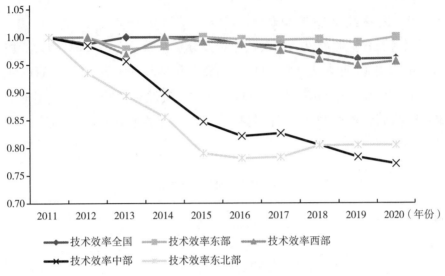

图 7-1　2011—2020 年我国县区义务教育资源配置效率变化折线图

第二节　优化我国义务教育资源配置

一、确立我国义务教育网络节点资源配置的优化目标

　　义务教育资源配置以满足我国义务教育需求、缩小城乡差距、提高义务教育资源使用效率为目标。这几个目标作为本书研究我国义务教育网络节点资源配置的优化目标,以保证在一定的教育投入下,使教育产出最大化。因此,可以通过选取合理的义务教育指标,分别建立义务教育资源利用率最大化方程、缩小城乡差距方程、满足我国义务教育需求方程,通过联立三项方程,解出义务教育指标的最优数量解。通过义务教育指标的最优数量解来调整分配中国各城市的新增义务教育资源,从而使我国义务教育在一定的教育资源投入下实现产出最大化。主要从教育人力资源、物力资源、财力资源三个方面权衡我国义务教育网络节点资源优化配置模型。

二、义务教育指标选择

1. 义务教育资源指标

义务教育资源配置的三大核心资源分别是教育人力资源、物力资源以及财力资源(见表7-4)。其中人力资源包括教师资源和学生资源,主要包括师生比、学历达标率、平均收入;物力资源包括校舍面积、用地面积、图书册数、教学仪器设备等;财力资源主要指政府的财政教育经费支出。

表7-4　义务教育资源投入指标

一级指标	二级指标	指标含义
A 义务教育发展水平	A1 小学适龄人口入学率	
	A2 初中适龄人口入学率	
B 义务教育投入水平	B1 人力投入	a.师生比
		b.学历达标率
		c.平均收入
	B2 物力投入	a.平均校舍面积
		b.平均用地面积
		c.教师平均住房面积
		d.教学仪器配备率
		e.电教器材配备率
		f.音乐教学器材配备率
		g.体育教学器材配备率
		h.美术教学器材配备率
		i.平均图书册数
	B3 财力投入	平均教育经费

2. 义务教育网络节点资源配置评价指标体系的选取

义务教育网络节点资源配置的优化模型,其实质是如何在满足各城市义务教育需求的基础上,以最少的人力、物力、财力资源来实现教育产出的最优化。因此,从人力、物力、财力三个方面考虑来确定我国义务教育网络节点资源配置模型的基本影响因素,具体包括师生比、生均学历合格教师数、生均中高级职称教师数、学校数、生均教学仪器设备价值、生均图书数量、生均校舍面积、生均教育经费八项指标(见表7-5)。

表7-5　义务教育网络节点资源配置评价指标

指标	指标名称	符号表示
指标1	师生比	V1
指标2	生均学历合格教师数	V2
指标3	生均中高级职称教师数	V3
指标4	学校数	V4
指标5	生均教学仪器设备价值	V5
指标6	生均图书数量	V6
指标7	生均校舍面积	V7
指标8	生均教育经费	V8

(1)师生比V1

师生比,是一个表征学校办学条件、教学质量和教学水平的重要指标。在教育中,教师占一个很重要的地位,因此,"师生比"也就成了评价学校教育的重要指标。本书之所以选择中小学作为研究对象,是因为从理论上分析,学生受教育程度越高,自学能力越强,教师与学生之间的相互作用越小,因此,本书选择中小学作为研究对象,师生比V1的计算方式如下:

$$师生比\ V1 = \frac{专任教师数}{在校学生数}$$

(2)生均学历合格教师数V2

对于小学而言,高于规定学历对教师的要求是具有大专及以上学历,对于初中而言,高于规定学历对教师的要求是具有本科及以上学历。该指标V2的计算方式如下:

$$生均学历合格教师数\ V2 = \frac{学历合格教师数}{在校学生数}$$

（3）生均中高级职称教师数 V3

对于小学而言,中级及以上专业技术职务教师要求小学教师具有小高职称,对于初中而言,中级及以上专业技术职务教师要求初中教师具有中学一级和中学高级职称,根据国家的相关规定,教师的职务有三类:初级职务、中级职务和高级职务。这一指标 V3 的计算方式如下:

$$生均中高级职称教师数\ V3 = \frac{中高级职称教师数}{在校学生数}$$

（4）学校数 V4

统计中国各市区的中小学数量。

（5）生均教学仪器设备价值 V5

教学仪器设备价值是学校的固定资产,指学校里面教学仪器设备的资产价值,单位为万元。生均教学仪器设备价值 V5 的计算方式如下:

$$生均教学仪器设备价值\ V5 = \frac{教学仪器设备总价值}{在校学生数}$$

（6）生均图书数量 V6

图书总册数指学校拥有的供学生阅读的图书总册数。生均图书数量 V6 的计算方式如下:

$$生均图书数量\ V6 = \frac{图书总数量}{在校学生数}$$

（7）生均校舍面积 V7

学校校舍建筑总面积是指学校持有所有权的已经完工的校舍建筑面积,其中包括教学楼、实验楼、行政用房、学生宿舍和生活用房的总面积。但是,不包括学校租借的建筑面积、学校正在建设的建筑面积以及临时搭建的建筑面积。生均校舍建筑面积 V7 的计算方式如下:

$$生均校舍面积\ V7 = \frac{校舍总面积}{在校学生数}$$

（8）生均教育经费 V8

生均教育经费是在一定地区范围内(如某省、某市),按照当地的经济发展水平和教育发展实际,由政府制定的财政年度预算的依据,同时也是当地财政部门按照当地计划内在读学生数额,向相关教育部门拨款的依据。生均教育经费 V8 的计算方式如下：

$$生均校舍面积\, V8 = \frac{教育经费}{在校学生数}$$

三、义务教育网络节点资源配置优化模型的构建

1. 优化模型的三个优化目标

（1）本节建立的优化模型是在一定的义务教育资源投入下，优化配置我国各城乡义务教育的资源，从而达到教育产出最大化，因此，构建本次优化模型的目标是提高资源的效率。

（2）本节建立的优化模型是以缩小城乡差距为目标。因此，构建本次优化模型的目标是缩小城乡义务教育的差距。

（3）本节建立的优化模型是我国各城乡的义务教育资源配置能够满足义务教育需求，因此，构建本次优化模型的目标是使我国各城乡满足义务教育标准。

2. 提高资源的效率

在我国经济发展过程中，由于经济、地理、文化基础等各方面的影响，使东部、西部义务教育资源差距较大，西部地区山地众多、经济发展较不发达、文化落后，导致东部、西部地区教育资源分布不均。因此，提高义务教育网络节点资源的利用效率具有重大意义，将西部地区有限的义务教育资源进行合理的优化配置，使我国义务教育在一定的投入下得到最大的产出。

为满足我国义务教育资源网络节点配置的最优化，应该提高我国各城乡的义务教育资源的效率，因此，以下列出提高教育指标产出率的目标函数：

（1）师生比：$\max eff_1 = \dfrac{A_{ij} + NA_{ij}}{P_{ij}}$

其中，P_{ij} 表示第 i 个省的第 j 个市区的学生数量；A_{ij} 表示第 i 个省的第 j 个市区的专任教师数量；NA_{ij} 表示分配给 i 个省的第 j 个市区的专任教师数量。

该目标函数表示在师生比这一指标中，使专任教师数量与在校学生

数量达到效率最优比例。该比例若太小,对教师而言,可能会因学生太多而力不从心,降低教学质量。该比例若过大,则会造成教师资源的过度浪费。因此,确立一个合适的师生比是一个比较关键的问题。考虑到西部地区目前的义务教育资源比较匮乏,因此不能达到"一对一"的教学方式,因此 $0 < eff_1 < 1$。

(2)生均学历合格教师数: $\max eff_2 = \dfrac{B_{ij} + NB_{ij}}{P_{ij}}$

其中, P_{ij} 表示第 i 个省的第 j 个市区的学生数量; B_{ij} 表示第 i 个省的第 j 个市区的高于规定学历的数量; NB_{ij} 表示分配给第 i 个省的第 j 个市区的学历合格教师数量。

该目标函数基于师资力量考虑效率问题,要求学校队伍里高于规定学历的教师数量尽量达到最大。而我国义务教育的现状表明,高于规定学历的教师数仅占专任教师的一部分,因此, $0 < eff_2 < 1$。

(3)生均中高级职称教师数: $\max eff_3 = \dfrac{C_{ij} + NC_{ij}}{P_{ij}}$

其中, P_{ij} 表示第 i 个省的第 j 个市区的学生数量; C_{ij} 表示第 i 个省的第 j 个市区的中高级专任数量; NC_{ij} 表示分配给第 i 个省的第 j 个市区的中高职称教师数量。

该目标函数基于师资力量考虑效率问题,要求教师队伍里中高级职称教师数量尽量达到最大。而我国义务教育的现状表明,高于规定学历教师数仅占专任教师的一部分,因此, $0 < eff_3 < 1$。

(4)学校数: $\max eff_4 = \dfrac{D_{ij} + ND_{ij}}{P_{ij}}$

其中, P_{ij} 表示第 i 个省的第 j 个市区的学生数量; D_{ij} 表示第 i 个省的第 j 个市区的学校数量; ND_{ij} 表示分配给第 i 个省的第 j 个市区的学校数量。该目标函数表明,学校数量达到效率最优,经分析可知 $eff_4 < 1$。

(5)生均教学仪器设备价值: $\max eff_5 = \dfrac{E_{ij} + NE_{ij}}{P_{ij}}$

其中, P_{ij} 表示第 i 个省的第 j 个市区的学生数量; E_{ij} 示第 i 个省的第

j 个市区的教学设备总价值; NE_{ij} 表示分配给第 i 个省的第 j 个市区的教学设备价值总量。

该目标函数表示学校的基础设施资源达到效率最优,经分析可知 $eff_5 > 1$。

(6)生均图书数量: $\max eff_6 = \dfrac{F_{ij} + NF_{ij}}{P_{ij}}$

其中, P_{ij} 表示第 i 个省的第 j 个市区的学生数量; F_{ij} 表示第 i 个省的第 j 个市区的图书数量; NF_{ij} 表示分配给第 i 个省的第 j 个市区的图书数量。

该目标函数表示生均图书数量达到效率最优,经分析可知 $eff_6 > 1$。

(7)生均校舍面积: $\max eff_7 = \dfrac{G_{ij} + NG_{ij}}{P_{ij}}$

其中, P_{ij} 表示第 i 个省的第 j 个市区的校舍数量; G_{ij} 表示第 i 个省的第 j 个市区的校舍总面积; NG_{ij} 表示分配给第 i 个省的第 j 个市区的校舍总面积。

该目标函数表示生均校舍面积达到效率最优,经分析 $eff_7 < 1$。

(8)生均教育经费: $\max eff_8 = \dfrac{H_{ij} + NH_{ij}}{P_{ij}}$

其中, P_{ij} 表示第 i 个省的第 j 个市区的校舍数量; NH_{ij} 表示分配给第 i 个省的第 j 个市区的教育经费; H_{ij} 表示第 i 个省的第 j 个市区的教育经费。

该目标函数表示在生均教育经费达到效率最优,经分析 $eff_8 > 1$。

四、缩小各市区义务教育资源配置差距情况

我国义务教育网络节点资源优化配置的另一个目标是缩小各市区义务教育资源配置差距,维护义务教育的公平性,因此,应当对教育资源在各市区进行均衡配置,降低各因素之间的差异情况,从市区方面来说,市区之间各指标的差异情况应该尽可能小一些,降低这八项指标的差异情况的目标函数可以分别表示为:

1. 师生比：$\min fair_1 = \left(\dfrac{A_{ij} + NA_{ij}}{P_{ij}} - \dfrac{TA + NA}{TP} \right)^2$

其中，P_{ij} 表示第 i 个省的第 j 个市区的学生数量；A_{ij} 表示第 i 个省的第 j 个市区的专任教师数量；NA_{ij} 表示分配给 i 个省的第 j 个市区的专任教师数量；NA 表示可分配的专任教师数量；TA 表示总的专任教师数量；TP 表示总的在校学生数量。

该函数表示我国各市区之间师生比这一指标的差异情况达到最小值。

2. 生均学历合格教师数：$\min fair_2 = \left(\dfrac{B_{ij} + NB_{ij}}{P_{ij}} - \dfrac{TB + NB}{TP} \right)^2$

其中，P_{ij} 表示第 i 个省的第 j 个市区的学生数量；B_{ij} 表示第 i 个省的第 j 个市区的高于规定学历数量；NB_{ij} 表示分配给第 i 个省的第 j 个市区的学历合格教师数量；NB 表示学历合格教师数量；TB 表示总的学历合格教师数量；TP 表示总的在校学生数量。

该函数表示我国各市区之间生均学历合格教师数这一指标的差异情况达到最小。

3. 生均中高职称教师数量：$\min fair_3 = \left(\dfrac{C_{ij} + NC_{ij}}{P_{ij}} - \dfrac{TC + NC}{TP} \right)^2$

其中，P_{ij} 表示第 i 个省的第 j 个市区的学生数量；C_{ij} 表示第 i 个省的第 j 个市区的中高级专任教师数量；NC_{ij} 表示分配给第 i 个省的第 j 个市区的中高职称教师数量；TC 表示总的中高职称教师数量；NC 表示可分配的中高职称教师数量；TP 表示总的在校学生数量。

该函数表示我国各市区之间生均中高职称教师数量这一指标的差异情况达到最小。

4. 学校数：$\min fair_4 = \left(\dfrac{D_{ij} + ND_{ij}}{P_{ij}} - \dfrac{TD + ND}{TP} \right)^2$

其中，P_{ij} 表示第 i 个省的第 j 个市区的学生数量；D_{ij} 表示第 i 个省的

第 j 个市区的学校数量；ND_{ij} 表示分配给第 i 个省的第 j 个市区的学校数量；TD 表示总的学校数量；ND 表示总的新建学校数量；TP 表示总的在校学生数量。

该函数表示我国各市区之间学校数这一指标的差异情况达到最小。

5. 生均教学仪器设备价值： $\mathrm{min} fair_5 = \left(\dfrac{E_{ij} + NE_{ij}}{P_{ij}} - \dfrac{TE + NE}{TP} \right)^2$

其中，P_{ij} 表示第 i 个省的第 j 个市区的学生数量；E_{ij} 表示第 i 个省的第 j 个市区的教学设备总价值；NE_{ij} 表示分配给第 i 个省的第 j 个市区的教学设备价值总量；TE 表示总的教学仪器设备价值；NE 表示可分配的教学仪器设备价值；TP 表示总的在校学生数量。

该函数表示我国各市区之间生均教学仪器设备价值这一指标差异达到最小。

6. 生均图书数量： $\mathrm{min} fair_6 = \left(\dfrac{F_{ij} + NF_{ij}}{P_{ij}} - \dfrac{TF + NF}{TP} \right)^2$

其中，P_{ij} 表示第 i 个省的第 j 个市区的学生数量；F_{ij} 表示第 i 个省的第 j 个市区的图书数量；NF_{ij} 表示分配给第 i 个省的第 j 个市区的图书数量，TF 表示总的图书数量；NF 表示可分配的图书数量；TP 表示在校学生数量。

该函数表示我国各市区之间生均图书数量这一指标差异达到最小。

7. 生均校舍面积： $\mathrm{min} fair_7 = \left(\dfrac{G_{ij} + NG_{ij}}{P_{ij}} - \dfrac{TG + NG}{TP} \right)^2$

其中，P_{ij} 表示第 i 个省的第 j 个市区的校舍数量；G_{ij} 表示第 i 个省的第 j 个市区的校舍总面积；NG_{ij} 表示分配给第 i 个省的第 j 个市区的校舍总面积；TG 表示总的校舍面积；NG 表示可新建校舍面积；TP 表示总的在校学生数量。

该函数表示我国各市区之间生均校舍面积这一指标差异达到最小。

8. 生均教育经费：$\mathrm{min} fair_8 = \left(\dfrac{H_{ij} + NH_{ij}}{P_{ij}} - \dfrac{TH + NH}{TP} \right)^2$

其中，P_{ij} 表示第 i 个省的第 j 个市区的校舍数量；H_{ij} 表示第 i 个省的第 j 个市区的教育经费；NH_{ij} 表示分配给第 i 个省的第 j 个市区的教育经费；TH 表示总的教育经费；NH 表示可分配的教育经费；TP 表示总的在校学生数量。

该函数表示我国各市区之间生均教育经费这一指标差异达到最小。

五、满足义务教育标准

我国存在的一些市区的义务教育资源并没有达到国家规定的最低标准，在满足教育资源配置效率最大化与减少各市区之间的指标差异，维护义务教育公平性，还应该考虑如何使我国各市区之间的指标达到国家规定的标准。因此，建立八项指标达到国家规定标准的目标函数为：

1. 师生比：$\mathrm{min} norm_1 = \left(\dfrac{A_{ij} + NA_{ij}}{P_{ij}} - SA \right)^2$

其中，P_{ij} 表示第 i 个省的第 j 个市区的学生数量；A_{ij} 表示第 i 个省的第 j 个市区的专任教师数量；NA_{ij} 表示分配给 i 个省的第 j 个市区的专任教师数量；SA 表示国家规定的师生比。

该目标函数表示各市区师生比的这项指标高于国家最低标准。

2. 生均学历合格教师数量：$\mathrm{min} norm_2 = \left(\dfrac{B_{ij} + NB_{ij}}{P_{ij}} - SB \right)^2$

其中，P_{ij} 表示第 i 个省的第 j 个市区的学生数量；B_{ij} 表示第 i 个省的第 j 个市区的高于规定教师学历数量；NB_{ij} 表示分配给第 i 个省的第 j 个市区的学历合格教师数量；SB 表示国家规定的生均学历合格教师数量。

该目标函数表示各市区生均学历合格教师合格数量这一项指标高于规定标准。

3. 生均中高级职称教师数：$\mathrm{min} norm_3 = \left(\dfrac{C_{ij} + NC_{ij}}{P_{ij}} - SC \right)^2$

其中，P_{ij} 表示第 i 个省的第 j 个市区的学生数量；C_{ij} 表示第 i 个省的第 j 个市区的中高级专任教师数量；NC_{ij} 表示分配给第 i 个省的第 j 个市区的中高职称教师数量；SC 表示国家规定的生均中高级职称教师数。

该目标函数表示各市区生均中高级职称教师数量这一项指标高于规定标准。

4. 学校数：$\mathrm{min} norm_4 = \left(\dfrac{D_{ij} + ND_{ij}}{P_{ij}} - SD \right)^2$

其中，P_{ij} 表示第 i 个省的第 j 个市区的学生数量；D_{ij} 表示第 i 个省的第 j 个市区的学校数量；ND_{ij} 表示分配给第 i 个省的第 j 个市区的学校数量；SD 表示国家规定的学校数。

该目标函数表示各市区学校数量这一项指标高于规定标准。

5. 生均教学仪器设备价值：$\mathrm{min} norm_5 = \left(\dfrac{E_{ij} + NE_{ij}}{P_{ij}} - SE \right)^2$

其中，P_{ij} 表示第 i 个省的第 j 个市区的学生数量；E_{ij} 表示第 i 个省的第 j 个市区的教学设备总价值；NE_{ij} 表示分配给第 i 个省的第 j 个市区的教学设备价值总量；SE 表示国家规定的生均教学仪器设备价值。

该目标函数表示各市区生均教学仪器设备价值这一项指标高于规定标准。

6. 生均图书数量：$\mathrm{min} norm_6 = \left(\dfrac{F_{ij} + NF_{ij}}{P_{ij}} - SF \right)^2$

其中，P_{ij} 表示第 i 个省的第 j 个市区的学生数量；F_{ij} 表示第 i 个省的第 j 个市区的图书数量；NF_{ij} 表示分配给第 i 个省的第 j 个市区的图书数量；SF 表示国家规定的生均图书数量。

该目标函数表示各市区生均图书数量这一项指标高于规定标准。

7. 生均校舍面积：$\min norm_7 = \left(\dfrac{G_{ij} + NG_{ij}}{P_{ij}} - SG \right)^2$

其中，P_{ij} 表示第 i 个省的第 j 个市区的校舍数量；G_{ij} 表示第 i 个省的第 j 个市区的校舍总面积；NG_{ij} 表示分配给第 i 个省的第 j 个市区的校舍总面积；SG 表示国家规定的生均校舍面积。

该目标函数表示各市区生均校舍面积这一项指标高于规定标准。

8. 生均教育经费：$\min norm_8 = \left(\dfrac{H_{ij} + NH_{ij}}{P_{ij}} - SH \right)^2$

其中，P_{ij} 表示第 i 个省的第 j 个市区的校舍数量；H_{ij} 表示第 i 个省的第 j 个市区的教育经费；NH_{ij} 表示分配给第 i 个省的第 j 个市区的教育经费；SH 国家规定的生均教育经费。

该目标函数表示各市区生均教育经费这一项指标高于规定标准。

六、义务教育网络节点资源配置优化模型的构建

就目前而言，在义务教育有限的情况下，我国义务教育应该尽量对有限的义务教育资源进行优化配置，因此，该优化模型应以满足义务教育需求、缩小市区或城乡差距、提高义务教育资源利用效率为目的，在上述的约束条件下，求得最优解，使我国义务教育网络节点资源配置在一定的教育投入下得到最大的教育产出。

1. 模型的假设条件

为确保模型的准确性，需满足以下条件：

（1）信息的完整性。本书对我国各市区的教育指标数据能够完整地收集。

（2）信息准确性。本书对我国各市区的教育指标数据能够收集到准确数据。

（3）新分配资源数为正数：避免优化模型计算结果为各地教育资源简单平均化。

2. 模型的目标函数

通过上述内容分析，我国义务教育网络节点资源优化配置模型应满

足以下三个目标：

（1）提高我国义务教育资源使用效率，建立下列目标函数：

$$F_{eff} = \max \sum_{i=1}^{m} \sum_{j=1}^{n} \sum_{k=1}^{8} eff_{ijk} \tag{7-2}$$

由于八项指标 V1、V2、V3、V4、V5、V6、V7、V8 对于义务教育的影响是不同的，因此，在建立这个提高资源使用效率的目标函数时，应该根据各个指标对教育资源利用效率的影响赋予相应权重，因而引入各个指标的权重 φ_1、φ_2、φ_3、φ_4、φ_5、φ_6、φ_7、φ_8。因此提高义务教育资源的使用效率的目标函数更改为：

$$F_{eff} = \max \sum_{i=1}^{m} \sum_{j=1}^{n} \sum_{k=1}^{8} \varphi_k eff_{ijk} \tag{7-3}$$

（2）为缩小我国各市区义务教育资源配置差距情况，建立下列目标函数：

$$F_{fair} = \min \sum_{i=1}^{m} \sum_{j=1}^{n} \sum_{k=1}^{8} fair_{ijk} \tag{7-4}$$

（3）使各市区义务教育资源配置达到国家规定的最低标准，建立下列目标函数：

$$F_{norm} = \min \sum_{i=1}^{m} \sum_{j=1}^{n} \sum_{k=1}^{8} norm_{ijk} \tag{7-5}$$

由于单目标函数比较适合针对某个特性的研究，然而在实际问题中，通常都是多因素影响，并且各因素之间也会相互制约影响。所以本书建立多目标优化函数：

$$\begin{cases} \max \sum_{i=1}^{m} \sum_{j=1}^{n} \sum_{k=1}^{8} \varphi_k eff_{ijk} \\ \min \sum_{i=1}^{m} \sum_{j=1}^{n} \sum_{k=1}^{8} fair_{ijk} \\ \min \sum_{i=1}^{m} \sum_{j=1}^{n} \sum_{k=1}^{8} norm_{ijk} \end{cases} \tag{7-6}$$

其中，eff_{ijk}、$fair_{ijk}$、$norm_{ijk}$ 分别为模型的三个函数。

3. 优化模型中指标权重的求解方法

采用德尔菲法筛选确定指标及指标权重：德尔菲法，也称专家调查法，1946 年由美国兰德公司创始实行，其本质上是一种反馈匿名函询法，其大致流程是在对所要预测的问题征得专家的意见之后,进行整理、归纳、统计,再匿名反馈给各专家,再次征求意见,再集中,再反馈,直至得到一致的意见,结果见表7-6。

表 7-6　采用德尔菲法筛选确定的义务教育资源空间配置评价指标体系

目标层	一级指标	指标权重	二级指标	指标权重	三级指标(监测点))	指标权重
义务教育资源空间配置情况	A1 社会发展义务教育需求情况	0.589	B1 地理区位	0.377	C1 市辖区	0.446
					C2 县级市	0.279
					C3 县	0.275
			B2 人口基础	0.309	C4 学龄人口数	0.335
					C5 在校学生数	0.428
					C6 进城务工随迁子女数	0.236
			B3 民族构成	0.093	C7 汉族为主地区	0.491
					C8 少数民族为主的自治地区	0.510
			B4 经济基础	0.132	C9 人均 GDP	1
			B5 政策支持	0.088	C10 制定政策	0.308
					C11 执行政策	0.692
	A2 为满足义务教育需求的教育资源配置情况	0.3	B6 教师人力资源配置	0.297	C12 师生比	0.202
					C13 学历合格率	0.281
					C14 中高级职称教师数	0.517
			B7 教育物力资源配置	0.570	C15 学校数	0.345
					C16 生均校舍面积	0.304
					C17 生均图书	0.146
					C18 生均教学仪器设备值	0.205
			B8 教育财力资源配置	0.133	C19 生均教育经费	1
	A3 义务教育需求满足情况	0.138	B9 教育起点	0.384	C20 入学率	1
			B10 教育过程	0.283	C21 辍学率	1
			B11 教育结果	0.333	C22 升学率	1

本书以满足义务教育需求的教育资源配置为一级指标,以教师人力资源、教育物力资源、教育财力资源作为二级指标,以师生比、生均学历合格教师数、生均中高级职称教师数、学校数、生均教学仪器设备价值、生均图书数量、生均校舍面积、生均教育经费八项指标作为三级指标,各项指标所占比重均参考表7-6。

4. 义务教育网络节点资源配置优化模型的约束条件

各市区的专任教师之和应该小于等待被分配专任教师的数量:

$$\sum_{i=1}^{m} \sum_{j=1}^{n} NA_{ij} \leqslant NA$$

各市区的学历合格教师之和应该小于等待被分配学历合格教师的数量:

$$\sum_{i=1}^{m} \sum_{j=1}^{n} NB_{ij} \leqslant NB$$

各市区的中高级职称教师之和应该小于等待被分配中高级职称教师的数量:

$$\sum_{i=1}^{m} \sum_{j=1}^{n} NC_{ij} \leqslant NC$$

各市区的中学校之和应该小于等待被分配学校的数量:

$$\sum_{i=1}^{m} \sum_{j=1}^{n} ND_{ij} \leqslant ND$$

各市区的设备价值之后应该小于等待被分配教学设备价值的数量:

$$\sum_{i=1}^{m} \sum_{j=1}^{n} NE_{ij} \leqslant NE$$

各市区的图书数量之和应该小于等待被分配图书的数量:

$$\sum_{i=1}^{m} \sum_{j=1}^{n} NF_{ij} \leqslant NF$$

各市区的校舍面积之和应该小于等待被分配校舍面积的数量:

$$\sum_{i=1}^{m} \sum_{j=1}^{n} NG_{ij} \leqslant NG$$

各市区的教育经费之和应该小于等待被分配的教育经费:

$$\sum_{i=1}^{m} \sum_{j=1}^{n} NH_{ij} \leqslant NH$$

5. 义务教育网络节点资源配置优化模型求解思路

一般而言,处理一个多目标优化的模型时,应该将多目标优化模型中的各个目标函数经过一定的数学处理转换成一个单目标函数,然后用单目标优化方法来求最优解。首先将本优化模型设计为求最小值的问题,因此,经过处理后的优化模型为:

$$\begin{cases} \min\left(-\sum_{i=1}^{m}\sum_{j=1}^{n}\sum_{k=1}^{8}\varphi_k eff_{ijk}\right) \\ \min\sum_{i=1}^{m}\sum_{j=1}^{n}\sum_{k=1}^{8}fair_{ijk} \\ \min\sum_{i=1}^{m}\sum_{j=1}^{n}\sum_{k=1}^{8}norm_{ijk} \end{cases} \tag{7-7}$$

通过分析,针对本书的优化模型选择的多目标优化方法是加权法,于是可以将上面的优化模型转换成以下的目标函数:

$$F = \min\left(w_1\sum_{i=1}^{m}\sum_{j=1}^{n}\sum_{k=1}^{8}fair_{ijk} - w_2\sum_{i=1}^{m}\sum_{j=1}^{n}\sum_{k=1}^{8}\varphi_k eff_{ijk} + \right.$$

$$\left. w_3\sum_{i=1}^{m}\sum_{j=1}^{n}\sum_{k=1}^{8}norm_{ijk}\right) \tag{7-8}$$

其中,w_1、w_2、w_3 分别为物力、人力、财力资源配置的权重系数,并且满足条件:$w_1 + w_2 + w_3 = 1$

$0 \leqslant w_1$、w_2、$w_3 \leqslant 1$。根据不同教育资源的对义务教育产出的影响,根据表7-6,设 $w_1 = 0.570$,$w_2 = 0.297$,$w_3 = 0.133$。

该优化模型是非线性多目标优化模型,适合用 Matlab 软件用 fmincon 函数来求解。

七、以云南省大理市为研究对象进行实证分析

本次实验以云南省大理市的 11 个县为例,分别是以鹤庆县、剑川县、洱源县、宾川县、祥云县、巍山县、弥渡县、南涧县、永平县、云龙县、漾濞县的义务教育资源作为实验数据进行实证,包括在校生人数(P)、专任教师数(A)、高于规定学历专任教师数(B)、中级及以上专业技术职业教师数(C)、中小学学校数量(D)、教学仪器设备总资产(E)、图书总册数(F)、

校舍建筑总面积(G)、教育经费(H)。

采集以上 11 县的各类数据并进行统计和预处理,得到表 7-7 结果。

表 7-7 2020 年云南省大理市各县区教育资源数据

地区	在校生人数(人)P	专任教师数(人)A	于规定学历专任教师数(人)B	中级及以上专业技术职业教师数(人)C	中小学校数量(所)D	教学仪器设备总资产(元)E	图书总册数(册)F	校舍建筑总面积(m²)G	教育经费(元)H
鹤庆县	28411	2440	2199	2098	120	69150000	1698955	935124	585000000
剑川县	18973	1563	1510	1159	59	61620000	1035974	404754	137000000
洱源县	33169	2181	2107	1783	100	67710000	1958113	865196	453000000
宾川县	53059	2211	2162	1897	161	82260000	1839464	423772	750000000
祥云县	59971	3854	3659	3041	172	234690000	3239109	1357229	850000000
巍山县	30582	1844	1755	1477	89	68800000	1419991	761743	484000000
弥渡县	36618	2078	2028	1540	95	92190000	1386318	444393	498000000
南涧县	29411	2470	2300	2250	84	62730000	1156986	454743	437000000
永平县	27423	2352	2300	2150	129	67450000	1243654	434764	470000000
云龙县	37673	2659	2525	2218	105	62120000	1607484	742714	558000000
漾濞县	14972	933	918	806	24	59470000	830922	377580	110000000

将大理市各县区数据除以在校学生数量,得到本次研究的八项指标,分别为:师生比 V1、生均学历合格教师数 V2、生均中高级职称教师数 V3、学校数 V4、生均教学仪器设备价值 V5、生均图书数量 V6、生均校舍面积 V7、生均教育经费 V8。结果见表 7-8。

表 7-8　2020 年云南省大理市各县区义务教育八大指标

地区	师生比 V1	生均学历合格教师数 V2	生均中级高职称教师数 V3	学校数 V4	生均教学仪器设备价值 V5	生均图书数量 V6	生均校舍面积 V7	生均教育经费 V8
鹤庆县	0.086	0.077	0.074	120	2433.916	59.799	32.914	20590.616
剑川县	0.082	0.080	0.061	59	3247.773	54.603	21.333	7220.787
洱源县	0.066	0.064	0.054	100	2041.364	59.034	26.084	13657.331
宾川县	0.042	0.041	0.036	161	1550.350	34.668	7.987	14135.208
祥云县	0.064	0.061	0.051	172	3913.391	54.011	22.631	14173.517
巍山县	0.060	0.057	0.048	89	2249.689	46.432	24.908	15826.303
弥渡县	0.057	0.055	0.042	95	2517.614	37.859	12.136	13599.869
南涧县	0.084	0.078	0.077	84	2132.875	39.339	15.461	14858.386
永平县	0.086	0.083	0.078	129	2459.614	45.351	15.854	17138.898
云龙县	0.071	0.067	0.059	105	1648.926	42.669	19.715	14811.669
漾濞县	0.062	0.061	0.054	24	3972.081	55.498	25.219	7347.048

　　本次研究的八项义务教育指标权重均参考德尔菲法筛选确定的义务教育资源空间配置评价指标体系(见表 7-9)。

表 7-9　2020 年八项义务教育指标权重

指标	师生比 V1	生均学历合格教师数 V2	生均中级高职称教师数 V3	学校数 V4	生均教学仪器设备价值 V5	生均图书数量 V6	生均校舍面积 V7	生均教育经费 V8
权重	0.0599	0.0834	0.1535	0.1967	0.1733	0.0832	0.1169	0.1330

　　根据表 7-10 中大理市各教育资源新增可分配数量,将数据输入 Matlab 中的 fmincon 函数来求解方程。

表 7-10　2020 年大理市各教育资源新增可分配数量

可分配的专任教师数量（人）NA	可分配的学历合格教师数量（人）NB	可分配的中高级职称教师数（人）NC	可新建学校数（所）ND	可分配的教学仪器设备价值（元）NE	可分配的图书数量（册）NF	可新建校舍面积（m²）NG	可分配的教育经费（元）NH
2800	2500	235	15	620000000	1000000	3000000	260000000

得到以下结果,见表 7-11。

表 7-11　2020 年云南省大理市各县区义务教育
应新增加分配八大义务教育资源

地区	可分配的专任教师数量（人）NA	可分配的学历合格教师数量（人）NB	可分配中高级职称教师数（人）NC	可新建学校数（所）ND	可分配的教学仪器设备价值（元）NE	可分配的图书数量（册）NF	可新建校舍面积（m²）NG	可分配的教育经费（元）NH
鹤庆县	0	332	0	1	58690000	61	0	0
剑川县	0	224	0	1	23760000	3	145390	128622000
洱源县	23	146	0	1	81550000	204	129290	11366000
宾川县	1201	231	225	4	156510000	398060	1156700	0
祥云县	125	80	0	1	23760000	3	145390	0
巍山县	121	248	0	1	68810000	7424	152950	0
弥渡县	336	269	0	2	72590000	322600	650800	14652000
南涧县	0	314	0	1	5600000	1431	16980	0
永平县	0	299	0	1	4300000	1643	1430	0
云龙县	0	174	0	1	107410000	235220	372580	0
漾濞县	50	125	0	1	7900000	26	67330	99608000
总计	1856	2442	225	15	601970000	966675	2828840	254248000

　　表 7-11 结果是对云南省大理市各区县的教育资源配置情况运用 Matlab 软件中的 fmincon 函数进行求解之后的结果。其中第一列 NA 表示应多分配给每个区县的专任教师人数;第二列 NB 表示应多分配给每

个区县的高于规定学历的教师数;第三列 NC 表示应多分配给每个区县的中级及以上专业技术职称的教师数;第四列 ND 表示应多分配给每个区县的学校数量;第五列 NE 表示应多分配给每个区县的教学仪器设备资产;第六列 NF 表示应多分配给每个区县的图书总册数;第七列 NG 表示应多分配给每个区县的校舍建筑总面积;第八列 NH 表示应多分配给每个区县的教育经费。

将上述通过优化计算后的义务教育资源分配结果再加上大理市各区县现有的义务教育资源,从而使大理市义务教育资源利用效率提高,降低了各区县差异,满足义务教育需求三个目标的最优解。

以漾濞县为例分析:在初始值时,专任教师数(A)为 933 人、高于规定学历专任教师数(B)为 918 人、中级及以上专业技术职业教师数(C)为 806 人、中小学(D)为 24 所、教学仪器设备总资产为 5947 万元(E)、图书总册数为 830922 册(F)、校舍建筑总面积 377580 平方米(G)、教育经费为 1.1 亿元(H)(见表 7-7)。

通过优化配置模型计算后的结果是(见表 7-12),新增专任教师数(A)为 50 人、新增高于规定学历专任教师数(B)为 125 人、新增中小学(D)为 1 所、新增教学仪器设备总资产(E)为 790 万元、新增图书总册数(F)为 26 册、新增校舍建筑总面积(G)为 67330 平方米、新增教育经费(H)为 0.996 亿元。

表 7-12　2020 年云南省大理市各区县的义务教育资源配置优化结果

地区	专任教师数(人)A	高于规定学历专任教师数(人)B	中级及以上专业技术职称教师数(人)C	中小学校数量(所)D	教学仪器设备总资产(元)E	图书总册数(册)F	校舍建筑总面积(m²)G	教育经费(元)H
鹤庆县	2440	2531	2098	121	127840000	1699016	935124	585000000
剑川县	1563	1734	1159	60	85380000	1035977	550144	265622000

续表

地区	专任教师数（人）A	高于规定学历专任教师数（人）B	中级及以上专业技术职称教师数（人）C	中小学校数量（所）D	教学仪器设备总资产(元)E	图书总册数(册)F	校舍建筑总面积(m²)G	教育经费(元)H
洱源县	2204	2253	1783	101	149260000	1958317	994486	464366000
宾川县	3412	2393	2122	165	238770000	2237524	1580472	750000000
祥云县	3979	3739	3041	173	258450000	3239112	1502619	850000000
巍山县	1965	2003	1477	90	137610000	1427415	914693	484000000
弥渡县	2414	2297	1540	97	164780000	1708918	1095193	512652000
南涧县	2470	2614	2250	85	63290000	1158417	471723	437000000
永平县	2352	2599	2150	130	67880000	1245297	436194	470000000
云龙县	2659	2699	2218	106	169530000	1842704	1115294	558000000
漾濞县	983	1043	806	25	67370000	830948	444910	209608000

因此,漾濞县最终教育资源配置情况为:专任教师数（A）为 983 人、高于规定学历专任教师数（B）为 1043 人、中级及以上专业技术职称教师数（C）为 806 人、中小学（D）为 25 所、教学仪器设备总资产（E）为 6737 万元、图书总册数（F）为 830948 册、校舍建筑总面积（G）为 444910 平方米、教育经费（H）为 2.096 亿元。

上面以漾濞县为例,分别分析了八项义务教育资源的配置情况,依此类推,其他区县的配置情况也是如此。同理,我国各市区城乡义务教育资源的配置情况亦是如此。

第三节　我国义务教育资源配置策略

一、加强建立合理的教师流动机制

现阶段,我国义务教育学校教师流动呈单向趋势,从村到县,从乡到县，从偏远欠发达地区流动到基础设施好的地区。这种单向流动方式造成城乡之间、地区之间、学校之间的教学资源差距越来越大，因此建立合理的教师流动机制是必要的。义务教育资源配置存在显著的空间特征，由此实施"中心学校辐射"管理，确定一所师资较强的学校作为中心学校，将辐射区域内的学校作为中心学校的延伸点，集中解决师资不足的问题。同时县级教育部门应充分发挥管理职责，整合利用各种教育资源，统筹调配部署，制定统一规范的人员流动机制、资源调配制度。

二、调整投入产出结构，助力义务教育"保优式"均衡

整体上，我国已实现资源配置的基本均衡，然而这种均摊式的资源配置方法抑制了义务教育的多元化发展，导致教学质量平庸等问题，因此要根据各区域学校的实际效率情况来调整投入产出结构，而非无节制地均摊式教育资源投入。针对部分地区县区义务教育资源配置效率不均衡的现象，各部门应注重对不同县区间义务教育资源进行调配，调整资源已经冗余地区的投入结构，完善对资源配置效率较优地区的资源配置体系，平衡各县区之间的资源配置条件，以提高我国县区义务教育资源配置效率，协调和均衡地发展义务教育，提升义务教育发展的品质和活力。在投入方面，对技术效率递增的学校采取资源追加的策略；反之，对技术效率递减的学校采取投入暂缓的策略，同时着重强调固定资产和学校驻地面积的合理配置。在产出方面，打断重点学校对优质生源的垄断，从而引导优秀教师在区域间的相互流动，增强学校的教育质量，再吸引更多的生源，形成一种良性的循环。

三、制定区域间资源流动和经验互助的长效机制

实现义务教育的优质均衡，不是短期能实现的。各区域应根据实际情况，要不断完善和加强省级统筹规划，明确地方政府的主体责任，设立省级专项教育经费，规范教育资源投入。在政策上树立优质典范，在资源上帮扶弱势发展，在整体上消除效率分化。通过帮扶制度和资源共享平

台,加强全国范围内的义务教育资源流动和经验共享,合理引导优质资源与管理经验的分享,从而促进区域内的效率均衡,针对性地消除由各种差距所带来的资源浪费,促进义务教育资源配置效率由"基本均衡"向"优质均衡"过渡。

第八章　义务教育网络节点资源优化配置模型与方法研究

实现义务教育的均衡发展,是当前教育工作的重中之重,也是实现脱贫攻坚的重要保证,对经济社会的发展具有重要意义。义务教育网络节点资源配置的非均衡性是制约义务教育发展的关键。有的学者对义务教育的重要性进行了探讨。艾哈迈迪等(Ahmadi 等,2012)①阐述了义务教育的重要性,并指出由政府提供教育设施的必要性;也有学者对教育资源的配置问题进行了研究,肖金等(Jin Xiao 等,2014)②指出教育公平的核心是资源配置问题,不公平的分配会加剧地区差距;卢克等(M.Luque 等,2015)③为实现最佳的教育产出水平,基于教师的评估(实际分数)建立多目标模型进行分析。

以上研究文献对义务教育的重要性以及资源配置情况进行了多维度研究,并发现教育资源配置不均衡现象较严重,但并没有对小学、初中的教师资源、财政资源、入学率等因素进行研究。本章根据小学、初中的教师资源、财政资源、入学率等因素,分析义务教育学校资源、设备资源、其他软硬件资源空间配置的运筹学优化原则,建立义务教育网络节点资源

---

①　Alimorad Ahmadi, Susan Laei, "Public Education: Compulsory and Free? A Paradox", *Procedia-Social and Behavioral Sciences*, Vol.47, 2012.

②　Jin Xiao, Zeyun Liu, "Inequalities in the Financing of Compulsory Education in China: A Comparative Study of Gansu and Jiangsu Provinces with Spatial Analysis", *International Journal of Educational Development*, Vol.39, November 2014.

③　M.Luque, O.D.Marcenaro-Gutiérrez, L.A.López-Agudo, "On the Potential Balance among Compulsory Outcomes through Econometric and Multiobjective Programming Analysis", *European Journal of Operational Research*, Vol.241, No.2, March 2015.

优化配置决策支持模型与测算方法,并进行实证研究。最后,根据研究结果提出相应的发展建议,对于实现义务教育网络节点资源的优化配置具有重要意义,有利于实现社会经济的发展。

第一节　模型构建

本节主要研究义务教育资源资源配置情况,将义务教育分为小学阶段和初中阶段,分别以其入学率、师生比以及购置教学设备占教育经费的比例三项指标作为研究目标,构建多目标函数。要实现义务教育资源配置的最优化,就是要实现目标函数的最优化。首先要实现教育公平,使每个适龄儿童都有接受义务教育的机会;其次要保证教师资源的使用效率要达到最大化;最后要为孩子们提供一个良好的学习环境,因此,生均教学仪器设备值要满足国家相关规定。

第二节　模型描述

首先,为实现教育公平,要保证入学率不低于 M ;其次,为提高人力资源的利用率,要保证小学教育的师生比至少为 T_1 ,初中教育的师生比至少为 T_2 ;再次,为实现义务教育的均衡发展,要保证小学生均教学仪器设备大于等于 N_1 台,初中生均教学仪器设备大于等于 N_2 台。假设入学率为 x_1 ,小学教育师生比为 x_2 ,初中教育师生比为 x_3 ,小学生均教学仪器设备数为 x_4 ,初中生均教学仪器设备数为 x_5 ;最后,假设提高入学率的单位成本为 c_1 ,提高小学教育师生比的单位成本为 c_2 ,提高中学教育师生比的单位成本为 c_3 ,提高小学生均教学仪器设备单位成本为 c_4 ,提高初中生均教学仪器设备单位成本为 c_5 ,并需要保证各项支出不能超出经费 C 。z 表示目标值, x_i ($i=1,2,3,4,5$)为决策变量,负偏差变量 d_i^- 表示决策值未达目标值部分,正偏差变量 d_i^+ 表示决策值超过目标值部分。

对于这样一个多目标规划,我们设置优先级如下:

第一优先级:保证入学率;

第二优先级:保证各教育阶段的师生比;

第三优先级:为各阶段学生提供充足的教学仪器设备。

第一优先级、第二优先级、第三优先级分别表示为 $P1$、$P2$ 和 $P3$,并且 $P1 \geqslant P2 \geqslant P3$。此外,对于师生比这个目标而言,小学时期处于启蒙阶段,更需要老师的指导和引领。因而,满足小学教育师生比的目标比中学教育更加迫切,即赋予小学教育师生比较大的权重 2;对于生均教学设备而言,小学生各方面均处于急速发展阶段,对知识的渴求以及对外界事物的好奇,会格外强烈。因而,赋予小学教育生均教学设备较大的权重 2。进而,可以得到目标规划模型(8-1)。

$$
\begin{cases}
\min Z = P_1 d_1^- + P_2 (2d_2^- + d_3^-) + P_3 (2d_4^- + d_5^-) \\
x_1 + d_1^- - d_1^+ = M \\
x_2 + d_2^- - d_2^+ = T_1 \\
x_3 + d_3^- - d_3^+ = T_2 \\
x_4 + d_4^- - d_4^+ = N_1 \\
x_5 + d_5^- - d_5^+ = N_2 \\
c_1 x_1 + c_2 x_2 + c_3 x_3 + c_4 x_4 + c_5 x_5 \leqslant C
\end{cases}
\tag{8-1}
$$

由模型(8-1)可知:

当 $c_1 x_1 + c_2 x_2 + c_3 x_3 + c_4 x_4 + c_5 x_5 \leqslant C$ 时,所有的目标都能够实现最优化,此时 $x_1^* = M$;$x_2^* = T_1$;$x_3^* = T_2$;$x_4^* = N_1$;$x_5^* = N_2$;

当 $c_1 x_1 + c_2 x_2 + c_3 x_3 \leqslant C \leqslant c_1 x_1 + c_2 x_2 + c_3 x_3 + c_4 x_4 + c_5 x_5$ 时,入学率及师生比能够实现最优化目标值,而生均教学设备不能够实现目标值。因赋予小学生均教学设备更大的权重,因此,当生均教学设备经费不足时,应先满足小学生均教学设备;

当 $c_1 x_1 \leqslant C \leqslant c_1 x_1 + c_2 x_2 + c_3 x_3$ 时,只能实现入学率的最优化目标,而师生比和生均教学设备不能够实现目标值。因赋予师生比更大的优先级,所以,当教育经费不足时,应先满足师生比的目标值,并且小学师生比的权重要大于初中的师生比,即当教育经费不能同时满足小学和初中的师生比目标时,要先保证小学师生比;

当 $C \leqslant c_1 x_1$ 时,只能将所有经费投入到实现入学率的目标中。

第三节　数值分析

首先,根据党的十九大提出的新要求,要保证入学率不低于95% ($M = 19/20$);其次,根据中小学教师编制的核定,要保证小学教育的师生比至少为 1：23($T_1 = 1/23$),初中教育的师生比至少 1：18($T_2 = 1/18$);此外,每个省份有各自的办学基本标准,以云南省为例,根据《云南省义务教育学校办学基本标准达标评估指标及标准》,要保证小学生均教学仪器设备大于等于 5/100 台($N_1 = 1/20$),初中生均教学设备大于等于 10/100 台($N_2 = 1/10$);最后,根据相关统计资料可设入学率的单位成本为 2205 元,小学教育师生比的单位成本为 4300 元,中学教育师生比的单位成本为 5500 元,小学生均教学设备单位成本为 6875.47 元,初中生均教学设备单位成本为 9518.2 元,要保证各项支出不能超出生均教育经费 3458.85 元。进而,可得该目标规划的数学模型(8-2)。

$$
\begin{cases}
\min Z = P_1 d_1^- + P_2(2d_2^- + d_3^-) + P_3(2d_4^- + d_5^-) \\
x_1 + d_1^- - d_1^+ = 19/20 \\
x_2 + d_2^- - d_2^+ = 1/23 \\
x_3 + d_3^- - d_3^+ = 1/18 \\
x_4 + d_4^- - d_4^+ = 1/20 \\
x_5 + d_5^- - d_5^+ = 1/10 \\
2205 x_1 + 4300 x_2 + 5500 x_3 + 6875.47 x_4 + 9518.2 x_5 \leqslant 3458.85
\end{cases}
$$

$$(8-2)$$

由模型(8-2)可知:当所有的目标都能够实现最优化时,$x_1^* = 19/20$;$x_2^* = 1/23$;$x_3^* = 1/18$;$x_4^* = 1/20$;$x_5^* = 1/10$;$C^* = 3882.86$。

本算例中给定生均教育经费为 3458.85 元,满足 $c_1 x_1 + c_2 x_2 + c_3 x_3 \leqslant C \leqslant c_1 x_1 + c_2 x_2 + c_3 x_3 + c_4 x_4 + c_5 x_5$。由此可知,生均教学设备不能实现目标最优化。因赋予小学生均教学设备更大的权重,因此,当生均教学设备经费不足时,应先满足小学生均教学设备;因而可得 $x_1^* = 19/20$; $x_2^* = 1/23$; $x_3^* = 1/18$; $x_4^* = 1/20$; $x_5^* = 1/20$。此时,可通过增加教育经费来实现目标最优化,或者降低生均设备单位成本来实现目标最优化。首先,可增加教育经费 C = 3882.86 元。其次,保持入学率的单位成本以及师生比的单位成本不变,通过减少小学生均教学设备成本为 4625.82 元、初中生均教学设备单位成本为 6403.84 元时,可以实现 95% 入学率、1/23 的小学师生比、1/18 的初中师生比、1/20 的小学生均教学设备以及 1/10 的初中生均教学设备的目标值。再次,可通过保持入学率的单位成本不变,降低小学教育师生比的单位成本为 3280 元,降低初中教育师生比的单位成本为 4195 元,降低小学生均教学设备的单位成本为 5245 元,降低初中生均教学设备的单位成本为 7261 元,来实现 95% 入学率、1/23 的小学师生比、1/18 的初中师生比、1/20 的小学生均教学设备以及 1/10 的初中生均教学设备的目标值。最后,可通过降低入学率的单位成本为 1962.45 元,降低小学教育师生比的单位成本为 3827 元,降低初中教育师生比的单位成本为 4895 元,降低小学生均教学设备的单位成本为 6119.17 元,降低初中生均教学设备的单位成本为 8471.20 元,来实现 95% 入学率、1/23 的小学师生比、1/18 的初中师生比、1/20 的小学生均教学设备以及 1/10 的初中生均教学设备的目标值。

第四节　结论及建议

在入学率单位成本、师生比单位成本以及生均教学设备单位成本一定的情况下,教育经费的多少,直接影响到各级目标能否实现。当教育经费不少于各目标总支出时,各目标均能够实现最优化。当教育经费不足时,要根据各目标的优先级,即入学率、师生比及生均教学设备的顺序,安排经费支出。当教育经费不足时,为实现各级目标的优化配置,应该尽可能地提高经费的使用效率。首先,可以通过降低生均教学设备的单位成本,以此来确保各级目标的实现。其次,可以同时降低师生比及生均教学设备的单位成本。最后,可以同时降低入学率、师生比以及生均教学设备的单位成本。

为了更好地促进义务教育网络节点资源的优化配置,提出以下几点发展建议。

首先,拓宽教育经费来源,保证各地区教育经费的投入。教育经费对实现资源的优化配置意义重大,教育经费的缺失会使各级教育目标不能很好地实现。进而影响到教育水平和教育质量的提高。充足的教育经费能够保证入学率的实现,有利于实现教育公平;充足的教育经费能够保证师生比的实现,有利于提高教学质量;充足的教育经费能够保证生均教学设备的实现,有利于为学生提供一个良好的学习环境。因此,除了依靠财政经费外,可以呼吁社会各界人士关注欠发达地区,积极捐献善款来实现义务教育所需要的各项教育资源,也可以学生家长自发组织献爱心,为孩子们购置图书及教学设备等资源。

其次,确保入学率的实现。入学率是衡量教育公平的一个重要指标,要争取实现入学率100%。偏远地区部分人思想仍然很保守,没有认识到教育的重要意义。为此,要加强对九年义务教育重要性的宣传,同时政府要为低收入家庭提供一定的教育补助以及生活补贴,来激励他们接受九年义务教育。对低收入父母的直接补贴是缓解低收入家庭在子女早期教育投资方面预算约束的最有效的政策。山区交通不便利,可以为山区孩子提供专门的上学接送服务,解决低收入家庭的后顾之忧。此外,还可以为他们开设专门的课外辅导班,丰富山区孩子的课外生活,拓宽他们的视野。

再次,建设高水平的教师队伍。教师是教书育人、传授知识的重要桥梁。为更好地提高教育水平,各级部门应该设置合理的教学激励措施,来调动各级教师的积极性。进而,可以保证各部门的教学质量,更好地实现人才培养目标。充分利用好"大学生三下乡"义务支教活动以及免费师范生的政策,吸引人才到当地为孩子们提供教育机会。此外,可通过为当地教师提供一定的补助来留住教师资源,为外来人才提供安家费等激励,实现留住当地人才并引进外来人才的目标。同时,可实行城市教师与乡村教师轮岗制,不仅为山区孩子送去更高水平的教育资源,还能够为山区教师提供良好的学习机会,进而有利于提高教学水平。

最后,提高教学设备使用效率。为了让学生们更好地完成九年义务教育,政府要保证各学校有充足的教育经费来实现教学设备的配置,打造"智慧课堂"、实现"智慧教学",为学生们提供一个良好的学习环境以及成长环境。比如,可以将城市学校的置换设备划拨给各乡镇,实现教育资源的重复利用,也可以呼吁各界好心人士积极捐赠。同时,还可以规划好各年级课程表,实现教学设备的循环使用,提高教学设备的利用率。

第九章　义务教育网点合理优化布局与
义务教育网络合理结构研究

为加快建设教育现代化,建设教育强国,2019 年我国出台了以教育现代化为主题的中长期战略规划——《中国教育现代化 2035》。在教育现代化的目标背景下,优化学校网点布局结构和教育网络结构成为义务教育的重点工程。

在义务教育由基础均衡迈向优质均衡的新阶段,全面落实学校免试就近上学,公民同步招生政策,我国中小学网点布局是关键,网点的合理化布局是我国义务教育实现优质均衡发展的前提。

在"双减"背景下,义务教育网络结构涉及各种要素,包括校长、教师、学生在内的校园文化环境,还有来自外部的教学管理部门以及家长等社会舆论,这些要素共同构建了义务教育网络结构(见图 9-1)。

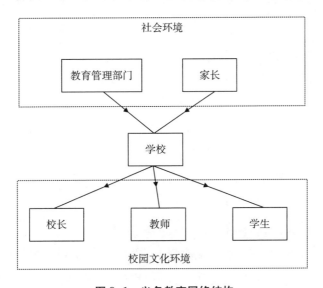

图 9-1　义务教育网络结构

第一节　义务教育现状

一、义务教育网点布局现状

1. 义务教育学校总量逐年减少

2016—2020年,我国义务教育学校总量呈逐年递减趋势,其中小学缩减规模较大(见表9-1)。据统计,2020年全国小学数量为157979所,相较于2016年减少了19654所,减幅为11.06%。初中学校数量在经历缩减后有所增加。2017年初中规模减少到51894所,但随后学校数量逐年增加,2020年达到52805所。初中学校数量仅是小幅增长,不如小学缩减幅度大,因此,2016—2020年义务教育学校总量在不断减少。

表9-1　2016—2020年义务教育学校数量　　（单位:所）

年级	2016年	2017年	2018年	2019年	2020年
小学	177633	167009	161811	160148	157979
初中	52118	51894	51982	52415	52805
总计	229751	218903	213793	212563	210784

资料来源:教育部2016—2020年教育统计数据。

2. 城镇与乡村学校数量相差大

义务教育学校总量的减少体现在乡村学校缩减上(见图9-2、图9-3)。在"十三五"时期,乡村学校总量呈现平稳下降态势,其中,小学的减少较为明显,从2016年的106403所减少到2020年的86085所,共减少20318所。此外,同步建设城镇学校是"十三五"期间的重要措施,城镇地区成为目前的学校布局重心。城镇地区中小学规模逐渐扩大,2020年中小学数共达到110458所,相较于2016年,共增加3281所。

3. 全国各地义务教育学校分布不均

2020年我国义务教育学校数量共210784所,将其分散到全国各地来看(见图9-4),主要分布在我国华东、华中、华南地区。其中,河南中小

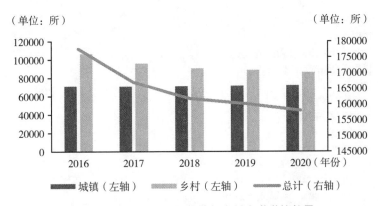

（单位：所）　　　　　　　　　　　　　　　　　　　　　（单位：所）

■ 城镇（左轴）　　　■ 乡村（左轴）　　　—— 总计（右轴）

图9-2　2016—2020年城镇与乡村小学学校数量

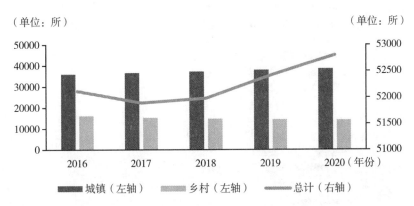

（单位：所）　　　　　　　　　　　　　　　　　　　　　（单位：所）

■ 城镇（左轴）　　　■ 乡村（左轴）　　　—— 总计（右轴）

图9-3　2016—2020年城镇与乡村中学学校数量

资料来源：教育部2016—2020年教育统计数据。

学设置最多，共有22382所，约占2020年全国的10.62%。东北、西北地区的教学网点的密度不高，与其他地区相比存在明显差距。然而对于北京、上海、天津等较为发达的地区来说，义务教育学校数量相对较少，这势必会造成入学资源吃紧现象。

4. 网点布局规模扩大

虽然义务教育学校数量总体在下降，但是中小学的校舍建筑面积在逐年增加，规模不断扩大（见表9-2）。2020年小学校舍面积达到84577.25万平方米，较2016年增长13612.76万平方米；2020年初中学校校舍建筑面积为71842.61万平方米，5年间增速达到24.24%。校舍

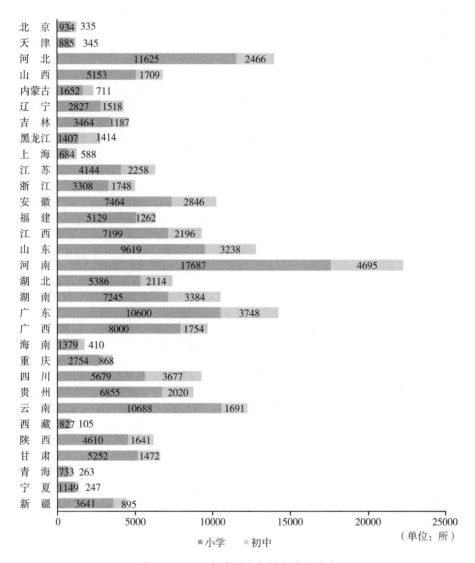

<table>
<tr><td>北　京</td><td>934 335</td></tr>
<tr><td>天　津</td><td>885 345</td></tr>
<tr><td>河　北</td><td>11625 2466</td></tr>
<tr><td>山　西</td><td>5153 1709</td></tr>
<tr><td>内蒙古</td><td>1652 711</td></tr>
<tr><td>辽　宁</td><td>2827 1518</td></tr>
<tr><td>吉　林</td><td>3464 1187</td></tr>
<tr><td>黑龙江</td><td>1407 1414</td></tr>
<tr><td>上　海</td><td>684 588</td></tr>
<tr><td>江　苏</td><td>4144 2258</td></tr>
<tr><td>浙　江</td><td>3308 1748</td></tr>
<tr><td>安　徽</td><td>7464 2846</td></tr>
<tr><td>福　建</td><td>5129 1262</td></tr>
<tr><td>江　西</td><td>7199 2196</td></tr>
<tr><td>山　东</td><td>9619 3238</td></tr>
<tr><td>河　南</td><td>17687 4695</td></tr>
<tr><td>湖　北</td><td>5386 2114</td></tr>
<tr><td>湖　南</td><td>7245 3384</td></tr>
<tr><td>广　东</td><td>10600 3748</td></tr>
<tr><td>广　西</td><td>8000 1754</td></tr>
<tr><td>海　南</td><td>1379 410</td></tr>
<tr><td>重　庆</td><td>2754 868</td></tr>
<tr><td>四　川</td><td>5679 3677</td></tr>
<tr><td>贵　州</td><td>6855 2020</td></tr>
<tr><td>云　南</td><td>10688 1691</td></tr>
<tr><td>西　藏</td><td>827 105</td></tr>
<tr><td>陕　西</td><td>4610 1641</td></tr>
<tr><td>甘　肃</td><td>5252 1472</td></tr>
<tr><td>青　海</td><td>733 263</td></tr>
<tr><td>宁　夏</td><td>1149 247</td></tr>
<tr><td>新　疆</td><td>3641 895</td></tr>
</table>

■ 小学　　■ 初中　　　（单位：所）

图 9-4　2020 年我国义务教育学校分布

资料来源:教育部 2020 年教育统计数据。

规模的扩大主要有两方面原因:一方面由于小学尤其是乡村小学的缩减,或将合并到城镇学校,城镇学校学生人数增多,由此城镇学校扩大网点规模;另一方面,义务教育学校为丰富校园生活,增设体育馆、音乐教室等场地,从而校舍面积增大。

表 9-2 2016—2020 年义务教育校舍建筑面积情况

(单位:万平方米)

年级	2016 年	2017 年	2018 年	2019 年	2020 年
小学	70964.49	75088.46	78619.53	81586.32	84577.25
初中	57827.20	61006.74	64368.13	67962.80	71842.61

资料来源:教育部 2016—2020 年教育统计数据。

二、义务教育网络结构现状

1. 义务教育政策不断完善

作为网络体系外部主体,教育管理部门对义务教育的管理最为直接,也最具权威。教育管理部门关注到义务教育阶段学生过重的学习压力,在 2021 年出台了"双减"政策,旨在减小中小学生校内和校外的双重负担。随后,为了助推"双减"政策落地见效,健全义务教育公平入学长效机制,管理部门对中小学入学工作作出有关部署。此外,国家格外关注乡村义务教育发展,在《教育部教师工作司 2022 年工作要点》中强调加强乡村教师队伍建设,建立健全乡村教师保障机制,多方协调助推乡村教育振兴,实现我国公平优质的教育目标。

2. 教育经费投入力度加大

为了高效开展义务教育建设,教育部门加大对中小学的教育经费的投入和支出(见表 9-3)。2020 年,小学生均一般公共预算教育经费为 12330.58 元,同比增长 3.19%,生均一般公共预算教育事业费支出为 11654.53 元,相较 2019 年增长了 4.08%;初中学校生均教育经费、生均教育事业费支出分别为 17803.6 元、16633.35 元,同比 2019 年均有明显上涨。不断增大的教育经费是对我国义务教育建设最有力的支撑。

表 9-3 2020 年教育经费执行情况

年级	生均一般公共预算教育经费(元)	增长率(%)	生均一般公共预算教育事业费支出(元)	增长率(%)
小学	12330.58	3.19	11654.53	4.08
初中	17803.6	2.8	16633.35	3.9

资料来源:教育部 2020 年教育统计数据。

3. 教师队伍建设不断加强

教师队伍是义务教育网络结构的内部要素,是义务教育学校建设最主要的构成,对学校的教学质量可以产生决定性的影响(见表9-4)。据有关数据显示,2020年义务教育学校教职工数量达到1046.94万人,其中小学教职工人数为596.63万人,约占中小学教职工人数的56.99%。专任教师在2016—2020年逐渐增多,2020年义务教育学校留有专任教师共1029.49万人。划分到各阶段来看,小学专任教师有643.42万人,较2016年增长645033人;初中的专任教师达到386.07万人,相较于2016年增长了10.69%。教师队伍不断壮大,强有力地支撑着我国义务教育建设,增强了我国建设教育现代化的信心。

表9-4 2016—2020年义务教育学校教师队伍　　　　(单位:人)

年份	教职工		专任教师	
	小学	初中	小学	初中
2016	5537298	3997502	5789145	3487789
2017	5645319	4078076	5944910	3548688
2018	5732525	4193767	6091908	3638999
2019	5852646	4350422	6269084	3747429
2020	5966300	4503084	6434178	3860741

资料来源:教育部2016—2020年教育统计数据。

4. 配套建设达标比例不断攀升

义务教育学校文化建设除了师资队伍的组建,还有教学设备的配置(见表9-5)。近年来,中小学的配套设施达标率逐年上升,2020年,体育器械、音乐器材、美术器材、数学自然实验仪器配备达标的学校比例均已超过95%;小学与初中体育运动场(馆)面积达标学校比例都达到90%以上,分别为92.04%和94.85%,这表明义务教育校园文化环境在不断改善。

表 9-5 2016—2020 年义务教育配套设施达标情况 （单位:%）

配套设施达标的年级比例情况(%)	年份	体育运动场(馆)面积达标学校	体育器械配备达标学校	音乐器材配备达标学校	美术器材配备达标学校	数学自然实验仪器达标学校
小学	2016	75.00	80.18	79.50	79.47	79.84
	2017	84.77	89.99	89.60	89.41	89.57
	2018	88.47	94.23	93.89	93.70	93.72
	2019	90.22	95.38	95.17	94.97	94.70
	2020	92.04	96.67	96.39	96.27	95.96
初中	2016	85.35	89.60	88.88	88.58	90.625
	2017	90.35	93.97	93.44	93.17	94.11
	2018	92.58	95.91	95.45	95.21	95.64
	2019	93.54	96.56	96.22	96.02	96.12
	2020	94.85	97.55	97.28	97.14	97.13

资料来源:教育部 2016—2020 年教育统计数据。

第二节 义务教育不合理问题

一、义务教育网点布局不合理问题

1. 网点布局与学龄人口不匹配

人口规模与数量决定义务教育阶段学龄人口的数量与分布,也会影响义务教育学校的布局、师资力量等各项资源的分配(见表 9-6)。随着近年来生育政策调整,人口规模不断扩大,从招生人数来看,2016—2020年,无论是小学还是初中人数都有明显增加,2020 年义务教育阶段共招生 3440.19 万人,相较于 2016 年多出 200.55 万人。招生人数的增多使义务教育阶段在校生的规模也逐年扩大,截止到 2020 年,中小学共有在校生 15639.44 万人。随着学龄人口增多,部分地区现有中小学数量不足以满足当前社会需求,如上海、北京等地,义务教育学校数量的缩减或是不增,使很多适龄人口无法正常上学,形成"小初剪刀差"趋势。

表 9-6　2016—2020 年中小学招生与在校生人数　（单位:万人）

年份	招生		在校生	
	小学	初中	小学	初中
2016	1752.47	1487.17	9913.01	4329.37
2017	1766.55	1547.22	10093.70	4442.06
2018	1867.30	1602.59	10339.25	4652.59
2019	1869.04	1638.85	10561.24	4827.14
2020	1808.09	1632.10	10725.35	4914.09

资料来源:教育部 2016—2020 年教育统计数据。

2. 城乡教育资源分布不均

经济发展影响着义务教育阶段学龄人口的密度。随着国民经济发展水平的提升,农村居民为使子女得到优质的教学资源,往往选择城镇学校就读。据统计,2020 年,我国义务教育学校共有 1429.74 万人的随迁子女,比 2019 年增加了 2 万多人,占 2020 年义务教育学校在校生人数的 1/10。大量的随迁子女到城镇就读,造成公办学校生源爆满,教育供给与城镇化趋势下人民群众日益增长的教育需求不相适应,出现"城挤乡弱"现象,严重影响教育均衡、持续、健康发展。

3. 学区划分存在校际差异

学区划分大多以交通道路为界限,以街区为单元,这限制了教育资源的空间流动。校际由于缺乏教学资源的流动机制,使校与校之间教学水平存在差异,已有的优质资源得不到充分利用。优质资源富足的学校往往吸引更多的学生就读,而资源一般的学校招收人数会面临下降的风险。处于学区内部的学校,为了争抢有限的教学资源,致使教育质量提升速度缓慢。此外,在学区划分过程中若按照就近上学原则,则部分学校入学需求人数超出学校容纳人数,致使其他学校陷入入学人数减少的尴尬局面。

4. 民办学校与公办学校发展不均衡

民办教育是我国教育的必要补充,但部分民办学校不合理的定位与营利性质会产生事与愿违的结果。就民办初中而言,2016—2020年,全国民办初中学校逐年增加,2020年共有6041所民办初中,同比增长4.28%,占2020年全国初中数的11.44%。民办学校网点的增多,表明民办教育获得大家的认可,愿意选择民办学校就读。一些民办学校凭借自身资本充足、资源优质,甚至成为当地名校,致使公办学校地位下降,形成民强公弱的格局。此外,民办学校高昂的学费与较低的教育收益回报不匹配,势必会加大义务教育巩固率陷入"高位波动陷阱"的风险,同时对民办学校的教学效率与质量存疑。

二、义务教育网络结构存在问题

1. 教育管理体制不完善

在义务教育管理体系中,涉及多方主体,包括各级政府、教育部门、人事部门等,众多的权利主体使教育管理权力边界不清,执行各项管理制度存在较多人为干扰因素,管理制度弹性过大,导致教育管理体系混乱。校长负责制在多方权利主体的干预下,没有彻底落实,由于缺乏科学、合理、严谨的义务教育管理制度,使当前教育管理效能低下。

2. 教育经费配置不协调

虽然我国教育经费总体投入逐年增加,但由于各省经济发展程度不同,经济落后的地区对义务教育经费的扶持总量不够,造成落后地区的教学水平与质量也远不如发达地区。在对教育经费投入上,没有形成制度化模式,各地对贫困生的生活补贴形式不一,存在两极分化现象,发达地区城市对教育的补助高于国家标准,而经济落后地区乡村的补助往往发放不到位。

3. 教师资源分配不均

教师资源分配不均仍然是困扰教育公平的主要问题。对于义务教育阶段的教师来说,其在年龄层次、学历水平、专业对口、职称分配、教学能力等几个方面在城乡之间都存在很大的差距。城镇和乡村的教师数量差距较大,对于欠发达的地区,教师的数量和质量都是较低的。此外,乡村教师较低的工资待遇和欠缺的生活补贴也是造成乡村地区教师缺乏的关键原因。

4. 家校之间缺乏沟通

义务教育的主要力量除了政府、学校外,还有家庭。在义务教育阶段家庭教育的影响不容忽视,然而学校与家长之间缺乏沟通,仅仅是在家长会或者学生出现大问题时才有所接触。这导致了义务教育的片面式管理,学校教育质量也得不到提高。部分农村地区的家庭教育资源依旧较为薄弱,许多地方的家庭教育指导站或家长学校尚未完全配备或仅流于形式,并未发挥实质性作用。

第三节　网点布局优化和网络结构合理化

一、义务教育网点布局优化

1. 基于选址模型优化网点布局

本节运用选址模型对我国义务教育网点布局进行优化分析。义务教育网点布局要综合考虑人口的密度、经济状况、学龄人口的年龄状况以及各地区特殊的地理位置。

在传统中位模型的基础上,引入分段效用函数,以基于效用函数的分级带容量限制的中位模型,对学校的选址问题进行求解。该模型考虑每一个居民区都能被一所学校所覆盖,学校所能容纳的最少人数、居民区的适龄儿童离学校的距离最近、居民区需求点单一分配给学校点及开放与关闭学校数目限制等约束条件,其目标是求取系统资源配置最大化(万波等,2010)[①]。模型参数定义见表9-7。

表9-7　模型参数定义

符号	定义
S	满足居民区需求水平资源配置最大化的集合,$S = \{1, \cdots, ns\}$
I	居民区学龄人口需求点的集合,$I = \{1, \cdots, n\}$

[①]　万波、杨超、黄松、董鹏:《基于分级选址模型的学校选址问题》,《工业工程与管理》2010年第6期。

续表

符号	定义
J_s^0	已经存在的 s 级水平的义务教育学校的集合
J_s^1	新增的 s 级水平的义务教育学校集合
J	所有义务教育学校的集合，$J = J_s^0 \cup J_s^1$
W_{is}	需求点 i 关于 s 级水平学校的需求数量
b_{js}	定位于 j 点的 s 级水平的义务教育学校的容纳学龄人口的最小数量
P_S	新增的 s 级水平的义务教育学校数
q_s	已存在的 s 级水平的义务教育学校要关闭的最大数目
U_{ijs}	定位于 j 点提供 s 级水平服务义务教育学校对于需求点 i 的效用
d_{ij}	需求点 i 到义务教育学校候选点 j 的距离
A_{Sj}	候选点 j 提供 s 级水平的学校需要的教学设施
L_s^1	需求点 i 与义务教育学校 j 的最小临界距离
L_s^2	需求点 i 与义务教育学校 j 的最大临界距离
X_{ijS}	基于资源配置最大化需求点 i 的对于 s 级水平的需求分配给 j 点学校的份额
y_{jS}	如果 s 级水平的学校定位于 j 点，$y_{jS} = 1$，否则为零

确保所有的学校服务效用总和最大,模型目标函数为:

$$\max \sum_{i \in I} \sum_{s \in S} \sum_{j \in J} u_{ijs} w_{is} x_{ijs} \qquad (9-1)$$

确保源于所有居民区需求点的所有阶段的学龄人口都能够进入学校接受教育,教育需求得到满足,义务教育学校选址约束条件为:

$$\sum_{j \in J} x_{ijs} = 1, \forall i \in I, \forall s \in S \qquad (9-2)$$

表示一个学龄人口的需求仅仅能被相应水平的学校提供的服务所满足:

$$x_{ijs} \leqslant y_{js}, \forall i \in I, \forall j \in J, \forall s \in S \qquad (9-3)$$

表示每个义务教育学校的所能容纳的学龄人口的最小数:

$$\sum_{i \in I} w_{is} x_{ijs} \geqslant b_{js} y_{js}, \forall j \in J, \forall s \in S \qquad (9-4)$$

表示相应阶段的学龄人口必须分配给提供相同服务水平的最近的学校:

$$\sum_{k \in J/d_{ik \leq d_s}} x_{iks} \geq y_{js}, \forall i \in I, \forall j \in J, \forall s \in S \qquad (9\text{-}5)$$

表示限定了新学校开放的数目:

$$\sum_{j \in J_s^1} y_{js} \leq p_s, \forall s \in S \qquad (9\text{-}6)$$

限定可关闭的已存在的义务教育学校的数目:

$$\sum_{j \in J_s^0} y_{js} \geq |J_s^0| - q_s, \forall s \in S \qquad (9\text{-}7)$$

表示决策变量的取值范围:

$$x_{ijs} \in \{0,1\}, \ y_{js} \in \{0,1\}, \ \forall i \in I, \forall j \in J, \forall s \in S \qquad (9\text{-}8)$$

2. 求解算法

分析式(9-6)—式(9-7)可知,当关闭已有的学校数目达到上限 q_s 且不新增开任何新的学校时,选址方案的设施数目达到最小值 $|J_s^0| - q_s$,如果不关闭任何已有的学校而增开新的学校数目达到最大值 p_s 时,选址方案的设施数目达到最大值 $|J_s^0| - p_s$,所以约束条件式(9-6)—式(9-7)等价于以下约束条件:

$$|J_s^0| - q_s \leq \sum_{j \in J_s^0 \cup J_s^1} y_{js} \leq |J_s^0| - p_s, \forall s \in S \qquad (9\text{-}9)$$

因为中位问题已经被证明是 NP—Hard 问题(Non-deterministic Polynomial, NP—Hard problem),而上述问题基于效用函数的分级带容量限制的中位模型是考虑容量约束与设施数目约束的中位问题,因此也是 NP—Hard 问题,没有有效的算法。拉格朗日松弛算法的基本原理是将造成问题复杂的约束吸收到目标函数中,并使目标函数仍保持线性,从而使问题的求解过程变得简单。其思路是将复杂的量和各自的对偶变量的乘积加载到目标函数上作为惩罚项,形成拉格朗日问题。该算法已经广泛运用于大型的优化调度问题的求解。因此,本节采用拉格朗日松弛算法求解。

松弛约束条件式(9-2)和式(9-4),得到原基于效用函数的分级带容量限制的中位模型的拉格朗日对偶问题(D)：

$$\text{minmax} \sum_{i \in I} \sum_{s \in S} \sum_{j \in J} u_{ijs} w_{is} x_{ijs} + \sum_{i \in I} \sum_{s \in S} \lambda_{is} \left[1 - \sum_{j \in J} x_{ijs} \right] +$$

$$\sum_{s \in S} \sum_{j \in J} \mu_{js} \left[\sum_{i \in I} w_{is} x_{ijs} - b_{js} y_{js} \right] \tag{9-10}$$

约束条件为：

$$\begin{cases} x_{ijs} \leqslant y_{js}, \forall i \in I, \forall j \in J, \forall s \in S \\ \displaystyle\sum_{k \in J/d_{ik} \leqslant d_s} x_{iks} \geqslant y_{js}, \forall i \in I, \forall j \in J, \forall s \in S \\ |J_s^0| - q_s \leqslant \displaystyle\sum_{j \in J_s^0 \cup J_s^1} y_{js} \leqslant |J_s^0| - p_s, \forall s \in S \\ x_{ijs} \in \{0,1\}, y_{js} \in \{0,1\}, \forall i \in I, \forall j \in J, \forall s \in S \end{cases} \tag{9-11}$$

其中目标函数式(9-10)可以进一步转化为：

$$\text{minmax} \sum_{i \in I} \sum_{s \in S} \sum_{j \in J} (u_{ijs} w_{is} - \lambda_{is} + u_{is} w_{is}) x_{ijs} -$$

$$\sum_{i \in I} \sum_{s \in S} \mu_{js} b_{js} y_{js} + \sum_{s \in S} \sum_{j \in J} \lambda_{is} \tag{9-12}$$

拉格朗日算法的步骤可以描述为：

(1)令下界 $LB = 0$，预先给定的拉格朗日乘子 λ 和 μ。

(2)由式(9-10)可知，由于任意固定的拉格朗日乘子 λ 和 μ，需要求解式(9-10)中目标函数的最大值，为此，令 $V_{js} = \max \left\{ 0, \sum_{i \in I} (u_{ijs} w_{is} - \lambda_{is} + u_{is} w_{is}) - \mu_{js} b_{js} \right\}$，计算 V_{js} 的值，然后令 $y_{js} = \begin{cases} 1, V_{js} > 0 \\ 0, V_{js} \leqslant 0 \end{cases}$ 且 $x_{ijs} = \begin{cases} 1, y_{js} = 1 \text{ 且} u_{ijs} w_{is} - \lambda_{is} + u_{is} w_{is} > 0 \\ 0, \text{否则} \end{cases}$

(3)确定一个上界。将上述得到的 y_{js}，x_{ijs} 代入目标函数式(9-10)中可以得到问题最优值的一个上界 UB。

(4)确定一个下界，将所有的需求节点按照就近分配原则分配给已经选中的备选节点，如果满足容量约束式(9-4)，则使用贪婪取走式启发算法(Greedy Drop)将不满足容量约束条件的已经选择的备选节点中容量最小的节点去掉，然后重新按照就近分配的原则进行分配，直到所有的节点都满足容量约束条件式(9-4)，获得已知的最好下界 *LB*。

贪婪取走式启发算法步骤如下：

①初始化状态，选中所有的候选学校，即 $P=m$。

②根据约束条件，将所有的需求点指派给一个资源配置最大的学校。

③取走一个候选学校，需满足以下条件：取走该候选学校后将其先前所覆盖的需求点以就近原则重新分配给剩余的候选学校，学校的服务效用最大。

④从候选学校中去掉第③步中取出的点，令 $P=P-1$。

⑤重复第③步、第④步，直到 P 等于预先设定的值。

(5)按照如下标准的次梯度优化算法更新拉格朗日乘子：

$$\begin{cases} \lambda_{is}^{n+1} = \max\left\{0, \lambda_{is}^{n} - t^{n}\left[1 - \sum_{j \in J} x_{ijs}\right]\right\} \\ \mu_{js}^{n+1} = \max\left\{0, \mu_{is}^{n} - t^{n}\left[\sum_{i \in I} w_{is} x_{ijs} - b_{js} y_{js}\right]\right\} \\ t_{\lambda}^{n} = \dfrac{\alpha^{n}(UB^{n} - LB^{n})}{\sum_{i \in I} \sum_{s \in S}\left[1 - \sum_{j \in J} x_{ijs}^{n}\right]^{2}} \\ t_{\mu}^{n} = \dfrac{\alpha^{n}(UB^{n} - LB^{n})}{\sum_{j \in J} \sum_{s \in S}\left[\sum_{i \in I} w_{is} x_{ijs}{}^{n} - b_{js} y_{js}{}^{n}\right]^{2}} \end{cases} \quad (9\text{-}13)$$

其中，t_{λ}^{n}：第 n 次迭代 λ 的步长；

t_{μ}^{n}：第 n 次迭代 μ 的步长；

α^{n}：第 n 次迭代式的常数，初始值 $\alpha^{0}=2$；

UB^{n}：第 n 次迭代过程中目标函数(10)的值；

LB^{n}：第 n 次迭代过程中的下界；

$x_{ijs}{}^{n}$：在第 n 次迭代过程中分配变量 x_{ijs} 的取值；

$y_{js}{}^{n}$：在第 n 次迭代过程中选址变量 y_{js} 的取值。

(6)如果满足以下条件之一，算法停止：

①当循环次数达到预选给定的最大循环次数 count；

②当 $\left|(UB^{n}/LB^{n}) - 1\right| \leqslant \varepsilon$，其中 ε 为任意给定的常数且 $\varepsilon > 0$。

利用以上的拉格朗日松弛算法可得到问题基于效用函数的分级带容量限制的中位模型的近似最优解 x_{ijs} 和 y_{js} ,从而确定各个不同级别学校的选址与分配方案。

3. 实证分析

(1)案例分析

以云南省呈贡区作为案例实证分析。假设呈贡区为封闭系统,即本地区的学生均在本地上学,同时假定不同类型的学校之间相互独立,不存在嵌套的情况。每个水平的学校不设最大容量限制,适龄入学的人口均在相应水平的学校上学,需求点以大的居民区进行聚类。

$S = \{s | 1,2,3\}$ 分别代表小学、初中;J_S^0 表示已经存在的 s 级水平的学校的集合,该区共有小学 19 所,初中 11 所,即 $J_1^0 = \{j_1^1, j_1^2, \cdots, j_1^{19}\}$, $J_2^0 = \{j_2^1, j_2^2, \cdots, j_2^{11}\}$,根据该区的人口分布情况进行聚类,呈贡区有 29 个社区可将呈贡区居民点聚类成 29 个需求点,即 $I = \{i_1, i_2, \cdots, i_{29}\}$, J_S^1 表示需要新建 s 级水平学校的候选点集合, b_{js} 为要求设立的 s 级水平学校最小容量,设 $b_{js} = \{b_{j1}, b_{j2}\} = \{500, 750\}$ 。为了切合真实情况,将 d_{ij} 考虑为学生从居住地设到学校的实际行程,使用 Arcview GIS 网络分析功能可求得距离矩阵 d_{ij} , A_{Sj} 为提供 s 级水平的学校需要的教学设施, W_{is} 为 29 个居民区的小学、初中、适龄入学学生人口数。因 d_{ij} 、 A_{Sj} 、 W_{is} 数据量大,在此不一一列出。设最小与最大临界距离 $L_s^1 = \{L_1^1, L_2^1\} = \{0.25, 0.5\}$, $L_s^2 = \{L_1^2, L_2^2\} = \{1, 2\}$ 。

设置最大迭代次数 count = 800 次,上下界相对误差 $\varepsilon = 2\%$ 。

网点布局是实现教育优质均衡发展的前提,该模型对我国义务教育网点布局具有很大的参考价值,指导义务教育学校进行科学合理化的选址,为我国义务教育体系高效运行提供保障。

(2)网点布局投入顺序

首先,教育经费向西部倾斜,建立西部的中小学,根据地理位置、人口密度等合理增减学校。在一些未被学校服务区所覆盖的居民区,并且人口相对密集,应是新增学校优先考虑的位置;对于人口增长比较快的区域,也应该适当的增加学校的数量。对于一些偏远的地区,设施数量相对不足,虽然增加学校的数量不如人口密集区域,但是对于增加学校的需求也是很有必要的。在这些偏远的乡村,小规模的学校更加适合当地的实际情况。必须严格制定小规模学校的办学标准和管理办法。同时尽可能增加寄宿学校的数量,寄宿学校的条件也应该得到改善,这需要政府的资金投入。

对于经济欠发达的地区,应该优先投入教育网点的建设,教育的资源也要向西部倾斜,同时继续对经济发达的、人口密集的学校进行合并、扩建,缩小城乡之间的教育资源差距。对于一些偏远的乡镇,先设置一所中学,按照重心法建立模型,然后根据村庄的地理位置、人口分布合理安排中小学。

二、义务教育网络结构

1. 完善教育管理和学校自治制度

义务教育事业推进的关注点集中于教育管理方面,义务教育阶段的办学责任是由政府承担,政府在义务教育建设中要明确各级权责,对原本不合理的管理制度进行完善和创新,创建能够调动教育管理人员工作积极性的制度,共同保障我国义务教育整体水平。义务教育学校基于学校发展的全过程把握独特的自治制度创新,以校长为首将行政与专业相结合,做好学校建设的领导者,调动学校组织内部各情景和因素之间的关系,提升学校内部教务处、政教处等中层管理人员的执行能力,达到学校建设目标。

2. 确保落后地区财政保障到位

构建科学规范的财政机制,确保财政收支用于提供高质量义务教育公共服务中。省级政府应当对省域内各级政府的财政职能和财政事权作出明确规定。为支持省域内落后地区的义务教育学校建设,省级政府应设立专项资金,充分考虑经济落后地区的基础性资源配置问题。此外,还要加强省域间的交流,以东部沿海经济发达的省份为主,带动中西部经济发展相对落后地区,将发达地区的优质资源引入欠发达地区和乡村,对落后地区提供资金援助。

3. 建设高质量教师队伍

合理配置教育人力资源,实施教师轮岗制,健全中小学校长公开选拔机制和正常的教师补充机制。落实中小学教职工编制标准,将编制向乡村小规模学校倾斜,打破师生比的限制,配齐配足教师,特别是缺科教师,保证农村学校师资。"国培计划"要持续关注集中连片特困地区、民族地区,实施城乡学校"捆绑"管理,加强校长和骨干教师的流动。加强校际横向联动活动,即联合研究课题、联合开发校本课程、联合组织专题教研活动等。

4. 助推家校联动整合优势资源

依据家校共生理论,在"双减"政策的背景下,家长和学校相互理解配合。学校要积极引导家长参与孩子的学习与生活,通过举办专题讲座、家访等多种形式让家长重视义务教育,树立科学正确的教育理念。针对农村地区,可以配备专业人员对接农村的家庭教育指导,使学生受到专业系统化家庭教育。此外,建立科学的督导与评估机制,完善家校长效合作机制。通过与家庭的联合,学校聚集更多的优质资源,形成一种资源共享的家校体系。

第十章　政府配置与市场配置相结合的
义务教育资源空间配置机制

百年大计,教育为本;千秋大业,教育为先。回望我国教育资源配置的发展历程,从首倡的"效率优先"价值取向到保证效率基础上提出"兼顾公平",这些方针追求均对实现教育的公平正义起着重要的启示作用。社会公平实现的重要一环就是教育公平,义务教育阶段在教育实现过程中是最基础的阶段,因此解决义务教育资源配置问题是在实现我国教育公平发展方向迈出的关键一步。我国长久以来的国情和教育发展历程很大程度上决定了我国区域间义务教育资源分配非均衡的局面,现阶段优质教育资源短缺,教育成本高,家长非理性竞争,辅导热、择校热现象严重,加之城镇化带来的人口流动导致需求供给的错配,导致本可以满足农村义务教育需求的校舍出现闲置等资源浪费问题,这些问题进一步拉大城镇和乡村教育资源的质量差距,即使在同一城市区域分配中,中心城区和远郊区的教育资源分配也出现分布不均状况。此外,东部、中部、西部地区教育资源在空间上呈"东部地区高、中西部地区低"的格局,尤其西部农村义务教育资源配置效率总体上低于东部和中部地区(王海平,2015)①。无法否认的是,在我国国民教育体系中,具有基础性的义务教育居于先导地位,作为塑造提高国民素质的"把门关",义务教育的资源合理配置是目前亟待解决的核心问题。目前现有的空间配置,未能因地制宜地充分利用社会资源实现分配效用最大化,仅仅依靠财政对物质资

---

① 王海平:《新型城镇化视域下农村义务教育资源配置效率研究》,华东交通大学 2015 年硕士学位论文。

源的倾斜只能做到锦上添花,并不能做到雪中送炭。现如今"二胎""三胎"政策的相继出台,预示着未来几年人们对优质教育资源分配的需求进一步扩大,而如何实现公平高效的教育资源供给面临着更严峻的挑战,尤其在欠发达地区,"不患寡而患不均"的影响更为深刻。尽快解决义务教育资源空间配置问题时不我待,对于进一步实现教育公平、提升人力资本水平、释放教育红利,实现共同富裕有重要的理论和现实意义。

第一节　区域教育资源空间配置动态

教育兴则国家兴,教育强则国家强,习近平总书记 2016 年在北京市八一学校考察时就强调:"要加强对基础教育的支持力度,办好学前教育,均衡发展九年义务教育,基本普及高中阶段教育。要优化教育资源配置,逐步缩小区域、城乡、校际差距,特别是要加大对革命老区、民族地区、边远地区、欠发达地区基础教育的投入力度,保障欠发达地区办学经费。"[1]国家对于义务教育资源分配的重视也引起了学者们对于区域教育资源分配问题的探究,学者们分别从我国东部、中部、西部地区的县域小学教育资源分配情况、城乡资源分布状况、省域教育资源空间分配、追求理论教育资源均衡方式等方面展开探讨。

对于市场和政府在教育资源配置中的作用,约翰·E.丘伯等(John E.Chubb 等,1991)[2]认为,择校"教育券"会使弱势群体也享受到政府垄断下的教育资源。然而杨公安(2012)[3]提出,市场配置对于优化教育资源是把双刃剑,效率得到提高的同时会加大学校之间的差距。芭芭拉(Barbara,2015)[4]认为,政府应该为提供公平的教育资源承担主要责任,从而缩小由于经济差异而造成的教育差距。在教育资源空间分布下,蔡

---

① 《习近平谈治国理政》第二卷,外文出版社 2017 年版,第 366 页。

② John E.Chubb,Terry M.Moe,"Politics,Markets and America's Schools",*British Journal of Sociology of Education*,Vol.12,No.3,1991.

③ 杨公安:《县域内义务教育资源配置低效率问题研究》,西南大学 2012 年博士学位论文。

④ Barbara Comber,"Critical Literacy and Social Justice",*Journal of Adolescent & Adult Literacy*,Vol.58,No.5,2015.

文伯、宋登娇(2021)①利用数据包络分析法评估各省份县域小学教育资源配置效率,结果表明:我国县域小学教育资源配置整体上呈现出东部地区高于中部地区、中部地区高于西部地区的空间特征。在城乡义务教育优质资源配置效率方面,李毅等(2021)②采用数据包络分析法—Malmquist 指数法对 2011—2017 年我国 31 个省份的资源配置效率进行静态、动态评价,发现我国城乡义务教育优质资源配置效率整体偏低,且农村比城镇更低。同时蔡文伯、甘雪岩(2021)③运用省级面板数据构建模型,分析基础教育资源配置与新型城镇化间的时间序列与空间演变关系,发现协调度由东至西逐渐递减,形成了"东强西弱"的耦合协调特征。有研究指出,即使政策尽可能地向乡镇、农村倾斜,城乡之间、优势和薄弱学校之间的差距不减反增[罗华玲、李劲松(2017)④;杨公安,2012⑤]。也有学者认为,城乡义务教育虽然取得了一定的成就,但是城乡均衡背景下各层级内部呈非均衡状态,乡村作为教育的末端与不同层级间的差异在一定程度上决定了差异的显著性(凡勇昆和邬志辉,2014)⑥。在省域教育资源空间配置研究中,陆宏通(2013)⑦选取云南省教育资源分配分析,研究发现经济、财政以及人口迁徙对教育资源空间聚集的影响显著且正向,在资源配置过程中有较显著的空间自相关性。此外,对于实现教育资源均衡方式的研究中,石泽婷、张学敏(2020)⑧引用苏启敏的理论教育

---

① 蔡文伯、宋登娇:《我国县域小学教育资源配置的空间特征测量与分析》,《教育与教学研究》2021 年第 5 期。

② 李毅、杨焱灵、吴思睿:《城乡义务教育优质资源配置效率的问题及对策——基于 DEA—Malmquist 模型》,《中国教育学刊》2021 年第 1 期。

③ 蔡文伯、甘雪岩:《耦合协调与区域差异:基础教育资源配置与新型城镇化的时空演变》,《当代教育论坛》2021 年第 2 期。

④ 罗华玲、李劲松:《地理信息系统对义务教育资源空间配置研究综述》,《中学地理教学参考》2017 年第 24 期。

⑤ 杨公安:《县域内义务教育资源配置低效率问题研究》,西南大学 2012 年博士学位论文。

⑥ 凡勇昆、邬志辉:《我国城乡义务教育资源均衡发展研究报告——基于东、中、西部 8 省 17 个区(市、县)的实地调查分析》,《教育研究》2014 年第 11 期。

⑦ 陆宏通:《云南省教育资源非均衡配置研究》,云南大学 2013 年硕士学位论文。

⑧ 石泽婷、张学敏:《"空间生产"理论视域下教育资源均衡配置探析》,《广西民族大学学报(哲学社会科学版)》2020 年第 3 期。

资源的均衡追求分为两种方式,即"削峰填谷"和"造峰扬谷",表明在教育系统里资源合理流动实现了分配平等,但是这样的后果是薄弱校的资源浪费和重点校的资源过度使用。

从上述文献可知,现有文献大多基于数据分析衡量出教育资源分配的效率问题,针对存在的分配不均的核心问题主要集中于对政府的分配优化的宏观建议上。在空间维度下,义务教育资源的配置研究较少,究竟义务教育资源配置的空间状态应是何种,其形态结构、影响因素等都需要进一步研究。本章将基于经济学和博弈论原理,从空间视角出发,建立欠发达地区区域义务教育资源政府和市场配置相结合的配置机制。

第二节　配置机制分析和探讨

在福利经济学中,帕累托效率是经典的效率解说,当社会的生产技术、消费者偏好函数不发生变化、整个社会的收入分配状况既定,在不损害任何一个社会成员境况的前提下,不存在重新配置资源可以使任何一个社会成员的境况变好的情况。显然这是理想的状态,要实现既保证效率,又要顾全公平的目标,就不得不考虑两者对立统一、相互作用、相互制约的关联。帕累托效率可能导致出现极端不公平的分配,效率与公平目标的实现除了政府出力,也需要市场配合双管齐下。帕累托条件的满足往往会受到外部性、公共物品和不完全信息等市场失灵因素的干扰,这时政府纠正市场不足,最优配置资源的积极作用尤其重要。市场和政府的双重作用保障公平的实现,过程的公平需要市场竞争的推动,而政府对相应政策的制定实现机会公平、规则公平、程序公平、结果公平。一个国家不能只顾发展经济而忽视社会矛盾的存在,就应该争取效率与公平两手抓,不能顾此失彼。因此抓好资源配置是关键,地方政府要建立区域教育财政投入机制、完整教育资源分配原则、拓宽教育筹资渠道机制、加强教育财政预算执行的考核监督。接下来将围绕义务教育资源空间配置的流程图进行各个机制的分析和探讨,探究各个子机制如何发挥空间配置的作用。

第三节 财政投入保障机制

规模绩效、效率绩效、效果绩效通常是用来衡量义务资源配置绩效的三项标准,即政府提供教育资源的量是否够多,投入转产出的效率是否高效,民众需求被满足的效果是否好。要从财政性教育经费支出不低于GDP 的 4% 这一标准来看,我国是满足的,但是分阶段而言,义务教育在总教育经费中的占比不多。教育资源划分,可以分为物质资源、教师资源、文化资源(办学理念)等。物质资源又可以从硬件办学条件:图书、计算机台数、教学实验仪器、校舍占地建筑面积等方面衡量。软件办学条件即生源质量、教职工文化素质、校风校纪等。国有企业、集体经济和个体经济缴纳国家的纯收入作为税收,构成财政资金投入的关键部分,对基础教育的投资就是一项公益性投资,因此对教育资源的需求有效测算,进行高效的财政投入供给尤其重要。李玲、陶蕾指出(2015)[①],生均教育经费指数和资源配置效率是正向关联的,而义务教育经费投入规模与资源配置效率是负相关的。因此选取以生均教育经费为标准进行需求测算,并且为了改善重点校的资源过度使用,让经费的配置标准为班级数和学生数双结合的方式投入资金。不能让大班额的规模受利益驱使,过度追求生源规模,导致资源错配。尤其是在欠发达地区,应该将财政投入差别化,适当向薄弱地区倾斜,加强省和中央政府对义务教育的投资责任。

"工欲善其事,必先利其器",先进的教育资源设备是实施教育的基础,这里选取生均教学用房面积 x_1、生均体育运动场馆面积 x_2、生均教学仪器设备值 x_3、生均图书册数 x_4、生均专任教师数 x_5 作为需求衡量指标,本节选取来源于教育部发展规划司编撰的 2020 年《中国教育统计年鉴》以及教育部、国家统计局和财政部联合发布的 2020 年《全国教育经费执行情况统计公告》数据。从地理区域划分将我国 31 省份分为东部、

---

① 李玲、陶蕾:《我国义务教育资源配置效率评价及分析——基于 DEA—Tobit 模型》,《中国教育学刊》2015 年第 4 期。

中部、西部,分别计算出各区域需要的义务教育平均资源量,用于计算基本需求。具体资源情况见表10-1。根据《县域义务教育优质均衡发展督导评估办法》中对指标标准的制定为:生均教学及辅助用房面积小学、初中分别达到4.5平方米以上、5.8平方米以上。从2020年的数据来看,小学阶段的东部、中部、西部地区均未达到标准,都低于4.5平方米,初中阶段东部地区与中部地区高于5.8平方米,只有西部地区为5.73平方米,稍低于标准。生均体育运动场面积小学、初中分别达到7.5平方米以上、10.2平方米以上,东部、中部、西部地区中小学均未达到最低标准,生均教学仪器设备值小学、初中分别达到2000元以上、2500元以上,参考数据可见中部、西部地区小学设备值不足2000元。每百名学生拥有的专任教师下限为0.9,则生均专任教师至少为0.009,从表10-1中可知,无论东部、中部、西部地区均达到这一最低标准。

表 10-1　2020 年东部、中部、西部地区教育资源情况

年级	地区	生均教学用地(平方米/生)	生均体育馆面积(平方米/生)	生均教学仪器设备值(元/生)	生均图书册(本/生)	生均专任教师(人/生)
小学	东部	4.154	0.251	2944.457	27.67	0.062
	中部	4.225	0.135	1682.862	21.71	0.067
	西部	4.384	0.146	1850.978	22.77	0.062
初中	东部	6.590	0.580	4621.230	41.12	0.090
	中部	5.920	0.300	2675.920	34.23	0.080
	西部	5.730	0.270	2613.530	35.36	0.080

从城镇与乡村的义务教育资源数据(见表10-2)来看,计算得出的城镇乡村地区的生均教育资源总体高于城镇地区,在体育设施和教育仪器设备方面城镇义务教育学校的经费投入相比乡村地区较多。以县域的城乡生均教育经费投入举例,地理交通环境、办学成本等因素使较为便利的城镇学校和高山环绕的农村学校经费需求是不同的,并且农村学校的空心化也使地方教育资源流出,资源聚集弱化。受各地区经济发展状况、新

技术信息普及等因素影响,都不该采用同一标准要求教育经费投入。因此针对不同区域,结合当地教育发展情况,进行进一步财政收入确定。

表 10-2 2020 年城镇与乡村义务教育资源情况

地区	生均教学用地（平方米/生）	生均体育馆面积（平方米/生）	生均教学仪器设备值（元/生）	生均图书册（本/生）	生均专任教师（人/生）
城镇	4.82	0.38	2544.60	28.82	0.07
乡村	6.58	0.10	2439.36	36.65	0.08

要保障财政投入机制的有效实施,各级政府在义务教育投入中负担的经费和应负的责任要细分,明确具体的财政措施,杜绝"挤出效应"。营造有利于民间捐资助学、助教的环境,同时进一步完善捐赠资金使用有效性的上下级监督和管理制度。改革完善各级政府教育财政预算编制执行的考核监督机制,确保政策落实,健全各级政府教育财政。教育资源分配的监督可分散至学校内部,形成监督小组,保障资源分配在校园各部门间及学科间合理透明、科学合法。

一、固定资产投入机制

随着国家全面开放"二胎""三胎"政策的出台,教学场所和设备作为开展教育活动最基本的必备要素,政府部门辅以民营企业对其进行充足合理的投入是十分必要的。在规划过程中应关注自然地理环境,各类资源的分布在空间结构上应符合地理学上的中心地六边形特征,坚持分散和集中相结合,尤其是地处偏远、生源较少的学校,要确保生源可以就近入学,在一些人口密度较高的地区,选取家校距离相对均匀、上学交通较为便利的地方设置寄宿制学校,利用空余土地资源,开发出新的资金收入来源补充完善资源总量。考虑到城乡流动以及随迁子女大规模向大城市流动的趋势,要提前进行合理预测。针对不同区域教育资源欠缺的现状,对教学场所、设备等固定资产配置进行不同程度的侧重。从 2020 年的数据看,乡村的义务教育需要的教学场地、设备仪器及图书资源的投入均较城市有所剩余,但学生数量少,并未充分发挥其利用率。因此,在固定资产投入方面不能一味增加,可以适当将部分资源放入城市。义务教育资源存在稀缺性,当义务教育资源总量既定的情况下,一个学校的投入增加就意味着其他学校的投入减少,但实现资源的高效利用,达到效用最大才是重点。

由中心地理论提出的服务业最佳区位模型可用于指导区域教育服务业资源的空间布局。在社会空间生产和空间资源配置领域中,公民享有的空间权益是公平和公正的,对资源和产品的生产、占有、交换、消费是公正的。因而,教育资源的分配不能仅局限于与教学相关的资源,服务于学生校园生活的资源配置也不能忽视。民营资金可以通过联合办学、校际合作、名校领办等产权关系不变的方式进入校园,由使用者付费和必要的政府补贴获得合理回报,例如通过招标等形式在校园设置自助打印机、天猫超市进校园等形式,在便利校园的情况下,满足学生的需求,并且给予学校一定租金,公办民助、公建民营,获得双赢,这种合同一般都有年限,政府可回收。对于一些教学多媒体设施也可以选择由市场竞标介入配置,降低民营资本进入校园教育的门槛,让公平竞选和利益激励的方式推进民营资本注入校园发展建设中。

教学设备的需求和教学场所的布局、规划、建议分别以校、区为单位,在固定的时间区间内上报给政府部门,由政府统一派遣该领域的专家入校、入区进行实地考核,结合不同地区的客观教育因素审批合理的固定资产投入,在保证宏观教育环境良好的情况下,兼顾真正有需求的微观教育单位,在固定资产投入后的三年间进行不定期回访,保障资产投入落到实处,解决实际问题。

二、人力资源调节机制

义务教育资源的空间配置除了物力、财力资源的公正配置外,人力资源更是关键要素,无论何种资源的空间配置都是人处于空间与其作用,人与人、人与区域互相合作。在一些调查中发现,当义务教育阶段需要的教学信息化建设、数字化教学资源以及学科实验室设备都齐备时,没有高素质的教师队伍熟练操作用于教学,使其成为摆设只用于应付上级检查,最终不能物尽其用。可见人力资源一定程度上关乎其他资源的使用效率,应该引起重视。

在欠发达地区,师生比例存在差距,且教师队伍结构差异大,专业化程度参差不齐,整体学历较低,中年教师多,面对这样的现状,政府部门应该加大招教比例,对于评奖评优、职称评定等规则适度向农村教师倾斜,进行城乡教师交流轮岗,提高补助工资,对农村教育有贡献的教师实行梯度奖励制度,与城市教师相比要高出一定程度。将交流到农村教学作为评优评先、工作晋升中优先考虑的条件。在师范类高校也可以实施定向培养乡村教师、专设岗位等计划。对于到经济落后地区支教的人员,进行一定的生活交通补贴,可以为今后要长期投入教师队伍的支教人员提供对应的岗位,有针对性地进行培养锻炼。加大力度对乡村教师人才的针对性培养调派,尤其对于中部地区的人口大省,师资力量匮乏,适龄学生人数多,依据生均标准教师数进行人力资源的补给,需要保障接受基础教育同等权利的同时,缩小义务教育质量差距。

三、城乡义务教育资源知识联盟与义务教育知识传播的方法

地理学上有空间上越相近,发展模式也越接近的定律,邻近区域对于义务教育发展采取的政策会在空间上产生聚集、扩散效应,相互间的交流借鉴会使这些效应有一定的持续性,最终使义务教育资源空间配置的中心地向周围区域辐射,衍生出在义务教育资源空间配置上的趋同性和聚集性。

不同地域通常拥有地域性的乡土教育特色,义务教育在保障基本的教育权益享有外,应该按实际情况因材施教、保留特色,全面发展。可以运用地理综合体的概念融入义务教育中去,可按国家、省、市、区、镇、村层次分为综合体,结合现有的要素和地域从空间结构入手研究,调配资源实现效用最大化。首先保证农村义务教育资源联盟的协作,做到互通有无,资源共享,在物资、人资方面达到尽可能地统一标准,此外联合镇义务教

育资源知识联盟进行点面帮扶等,做到由省及市、由市及区,一级级进行教学理念、知识资源的传播,避免接受难、跳跃大等问题,逐步缩小差距,循序渐进,打牢地基。

随着信息技术的进步,网上有很多课程的优质讲解,面对欠发达地区师资不足和改善教学质量的需要,可以和一些学校进行合作,进行网上授课分享等新形式的学习。可由各级政府牵头,联合学校、企业共建优质教育资源共享平台,可以由区域内教学质量高的学校为头,进行联合扶助联盟,借助信息技术手段,建立以城区中心学校为主向联盟学校的知识辐射网点。让优质的资源可以实现城乡、区域的共建共享。从博弈论角度分析,除非使资源共享的学校各方有利可图,学校才会选择共同合作,实现双方的互利共赢。所以作为资源投入主体的政府应采取一定的激励措施,为共享学校提供一定的激励,采取适当的补偿机制。例如在学校评优评奖时可以适当向政策倾斜,给予奖励。

四、股份制、民营义务教育学校的责、权、利相结合的办学机制

借鉴我国企业改革的成功经验,基于所有权和学校管理权的分离,将股份制度引入教育领域,这种股份制的办学相对自主,管理科学。股份制模式来筹集资本,使用社会资本,面对教育公益性和资本寻利性的冲突,设置公司和学校两个法人的方式尝试解决。这种制度似乎更节约交易成本,委托代理的方式使产权更加明晰,使用激励约束的方法在肯定追求利益合理性的同时进行适度的限制。伴随我国教育需求的扩张,经费短缺、供给不足的矛盾越发凸显,股份制、民营义务学校的办学机制在一定程度上缓解了这样的紧张局面,有助于形成以政府导向为主、办学主体多元化的新格局,产权明晰有利于权责的明确,办学效率也会随之提高。无论是股份制还是民营义务教育学校,都应该在办学过程中明晰责、权、利。责:义务教育责任、学生数量和师生结构符合规定,校区地域限制选择符合标准。权:学校法人拥有对财产的占有、使用、支配的权力,即经营权,股东大会对学校发展的重大问题进行决策、决定利益分配,制定学校章程。

利:将社会闲散资金配置到教育事业上,国家在税收、信贷、土地使用方面给予一定的倾斜优惠政策,创造良好的投资环境。

五、区域义务教育资源网络布局中的博弈关系分析

依据义务教育网点布局的历史因素可知,在进行学校选址网络布局过程中,首先要立于宏观层面考虑,要和当地的区域发展规划一致,其次细分交通枢纽、商业区、文旅区、居民区等不同区域,熟悉了解规划的详细资料。政府作为主要的投资者,教育网点的选择必然离不开政府的支持和政策的扶助,在征地、基建手续等方面给予财政支持,规划好预计费用。在环境影响上注意不要破坏有限资源,学校周围环境要保持安静清净,包括文化休闲设施,交通设施、医疗设施等。最重要的是学校的分布要和受教育人口的分布情况相一致。随着我国经济的不断发展,家庭收入不断提高,学校离家近成为家长和学生的共同期望,满足了他们对最佳的学习与生活条件的追求。这样的需求也在情理之中,在居民多的区域中心进行教育网点分布是毋庸置疑的,这也有助于实现家庭和学校同步管理学生。学校网点分布集聚地的房价往往很高、房源也紧张,由此导致的学区房、分区择校等问题层出不穷,在不同程度上扭曲了教育资源的均衡分配和享受。对于这个问题,可以通过增加郊区的优质教育资源,引导人口向郊区迁移,缓解中心城区的人口压力,优化人口分布。政府从教育网点设置源头进行调配管制,不能让区域内择校情况由于学校的分布呈现两极分化。不能让好资源只在一个区域内集聚饱和,形成学生和家长扎堆报考。在地理条件、经济发展、人口密度等客观条件的限制下,乡村在义务教育网点布局过程中面临更多的挑战,因此考虑空间的聚集效应,选取交通便利、距离不同村落远近适中的地区进行分布,保证教育资源的集中、高效利用。

在一些教育政策执行中,教育主管部门和办学机构负责人之间是一种信息不对称和目标不一致的委托代理关系,作为学校的负责人掌握学校发展运作信息多,可以看作是代理人,掌握信息较少的教育主管部门就是委托人。代理人的行为既影响其自身的收益,也影响委托人的收益,代

理人的报酬往往取决于代理人行为导致的结果函数。因为在政策执行过程中很难进行监督和控制,很难对代理人的业绩行为作出评估。假设教育主管部门和办学机构负责人都是利益最大化者,各自追求的目标不一致:对于各级官员来说,升迁可能是他们的目标,管理层希望看到的是学校规模日益扩大,一旦工资福利提高、工作条件舒适满意,就是满足教师期望追求的结果。

因此,在教育资源网络布局中,各方之间相互博弈,只有当至少一方的利益增加,另一方的利益不受损害,整个社会的利益才会有所增加。要解决上述各方之间存在的利益牵扯,就需要明确各方权责,在征求民意的基础上调控对应的补偿和激励,保持信息获取的渠道通畅,及时疏通各教育利益相关者的反馈,特别是要促进学生、家长、教师、教育相关部门形成一个监督圈,形成社会舆论监督,实现合理均衡的资源配置布局。

第四节　配置机制的障碍

一、学龄人口数量波动

在全面"二胎""三胎"的政策背景下,各级学龄人口跌宕起伏很大,2035 年后各级学龄人口进入全面或不同程度负增长时期,不同区域学龄人口变动也是各不相同,如 2020—2025 年,东部地区小学学龄人口增幅明显大于中西部地区,而初中学龄人口跌幅明显小于中西部地区;2025—2030 年,东部地区初中学龄人口增幅明显大于中西部地区。城镇化下,城镇人口的先增后降,以及农村人口的单边下降趋势也将在生育政策下发生回升或者缩小。面对复杂充满不确定性的人口变动,义务教育资源的空间配置机制面临挑战。

二、政府配置效率较低,市场配置不利于公平

单纯依靠政府配置,可能会因为监督不力等问题出现资源配置低效甚至浪费腐败现象,而以价值规律、竞争和供求关系规律为主导的市场配

置,会激发市场活力,承担一部分社会责任。但由于义务教育资源具有公共品的性质,让营利为目的的市场配置解决公平合理调配资源存在难度,在民办的义务教育学校,费用收取高昂,导致学生入学存在门槛,最终使受教育机会不均,违背公平的分配,需要好好协调。

三、区域教学质量参差不齐,协调难度大

学龄人口的负增长很大一部分源于优质资源的短缺,竞争压力大,而长期的资源积累,导致区域的教学水平差距很难短时间内得到改善,如农村小学和初中的校舍建筑面积已经满足农村义务教育基本发展需求,甚至会出现闲置情况,城市校舍资源等虽然已经严重不足但依旧备受青睐,师资、教学质量才是解决的关键,一些欠发达地区教师培训质量低,教育观念滞后,可能培训方式单一、时间短、层次低、效果不显著,教育方法落后等制约教育质量提高,这一问题会影响义务教育资源空间配置的效率。

四、农村留守儿童教育和城市流动儿童教育问题突出

留守儿童在关键的成长时期中缺失正常的亲子交流,其人身安全和心理健康问题往往制约其社会适应能力、人格养成等,有数据显示农村地区的义务教育阶段辍学率远远高于城市。越来越多的农村剩余劳动力流入城市,随之产生的流动儿童教育面临着身份认同、教育机会不均等、学籍管理等问题。如何改善这些群体教育归属是目前我国义务教育均衡发展的瓶颈。

第五节   解决对策

一、建立动态监测数据平台,预测教育资源承载能力

中央和地方政府建立动态监测数据平台,实时监测人口居住地变化、城镇化率提升等带来的学龄人口数量和结构分布变化,科学预测教育资源承载能力。根据不同地域、不同人群年龄及其生育意愿等指标,对收集

到的信息进行分类整理,并进行不定期的随访抽查和定期普查,密切关注"二胎""三胎"人口的变化情况,从而根据本地教育公共服务与资源实际承载力建立人口预警机制,做好风险防范。

二、构建义务教育财政转移支付制度,给予市场参与者补贴

建立教育基本公共服务财政增量投入机制,确保教育资源配置财政支出的增长速度不低于公共财政支出的增长速度,保障优质教育资源的经费投入。构建完善的义务教育财政转移支付制度,中央或省级政府应根据人口流动规模,科学合理地进行财政转移支付补偿,可依据每个年度随迁子女中义务教育适龄儿童人数,计算出两个相邻年份间适龄入学人数的增量和增长率,依据上一个年度的生均公用经费额度和当年新增人数的乘积,计算出当年需要新增的公用经费拨款数额,以及这笔经费占上一年义务教育公用经费总额的比例,从而确定财政转移支付金额。在保证政府主体地位的同时,给予市场参与者一定的补贴和政策让步,鼓励市场作为营利性和公益性的结合进入义务教育资源配置中去。

三、创新办学人才管理模式,杜绝高质量教学一枝独秀

所有的固定投入和经费支出均是服务于实现义务教育资源的空间配置均衡,除保障各区域具备同等的硬件条件以外,对于办学理念文化、教学方式方法、师资力量分配等都需要学习和引进。建立完善的教师优胜劣汰的选用机制,及时补充活力创新人才,加强教师编制管理,实行动态调控。对于富余和不称职人员做好轮岗分流。创新义务教育优质均衡发展机制和管理模式,推动优质教育资源合理布局,如实施郊区义务教育薄弱学校的委托管理;实行学区化管理,组建片区教育发展联盟或教育发展共同体;实行城区优质名校移植性集团化办学等。

四、建立留守儿童教育培养体系,打破身份认同偏见

除了加强对农村基础教育的投资力度来改善办学条件以外,应该建

设好农村寄宿制学校,委托监护人应在日常的生活和学习中负起责任,主要为其成长营造良好的外部环境,建立农村社区儿童教育体系,有侧重地培养教育。同时加快户籍制度改革,放开城市公办中小学,方便流动儿童根据居住地就近入学,可以在进城务工较集中的地区设立民工子弟学校,采取以流入地政府为主的财政供给制度,合理分摊流动儿童的教育成本。

要衡量一只木桶究竟能盛多少水,并不是看桶壁上最高的那块木板能到哪,而恰恰取决于桶壁上最短的那块。将木桶原理应用于教育也是一样,教育均衡发展的推进能否有成效,取决于不发达地区教育短板的高低,而不发达地区的教育资源分配是否兼顾效率与公平又是决定能否弥补短板的关键。而我们要尝试通过政府和市场两条腿走路来提升资源空间配置,实现效用最大化,造福民众,让义务教育的丰收硕果开满大地。

第十一章　欠发达地区区域义务教育资源政府配置机制

——基于数据包络分析法对义务教育资源配置的分析

自党的十九大以来,中央政府不仅始终将教育发展摆在优先发展战略的位置,更注重于教育公平的推进,习近平总书记强调各级党委和政府要强化责任意识,及时研究解决教育改革发展中的重大问题和群众关心的热点问题。从我国教育事业当前的发展趋势来看,在教育发展的公平与效率两个方面,我们在继续保持教育水平高速发展的基础上更加注重教育的公平性,只有真正提高木桶的短板,才能使教育这桶清泉更满更有分量。

从我国地理区域划分来看,我国教育短板主要集中在西部地区、农村地区、老少边远地区。而这些地区教育水平落后的主要原因在于地区经济发展水平十分落后,当地政府缺乏充足的财政收入来源,自然没有足够的财政经费投入到当地教育事业发展中。因此,在教育资源配置和教育经费的投入上就更加需要中央和省级政府的调节和给予适当的财政倾斜,本章主要研究政府如何通过协调教育网点中各利益相关者,充分发挥调节指导作用,从而使教育资源配置在原有的基础上更加科学,从而达到教育资源配置的最优化。

本章主要针对各地区教育资源配置不均衡的现象进行深入的研究,在研究过程中,运用福利经济学中关于效率准则与公平准则的相关理论来论证教育资源配置过程中如何协调公平与效率的关系;同时,还运用博弈论原理来对义务教育网络和义务教育网点构建中各利益相关者的相互利益和矛盾进行分析,运用博弈论相关知识来解决各地区教育资源配置过程中出现的矛盾,建立教育资源优化配置模型,从而使政府根据各地区实际发展情况科学地预测教育资源需求状况,从而最合理地进行教育资源配置,使教育资源能够达到最优化配置。

本章在分析我国教育发展情况的基础上,对目前教育资源配置情况进行研究,通过对各地区经济发展状况、教育需求总量进行分析,运用经济学相关理论对政府如何建立有效的教育资源配置机制提出相关建议,从而使各地尤其是欠发达地区的教育资源配置达到效用最大化,进而不断缩小城乡之间的教育水平,实现教育均衡、健康发展。

第一节　义务教育资源配置现状

一、政府对义务教育资金投入现状概况

1. 全国各省份经济发展水平

据 2021 年经济数据统计,从经济总量来看(见图 11-1),全国 31 个省份 GDP 超过 12000 亿元的仅有广东,达到 124369.67 亿元,江苏经济总量也位于前列,为 116364.2 亿元。GDP 超过 40000 亿元的省份有 13 个,大多分布在东部发达地区,而西部地区的经济发展稍显落后,宁夏、青海、西藏的经济总量处于 5000 亿元以下。从图 11-1 中可以清晰地看出,我国各地区之间经济发展水平差异显著,由于经济基础和地理位置的影响,我国经济发展主要还是集中在东部地区,其他地区经济总量都偏小,尤其是西部地区的经济实力十分薄弱。经济发展水平的高低直接影响政府的财政收入,继而使不同地区政府部门对当地的教育经费投入有较大的差异。

2. 全国各省份政府教育投资现状

在我国教育经费的投入上(见表 11-1),地方教育支出占主体,对于地方政府来说,各地教育经费的支出和教育资源的丰富程度更多地取决于一般公共预算收入水平。一般公共预算收入较低的地区与一般公共预算收入较高的地区相比,其教育发展水平显现出十分巨大的差异。从表

（单位：亿元）

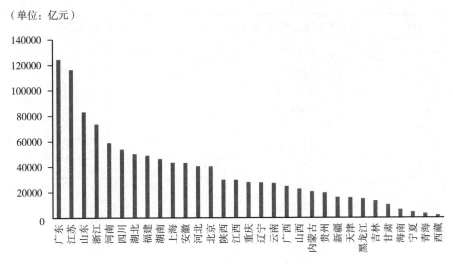

图 11-1　2021 年 31 个省份 GDP 总量

资料来源：中经网数据库。

11-1 我国各地一般公共预算教育经费和教育支出所占的比重情况可以看出，各省份之间，经济发展水平较高的地区其教育经费的投入也更高，所以各省份之间的教育资源配置呈现十分不均衡的分布状态。

表 11-1　2020 年 31 个省份一般公共预算教育经费情况

地区	一般公共预算教育经费（亿元）	教育占比（%）
北京	1128.00	15.85
天津	440.53	13.98
河北	1581.74	17.53
山西	730.48	14.29
内蒙古	635.39	12.06
辽宁	740.56	12.31
吉林	522.58	12.66
黑龙江	623.61	11.44
上海	972.93	12.01
江苏	2419.23	17.68
浙江	1879.70	18.64
安徽	1260.11	16.86

续表

地区	一般公共预算教育经费（亿元）	教育占比（%）
福建	1026.05	19.67
江西	1220.48	18.29
山东	2281.82	20.31
河南	1845.31	17.79
湖北	1190.62	14.10
湖南	1356.67	16.14
广东	3537.82	20.30
广西	1051.22	17.01
海南	302.20	15.32
重庆	758.81	15.51
四川	1682.43	15.02
贵州	1074.01	18.71
云南	1156.58	16.58
西藏	293.37	13.27
陕西	993.03	16.74
甘肃	662.99	15.92
青海	218.01	11.28
宁夏	207.22	14.00
新疆	909.76	16.44

资料来源：2020年全国教育经费执行情况统计表。

3. 全国各省份教育资源配置现状

各地区的教育水平发展不仅需要财力和物力的投入，也需要人力资源的合理分配。下面将从31个省份学校数量和师生比对各地区教育资源配置现状做初步的了解（见表11-2）。

表11-2　2020年31个省份义务教育资源情况

地区	小学				初中			
	学校数量（所）	教师数量（人）	学生数量（人）	师生比（%）	学校数量（所）	教师数量（人）	学生数量（人）	师生比（%）
北京	934	71035	995046	14.01	335	38079	330478	8.68
天津	885	47480	730143	15.38	345	29208	321813	11.02

续表

地区	小学				初中			
	学校数量 （所）	教师数量 （人）	学生数量 （人）	师生比 （%）	学校数量 （所）	教师数量 （人）	学生数量 （人）	师生比 （%）
河北	11625	407710	6959229	17.07	2466	219810	3015526	13.72
山西	5153	168284	2352802	13.98	1709	108585	1115602	10.27
内蒙古	1652	105222	1381519	13.13	711	60849	661608	10.87
辽宁	2827	137743	1967439	14.28	1518	98857	1002283	10.14
吉林	3464	105300	1187540	11.28	1187	67148	622419	9.27
黑龙江	1407	103715	1244214	12.00	1414	86893	865371	9.96
上海	684	61466	860960	14.01	588	44714	468062	10.47
江苏	4144	345877	5808208	16.79	2258	212577	2542608	11.96
浙江	3308	221938	3727273	16.79	1748	133141	1636425	12.29
安徽	7464	260425	4682378	17.98	2846	165538	2239554	13.53
福建	5129	182617	3436133	18.82	1262	107931	1452519	13.46
江西	7199	242233	4063050	16.77	2196	145462	2204109	15.15
山东	9619	454285	7432850	16.36	3238	304476	3727055	12.24
河南	17687	586578	10215856	17.42	4695	340500	4721421	13.87
湖北	5386	209808	3808514	18.15	2114	135046	1708335	12.65
湖南	7245	300033	5342513	17.81	3384	189015	2519696	13.33
广东	10600	573428	10571118	18.43	3748	300929	4054670	13.47
广西	8000	281724	5071781	18.00	1754	152003	2254893	14.83
海南	1379	54328	862133	15.87	410	27973	381382	13.63
重庆	2754	130610	2024671	15.50	868	83469	1149781	13.77
四川	5679	344855	5529052	16.03	3677	218397	2797872	12.81
贵州	6855	215012	3972666	18.48	2020	128990	1780696	13.80
云南	10688	237317	3892241	16.40	1691	139305	1823665	13.09
西藏	827	24486	352875	14.41	105	12371	142938	11.55
陕西	4610	177084	2892019	16.33	1641	101110	1168305	11.55
甘肃	5252	150870	2009079	13.32	1472	81239	874149	10.76
青海	733	28798	507745	17.63	263	16833	224530	13.34
宁夏	1149	33823	592434	17.52	247	20679	292625	14.15
新疆	3641	170094	2780051	16.34	895	89614	1040503	11.61

资料来源：教育部 2020 年教育统计数据。

由表11-2可以看出,在教育资源分布上,首先是教育需求,与经济水平较为发达的地区相比,经济较为落后的地区受教育者人数较少。从地理位置、思想观念和人口流动三个方面分析,由于经济发展水平较为落后的地区,多集中在边境山区,人口相对分散,交通不便,对于山区学生来说,教育成本较高;且经济落后地区更多的是少数民族聚集的区域,受传统思想观念的影响,对教育的重视程度较低;且随着经济发展和交通条件的提高,人口不断向经济发达地区流动,因此经济发达地区的受教育需求不断增加,且经济落后地区的教师也不断向城市流动,导致在教育资源的配置上,经济发达地区占据了最优越、最丰富的教育资源,但是由于人口大量地流入经济发达地区,也会造成经济发达地区现有教育资源的紧缺,如果政府不采取相应的政策措施有效地引导教育资源公平合理的配置,那么教育的区域不公平现象将会日益加剧。

第二节　基于数据包络分析法分析义务教育资源配置效率中的问题及原因

一、数据包络分析法简介及应用模型

1. 数据包络分析法简介

结合第二章数据包络分析法介绍及其适用性,本章将运用数据包络分析法对各地区义务教育资源配置的效率进行分析,通过筛选样本所属地内效率最优的学校来确定评价基准,并测量其他学校与评估基准的差距,确定影响效率值的投入指标,进而为低效率的学校提供改进方案。

2. 样本选择和指标筛选

(1)样本选择

运用数据包络分析法来评价各地区义务教育资源配置的有效性,能够了解义务教育资源配置效率高的地区与义务教育资源配置低的地区之间差距的影响因素,从而为低效率配置地区的学校提供相应的对策。本

章选取我国 8 个不发达地区,分别为四川、贵州、云南、西藏、甘肃、青海、宁夏、新疆以及 5 个较发达地区,分别为北京、天津、上海、江苏、广东,将 13 个省份的小学与初中的教育资源情况作为样本区间。

（2）指标筛选

投入指标（X）:教育资源主要包括财力资源、物力资源和人力资源,财力资源主要指政府对教育经费的支出,物力资源主要指办学条件,而人力资源则指师资力量,包括教师教学水平和师生比。所以在投入指标的选择上,本节选取生均教育经费（X1）、生均教学及辅助用房面积（X2）、师生比（X3）、高学历专任教师占专任教师比（X4）、高职称专任教师占专任教师比（X5）5 个教育资源投入指标。产出指标（Y）:衡量教育资源是否得到合理配置不仅要看教育的数量还要看其质量,选取在校学生人数（Y1）和学生升学率（Y2）2 个指标来衡量教育的产出（见表 11-3）。

表 11-3　2020 年 13 个省份义务教育指标数据

小　学						
决策单元	产出 Y1	产出 Y2	投入 X1	投入 X2	投入 X3	投入 X4	投入 X5
四川	5529052	1.01	11588.73	4.13	16.03	0.01	0.13
贵州	3972666	1.02	11230.24	3.38	18.48	0.00	0.05
云南	3892241	0.99	12003.17	4.41	16.40	0.01	0.33
西藏	352875	0.93	30080.91	5.10	14.41	0.00	0.12
甘肃	2009079	1.00	12697.2	4.17	13.32	0.01	0.12
青海	507745	0.99	15646.86	4.41	17.63	0.01	0.18
宁夏	592434	0.99	12578.2	4.71	17.52	0.01	0.16
新疆	2780051	1.00	13259.28	4.09	16.34	0.00	0.08
北京	995046	0.89	35411.73	3.55	14.01	0.10	0.09
天津	730143	1.00	18850.84	4.00	15.38	0.07	0.10
上海	860960	0.95	30765.87	4.66	14.01	0.09	0.03
江苏	5808208	0.99	15257.91	4.98	16.79	0.03	0.07
广东	10571118	0.97	14654.73	3.88	18.43	0.02	0.04

续表

初 中							
决策单元	产出 Y1	产出 Y2	投入 X1	投入 X2	投入 X3	投入 X4	投入 X5
四川	2797872	0.55	15485.75	6.21	12.81	0.03	0.21
贵州	1780696	0.54	14394.85	4.73	13.80	0.01	0.18
云南	1823665	0.58	15081.79	4.31	13.09	0.02	0.37
西藏	142938	0.61	35390.99	5.84	11.55	0.02	0.11
甘肃	874149	0.60	15812.01	5.92	10.76	0.02	0.18
青海	224530	0.60	19603.16	7.92	13.34	0.03	0.25
宁夏	292625	0.58	16563.2	5.92	14.15	0.03	0.23
新疆	1040503	0.54	21540.37	7.73	11.61	0.02	0.17
北京	330478	0.69	63603.26	5.53	8.68	0.24	0.28
天津	321813	0.66	30806.65	4.77	11.02	0.12	0.35
上海	468062	0.62	45036.47	10.12	10.47	0.18	0.12
江苏	2542608	0.57	25071.46	8.62	11.96	0.07	0.25
广东	4054670	0.56	21708.59	7.20	13.47	0.05	0.14

资料来源:教育部 2020 年教育统计数据。

先运用规模报酬不变 CCR 模型,测算了 13 个省份义务教育资源配置总技术效率,得到总效率值数据包络分析法分析表(见表 11-4)。

表 11-4 2020 年义务教育资源配置总效率值数据包络分析法分析表

地区	小学	初中
四川	1.000	1.000
贵州	1.000	1.000
云南	0.952	1.000
西藏	1.000	1.000
甘肃	1.000	1.000
青海	0.858	0.807
宁夏	0.903	0.921
新疆	1.000	0.914
北京	0.963	1.000

续表

地区	小学	初中
天津	0.971	1.000
上海	1.000	1.000
江苏	0.975	0.976
广东	1.000	1.000
平均值	0.971	0.971

资料来源:DEAP 软件数据处理结果。

总技术效率是指资源投入获得充分利用程度,效率取值在 0—1,越接近 1,表明资源配置效率越高,效率值达到 1 为有效。我国各地义务教育资源配置总效率值数据包络分析法分析表显示,我国义务教育资源配置小学、初中总技术效率均值皆为 0.971,且接近于 1,表明我国义务教育资源配置总体效率较高。分阶段来看,在 13 个省份中,小学教育阶段技术效率均有效的有 7 个地区,而北京、云南、宁夏、青海总效率值较低,位于均值以下,且青海总技术效率低于 0.9,仅有 0.858。初中教育阶段,13个省份仅有江苏、青海、宁夏、新疆总技术效率是低效的,未达到 1,其中,青海、宁夏、新疆欠发达地区的综合效率低于初中阶段的均值。因此,我国欠发达地区的资源配置效率低下影响了整体的义务教育资源配置效率。

由于规模报酬不变 CCR 模型的建立前提是在规模效益不变的假设下,所以,其技术效率中会有一定的规模效率成分,为了明确我国欠发达地区义务教育资源配置的主要影响因素,继续利用数据包络分析法中规模报酬可变 BCC 模型,对 13 个样本数据的纯技术效率和规模效率进行分析,探究纯技术效率与规模效率对总技术效率的影响。

从表 11-5 可以看出,小学与中学的教育资源配置效率的均值都相等,且都接近 1,表明这 13 个省份的整体资源利用效率较高。此外,13 个省份规模效率整体水平高于综合技术效率和纯技术效率水平,其平均值达到 0.992,也表明义务教育的资源配置受纯技术效率影响很大,会降低资源综合效率水平。

表 11-5　2020 年 13 个省份义务教育资源配置
纯技术效率和规模效率分析表

地区	综合技术效率（Crste）		纯技术效率（Vrste）		规模效率（Scale）		趋势（Returns to）	
	小学	初中	小学	初中	小学	初中	小学	初中
四川	1.000	1.000	1.000	1.000	1.000	1.000	—	—
贵州	1.000	1.000	1.000	1.000	1.000	1.000	—	—
云南	0.952	1.000	0.971	1.000	0.981	1.000	irs	—
西藏	1.000	1.000	1.000	1.000	1.000	1.000	—	—
甘肃	1.000	1.000	1.000	1.000	1.000	1.000	—	—
青海	0.858	0.807	0.871	0.807	0.984	1.000	irs	—
宁夏	0.903	0.921	0.922	0.923	0.980	0.997	irs	irs
新疆	1.000	0.914	1.000	0.987	1.000	0.926	—	irs
北京	1.000	1.000	1.000	1.000	0.963	1.000	irs	—
天津	0.971	1.000	0.973	1.000	0.998	1.000	irs	—
上海	1.000	1.000	1.000	1.000	1.000	1.000	—	—
江苏	0.975	0.976	0.983	1.000	0.992	0.976	drs	irs
广东	1.000	1.000	1.000	1.000	1.000	1.000	—	—
平均值	0.971	0.971	0.978	0.978	0.992	0.992	—	—

资料来源：DEAP 软件数据处理结果。

　　纯技术效率指在短期内不考虑规模因素的情况下,资源实际使用和利用的情况。若该值越高,即越接近 1,则说明资源的使用效率越高,越接近纯技术效率有效。从纯技术效率值分布来看,13 个省份纯技术效率值与综合效率值分布是一致的。欠发达地区青海、宁夏两地的纯技术效率较低,表明两地义务教育资源投入在不考虑规模因素情况下的使用效率不是很高,与其他地区存在明显差异。

　　规模效率指资源的投入与实际产出之间实现最优状态,即该效率值达到 1,则资源配置达到最佳状态。其中,在经济学中存在三种规模经济情况,包括规模报酬递增（IRS）、规模报酬不变（CRS）和规模报酬递减（DRS）。从表中得知,13 个省份的规模效率有效地区与综合效率、纯技术效率有效的地区一致。从 13 个省份的规模经济情况来看,一半地区处于规模报酬不变的状态,表明这些地区义务教育规模经济已达到最佳状态。青海、宁夏等欠发达地区处于规模报酬递增状态,表明若适当增加投入,其对效率的提升还有相当大的空间,当地义务教育会得到进一步的发展。

二、现存的义务教育资源配置问题及原因

义务教育事业发展最基层的实施者是当地政府,中央和省级政府对教育改革的措施更多的是起领导和引领的作用,因此,在义务教育资源配置改革的大热潮下,地区的教育资源配置还是存在许多问题。

1. 地方政府重视程度不够,改革推进机制不健全

部分地区的地方政府对于义务教育资源配置的认识不够清晰,对于促进教育均衡发展的目标不够明确,在教育经费的投入上还是着重加强地区重点学校的建设,将更多的教育资源投放到重点区域,一味追求教育水平的快速发展,与其他地区的重点学校盲目竞争,导致偏远乡村学生上学远、上学难、教学条件差的状况没有得到根本的改善。

2. 教育资金投入机制不合理,地区政府财政困难

教育资源是公共社会资源和市场经济资源的混合体,教育资源的投入不仅单单依靠政府的财政支出,也可以吸收社会各类资金对教育资源的投资,但是,在经济发展落后的地区,生产力和生产水平相对落后,难以吸引各类社会资金的入驻,即使省级政府对于地区教育财政支出实施倾斜政策,对于欠发达的乡村地区来说,也是"杯水车薪"。更何况,即使获得较多的教育资金投入,教育资产配置的不合理依旧使教育资金形成严重的浪费现象,并没有解决最根本、最迫切的问题。

3. 教育固定资产配置不科学,教育资金浪费严重

随着政府对经济落后地区实行更大力度的财政倾斜,使部分地区在教育资金上得到了较大的补充,但是,对于大部分地区来说,没有根据当地教育资源需求进行科学的预算,没有真正针对学校最缺乏的教育资源、最薄弱的教学环节进行科学的购置,在固定资产的购置上盲目地求新、求全,在校舍建设上盲目地模仿重点学校、兄弟学校。然而在固定资产的管

理上，又没有相应的专业管理人员来进行维护和管理，不仅造成价值不菲的固定资产闲置严重，形成严重的浪费，而且没有解决地区教育水平低下背后真正的原因。

4. 乡村教师资源流失严重，教师流动机制缺乏保障

农村教师流失与其工作条件、物质水平和职业发展空间紧密相连，目前所实行的政策推动优秀教师向农村流动，在一定程度上改善了农村师资力量的匮乏，使农村学校的教育水平也有了一定的提升，但是从微观来看，城镇优秀教师对于"下乡"的热情并不高，真正去农村进行交流学习的教师基数少且时间短，难以真正达到预期的效果；农村教师数量长期偏少，难以引进人才，难以留住人才的现象还是十分普遍。而对于定向师范生下乡，往往也是成熟一批；且在农村，教师结构十分不合理，教师老龄化现象严重，知识结构相对落后。

政策的保障机制对于现实情况来说，还是缺乏具体科学的可操作性，一味地鼓励城市教师向农村流动，但是缺乏保障性和明确性的政策规定以保障下乡教师自身的权益，也缺乏清晰具体的奖励机制真正达到鼓励教师的作用，更重要的是缺少对教师资源流失具体原因的分析，比如职业发展空间受限、物质条件匮乏、生活水平低下等，并针对这些原因进行改善。

第三节　实现教育资源均衡配置的对策建议

一、建立财政投入保障机制

1. 因地制宜合理分配教育经费

不同欠发达地区的教育质量落后，其背后的原因虽总体上相似，但也各有其不同之处，若一味地以统一标准进行教育经费投入，并进行统一的教育资源的增加，则难以达到理想的效果，还有可能造成教育资源的浪费，例如，有些学校的基础设施已经相对完善，但是由于地区经济落后、教师流动大、师资力量匮乏，那么首要的便是解决教师资源，进行相应的区域财政投入以保障教师生活。因此,在区域财政投入前,我们应首先进行需求测算,使如何让有限的教育资源在各级各类教育之间、各地区之间和各学校之间进行分配,以期投入的教育资源能够得到充分有效的使用。

2. 制定法律法规并完善监督机制

在进行财政投入的过程中,应当充分发挥中央和省级政府对义务教育投资的责任,并规范各级政府的投入责任,这样不仅能够缩小因地方经济差异较大而导致的财政投入差异,还能够使教育经费切实有效地运用在刀刃上。并且这些措施都应当制定相应的法律法规,规范化标准化,确保各项政策的顺利实施。根据各地差异进行相应的教育资源配置方式,但是无论采取何种形式的教育资源配置形式,都必须注重公平、效率和稳定。

二、健全固定资产投入机制

1. 加强学校对义务教育经费使用的管理

对于中小学的学校建设项目来说,尤其是在不同发展状况、不同人文背景的地区,固定资产的投入应该更加地因地制宜、科学规划。根据当地学生数量,经济发展实际情况以及社会需求来逐步完善学校硬件基础设施,增加固定资产,包括地面、围墙、校舍等工程。例如,政府在允许学校利用有限的土地资源来建设校舍时,应该根据实际情况只允许部分学校扩大面积,因为如果没有根据区域需求和未来的发展,盲目地对学校面积以及一些不必要的固定资产进行投入,那么就会导致建设资金的浪费。因此,政府应该科学布局,在进行教育财政投入时,建立固定资产投入的科学计算方式,得出对教学场所、教学设备的最优投入方案。

2. 建立固定资产管理问责制度

大多数农村地区在政策扶持下,不断完善了学校基础设施的建设,部分学校的各项教学教育设施在硬件配置上甚至超过部分经济较为发达、教育资源较为紧缺的学校,但是,由于部分教育教学设施需要专门的人员来进行管理,而经济落后地区往往在人力资源上难以跟进,会造成很多教育教学资源的闲置浪费,因此,各地政府应当对学校加以要求,以地区为单位,为学校提供专门的人员来进行教育教学资源的管理和维护,并建立标准化问责制度,减少教育资源的不合理浪费。

三、实行合理的人力资源调节机制

1. 建立合理的人才流动机制

教育资源除了固定资产投入的硬件设施建设以外,还包括师资力量的配备,农村及经济水平落后的乡镇地区,教师资源匮乏,既难以留住有经验的老教师,又无法吸引新的教师。自教育改革进入攻坚阶段以来,教育资源优化配置难以真正实现,也在于各个学校作为独立的利益主体,只追求自身利益的最大化,而没有站在一个全局的角度来对整个区域内的教学质量进行资源共享与合作。在这种情况下,政府要想在有限的教育财政投入下,实现区域内最大利益的教育质量提升,就要建立合理的人才流动机制,在既不改变各级各类学校硬件基础设施、不打乱教师人事编制和固定岗位的前提下,在同区域内实现教师的交流与合作。实行区域内互帮互助小组,鼓励重点学校的教师分批前往对口帮扶学校,并派农村学校的老师"进城",这样,既能够让农村学校的老师将重点学校先进的教学理念和科学的教学方法带回农村学校,又可以让城市重点学校的老师对农村学校的教育现状加以影响,使其教学方式更加科学,通过这种方式,也能够缓解教师闲置与师资短缺的矛盾。

2. 制定符合教师切身利益的奖励机制

在实行对口帮扶的过程中,政府应充分发挥其导向作用,制定固定的流动时间和人员安排。在安排的过程中要充分考虑教师的个人利益,对"下乡"帮扶的教师给予荣誉和利益的双向驱动奖励,并将奖励与利益系统化、模式化,与教师自身的发展考核评选密切挂钩,对帮扶农村地区的教师建立积分档案,并与各项考核提升机制挂钩,切实保护教师们参与教育改革的积极性,最终逐步提升区域内整体的教育软实力。

3. 缩小城乡教师薪资水平差异

要解决城乡学校师资水平差异,最关键的是要提高农村教师的工资水平待遇,保障农村教师的生活水平条件,并不断对其工作生活环境进行改善,对农村教师进行经济补贴,甚至可以使农村地区的教师工资水平高于城市地区,以此来吸引部分优质的老教师向农村地区学校转移,也能够吸引当地优质人才毕业返乡任教。

四、打造城乡义务教育资源联盟

1. 实现城乡义务教育资源的共享模式

解决稀缺资源的有效途径之一便是教育资源共享,在教育投入有限的情况下,即使政府有意将财政投入向落后地区倾斜,但是仍然难以弥补城乡义务教育资源的巨大差距,但信息社会的到来,网络技术支持资源进行共享,这在很大程度上能够使农村地区的学生通过网络技术接受更加优质的教育,根据网络数据调查显示,大部分的学生渴望能够与区域内教学质量较高、教学资源丰富的学校开展交流活动,也希望能够享受其优质的教学资源,比如图书馆、实验室、计算机教室等。因此,这需要当地政府对教育硬件设施共享在管理层面制定科学的规则,并利用现代网络技术,实现身份认证和共享资格。

2. 运用互联网技术来实现名师课程的传播

除硬件设施的共享外,还可以利用信息技术实现课程资源的共享,具体来说,便是名师优质课堂的录制与传播共享,政府可以帮助农村学校建立校园网络,提供硬件网络设施投入,采用计算机局域网技术,能够让学生进行相关课程的自由选择并下载学习。

五、制定吸引非政府机构投资义务教育的政策

随着教育对社会人才培养和经济发展的积极作用越发明显,民间资本对投资教育也变得热衷起来。就近期目标而言,投资教育能够解决企业在当地人力资源短缺的问题,就经济利益而言,作为一种风险较小、投资回报率较高的朝阳产业,投资教育也是实现企业资产保值、增值的合理手段,除此之外,投资教育也是企业上市融资、对接资本市场的良好题材,同时还是企业树立公益形象、提升自身声誉的理想选择。

1. 政府制定规范的投资政策

政府应当制定合理的招标计划和建立严格的管理机制来促进民营资产对教育的投资,明确民营义务学校的义务和责任,建立严格的监察管理制度,强化并完善监测评估体系,国家政府可以建立教育调查小组,对各地区义务教育发展的情况进行调查、评估和监督,并根据各地实际办学情况来完善各种切合实际的评价体系,尤其是对于民营企业学校,使其在收益提高的同时也能够切实地提高办学、教学水平,在缓解财政支出压力的同时,真正为当地学生提供更加优质平等的教育,使学生能够更加全面地提高自己。

2. 建立体系完善的追踪考核制度

政府应当发挥领导协调作用,促进民营学校与公办学校更加深入交流与合作,并建立公正的评价考核标准,对教育水平进行定期考核,鼓励和促进民营资产对教育投资的行为,并将监督与考核的结果作为学校考核与表彰奖励的基本依据。

3. 提供税收优惠和财政补贴

政府能够通过信用机制、贷款降息、税收优惠和财政补贴等方式来支持和鼓励社会组织、私人企业包括个人对教育进行投资。

第十二章 义务教育资源配置研究

——以云南省为例

受城乡二元结构的影响,我国城乡教育存在明显差距,实行城乡一元化体制改革,促进城乡义务教育均衡发展,在配置中城乡统筹是经常说的一个话题,教育资源的配置包括教育资源配置的主体、方式、效率等。本章所用资料来源于2006—2020年《中国教育统计年鉴》和2007—2020年《云南教育年鉴》,针对义务教育体制的管理进行数据分析。研究发现:分散型或欠发达地区义务教育投资体制缺乏对当地政府投资行为的有效制约(即政府对教育财务分配的比例),不利于保障欠发达地区义务教育的发展,从而增加了义务教育资源配置不均衡问题,拉大了阶段差距、区域差距和城乡差距。成长性均衡问题是横亘在城乡以及地区之间的重要指标,也存在区域、政府、学校、教育资源等的配合过程,云南省大部分地区在二元结构化义务教育资源配置向一元化发展的过程中,呈现城区义务教育需求不断上升、农村逐渐减少的趋势,一方面由于大量农民来城务工,子女在城里接受教育,另一方面由于经济政治文化等的发展,对于教育后续补充软实力的加强。像城乡、村镇学校之间教育教学质量、教育研究水平、教学资源存在较大差距,即办学条件不均衡、教师的队伍结构参差不齐,向国家的特岗教师、扶贫等项目的开发和跟进要引起重视,让更多的优质青年教师流入欠发达地区。因地制宜地协调本地资源,并把乡村振兴发展战略引入义务教育资源配置上是我们前进的方向,加快农村地区教育的可持续发展。

第一节　云南省义务教育网络节点资源配置优化模型、测算方法与实证研究

一、规模报酬不变 CCR 模型

具有非阿基米德无穷小量 ε 的规模报酬不变 CCR 模型：

$$
\begin{cases}
h_j = \dfrac{u^T y_i}{v^T x_j} = \dfrac{\displaystyle\sum_{r=1}^{s} u_r y_{rj}}{\displaystyle\sum_{i=1}^{mn} v_i x_{ij}}, j = 1,2,\cdots,n \\[4mm]
\min\left[\theta - \varepsilon\left(\displaystyle\sum_{j=1}^{m} s^- + \displaystyle\sum_{j=1}^{r} s^+\right)\right] = \nu_d(\varepsilon) \\[4mm]
s.t. \displaystyle\sum_{j=1}^{n} x_j \lambda_j + s^- = \theta x_0 \\[4mm]
\displaystyle\sum_{j=1}^{n} y_j \lambda_j - s^+ = y_0 \\[4mm]
\lambda_j \geqslant 0 \\[2mm]
s^- \geqslant 0, s^+ \geqslant 0
\end{cases}
\qquad (12-1)
$$

线性规划(P)和对偶规划(D)均存在可行解,所以都存在最优值。假设它们的最优值分别为 $h_{j_0}^*$ 与 θ^*,则有 $h_{j_0}^* = \theta^*$,若线性规划(P)的最优值 $h_j^* = 1$,则称决策单元 DMU_{j_0} 为弱数据包络分析法有效,若线性规划(P)的解中存在 $w^* > 0, \mu^* > 0$,并且最优值 $h_{j_0}^* = 1$,则称决策单元 DMU_{j_0} 为数据包络分析法有效;DMU_{j_0} 为弱数据包络分析法有效的充要条件是线性规划(D)的最优值 $\theta^* = 1$;DMU_{j_0} 为数据包络分析法有效的充要条件是线性规划(D)的最优值 $\theta^* = 1$,并且对于每个最优解 λ^*,都有 $s^{*+} = 0$,$s^{*-} = 0$。

二、K—均值法

本节运用 SPSS 19.0 软件聚类分析模块中的 K—均值法,根据纯技

术效率和规模效率的不同进行。松弛变量 s^+ 代表可以用来增加的产出量，s^- 代表可以减少的投入量。分别选取昆明市五华区、盘龙区、官渡区、西山区、东川区、呈贡区，以及云南省的晋宁县、富民县、宜良县、石林县、嵩明县、禄劝县、寻甸县、安宁县的义务教育期间专任教师数量、事业费（经费）支出数量、固定资产数量和毕业生数量 4 项指标，将投入产出指标值投入导向下的数据包络分析法，运用 DEAP Version2.1 软件计算出效率（见表 12-1）。

表 12-1 2006—2020 年云南省义务教育资源配置效率分析

DMU	技术效率	纯技术效率	规模效率
五华区	0	1	0
盘龙区	0	1	0
官渡区	0	0.767	0
西山区	0	0.872	0
东川区	0	0.948	0
呈贡区	0	0.981	0
晋宁县	0	0.774	0
富民县	0	0.824	0
宜良县	0	0.751	0
石林县	0	0.699	0
嵩明县	0	0.638	0
禄劝县	0	0.604	0
寻甸县	0	0.609	0
安宁县	0	0.605	0

1. 技术效率分析

Malmquist 指数是由马尔姆奎斯特（Malmquist）于 1953 年首次提出，卡福斯（Caves）提出基于投入的全要素生产率指数（用 tfpch 表示）可以用 Malmquist 指数来表示。采用的是基于非参 Malmquist 指数来进行资源配置效率的测度：

$$MI = \frac{D^{t+1}(x_0^{t+1}, y_0^{t+1})}{D^t(x_0^t, y_0^t)} \left[\frac{D^t(x_0^{t+1}, y_0^{t+1})}{D^{t+1}(x_0^{t+1}, y_0^{t+1})} \times \frac{D^t(x_0^t, y_0^t)}{D^{t+1}(x_0^t, y_0^t)} \right]^{\frac{1}{2}} \quad （12-2）$$

Malmquist 指数测量两个不同时期生产率的变化状况和综合效率,若 $MI > 1$,表示从 t 时期到 $t+1$ 时期生产率为正增长,若 $MI = 1$,则表示没变化,若 $MI < 1$,则为负增长;综合技术效率是对决策单元的资源配置能力、资源使用效率等方面的综合衡量与评价。数据包络分析法有效,即技术效率达到 1,是纯技术效率和规模效率都达到 1 的一种最优状态,从云南省的 14 个区县来看,并无区县技术效率是 1。可以看出,云南省义务教育的资源配置效率并不存在显著的差异,市区与县的义务教育投入产出资源配置效率差距不是很大,同时,一些相对落后县的义务教育技术效率是数据包络分析法有效,可见,对于义务教育还是很重视的。因此,相关部门在发展义务教育时要抛开对区域差距的认识,以公平为原则,合理配置义务教育资源,提高国民素质。

2. 纯技术效率分析

纯技术效率指在不考虑规模因素的条件下,义务教育资源配置效率情况,效率值越接近 1,说明越接近于前沿,意味着义务教育资源配置越接近纯技术效率有效。从表 12-1 可以看出,云南省义务教育资源配置纯技术效率在市区之间存在明显差异,昆明市五华区和盘龙区纯效率值为 1,处于前沿,官渡区、西山区、东川区、呈贡区,以及云南的晋宁县、富民县、宜良县、石林县、嵩明县、禄劝县、寻甸县、安宁县等 12 个区县纯效率值在 0.6—0.9 之间。从纯效率值分布来看,纯技术效率值与综合效率之分不一致。

3. 规模效率

规模效率可以说明决策单元的实际规模是否有效,反映义务教育资源在最大产出技术效率的生产边界上的投入量与最优规模下的投入量之比,规模效率值越接近 1 表示规模越优,可以由此衡量在投入到乡下的云南省义务教育资源是否处于最优规模。从云南省 2006—2020 年的数据测评结果来看,规模效率值为 0,可见趋势并不明显,这表示投入产出比例的增幅差距不大,需要进一步调整义务教育资源利用效率。

第二节　分析造成义务教育资源配置
不均衡的问题与原因

通过构建投入产出指标体系,结果表明,云南省市区义务教育资源普遍存在配置失效及不均衡的问题,其中低效率的市区大部分存在严重的固定资产投资、建筑面积使用等投入冗余现象,但基本不存在产出不足的情况,针对此,义务教育主管部门应密切关注云南省各地区的教育发展差异,特别是资源配置的效率问题,统筹兼顾,推动云南省义务教育资源的高效配置和义务教育事业的发展,接着我们用面板数据分析了云南省义务教育资源之间的关系。

一、受限因变量回归模型

运用数据包络分析法评价的云南省义务教育资源效值在 0—1 之间,存在取值范围的制约,属于被截断的数据,若用普通回归模型模拟,会引起参数估计值存在有偏和不一致的现象,所以受限因变量模型是最适合的工具。模型基本结构如下:

$$\begin{cases} Y_i^* = \beta X_i + \mu_i \\ Y_i = 0, 若 Y_i^* \leqslant 0 \\ Y_i = Y_i^*, 若 Y_i^* > 0 \end{cases} \quad (12-3)$$

其中, Y_i^* 为潜变量; Y_i 为是观察到的变量; X_i 为自变量; β 为模型回归系数; i 为时期; μ_i 为误差项。

回归结果及分析:对城乡教育资源配置效率值的影响因素运用 Stata 软件进行受限因变量模型回归分析,将被解释变量和解释变量的面板数据代入模型,得到回归结果。根据回归结果可知(见表 12-2),模型显著性为 0.0000,说明在整体上模型拟合得很好。分别在 1% 的置信水平下,共有五个变量显著。

表 12-2　回归结果

指标	模型 1	模型 2	模型 3
云南省义务教育资源效值	2.078 *** (0.071)	1.584 *** (0.075)	-1.004 *** (0.299)
毕业生数	-1.044 *** (0.156)	-1.009 *** (0.154)	-1.400 *** (0.324)
专任教师	1.006 *** (0.183)	0.729 *** (0.183)	-0.137 *** (0.871)
学校数量	0.325 *** (0.029)	0.236 *** (0.030)	-1.872 *** (0.620)
毛入学率	0.556 *** (0.181)	0.628 *** (0.179)	0.463 *** (0.148)
校舍建筑面积	-19.244 *** (0.715)	-5.558 *** (0.508)	-12.431 *** (0.964)

注:(1)括号内为稳健标准误;(2) ***、**、* 分别表示在 1%、5%、10%的水平上显著。

二、稳健性检验

对受限因变量模型自变量的原始数据进行标准化处理,由于模型是云南省的面板数据,通过实际研究,存在关联性,容易出现遗漏变量,这种影响取决于解释变量与保留变量之间的相关关系,因此在进行回归之前,对模型进行霍斯曼检验,观察该模型是随机效应模型还是固定效应模型,检验结果显示,统计量为 12.275,P 值为 0.036<0.05,即拒绝原假设,应当建立个体固定效应模型。

表 12-3　2014—2020 年基于云南省的投入
冗余与产出不足的改进策略

年份	总技术效率	规模与技术	规模效率	有效性
2014	0.886	1.000	0.788	有效、递减
2015	1.000	1.000	0.890	有效、不变
2016	1.000	1.000	0.886	有效、不变
2017	0.929	1.000	0.885	有效、递减

续表

年份	总技术效率	规模与技术	规模效率	有效性
2018	0.996	1.000	0.767	有效、递减
2019	1.000	1.000	0.774	有效、不变
2020	1.000	1.000	1.000	有效、不变

通过空间计量研究发现,云南省义务教育资源配置存在诸多显著的空间特征,空间依赖关系在不断加强、以昆明市为中心的高升学率学校的"辐射作用"显著等,这势必会造成人们对义务教育的偏见,重视义务教育阶段的父母将把孩子送到评价较高的学校,造成学区房教育溢价严重、教育机会不均等。空间溢价中主要表现为空间趋同或空间竞争性,具体为财政预算内的生均教育经费支出和效率估计。适当调整当前义务教育分层投资机制,针对国家政策对欠发达地区的补助,申请专项补助或加大义务教育财政转移支付力度,资源配置向不发达和偏远的市区倾斜,从宏观上调节资源利用空间,补齐义务教育短板。

建立云南省义务教育学校教师资源、设置资源、其他软硬件资源空间配置的运筹学优化决策支持模型,以合理地投入财政资金,根据城市辐射区域和农村面积、辐射区域人口结构与分布、适龄儿童数量、交通状况、家庭特点与结构状况,考虑未来的发展情况,以满足义务教育需求、缩小城乡差距和教育公平为目标,建立市直属中小学、乡镇中心校、乡村学校的教师资源、教学设备资源、物业资源等配备标准的优化测算方法,当然整体与局部也是教育效率中要处理好的一对关系,云南省的整体义务教育社会效益的提高有利于市县教育公平的健康发展,市县教育质量的提高离不开云南省的统筹协调,应在教育系统中处理好,有利于和谐共存发展。

第十三章　基于数据包络分析法的
西南地区义务教育资源
配置效率研究

　　义务教育是国民教育的基础,是培养人才的关键阶段,同时也是成长过程的基石阶段,对个人、对国家都有着重要意义。西南地区对义务教育的重视程度更应该引起关注,随着财政投入的快速增长,义务教育事业也在不断发展,但是由于资金在各个地区的分配不均衡、资金使用效率低等问题,教育资源配置效率不甚理想。为解决这一问题,我们构建投入导向的数据包络分析法,试图发现影响西南地区尤其是云南地区配置效率的因素,进而在现有的财政投入的基础之上尽力提高义务教育资源的利用效率,这是我们应当重视关注的核心问题。

第一节　数据包络分析法及指标的选取

一、数据包络分析法运用

　　本章运用规模报酬不变 CCR 模型、规模报酬可变的 BCC 模型。运用规模报酬不变 CCR 模型得出的综合技术效率(Technical Efficiency,TE)和规模报酬可变的 BCC 模型得出的纯技术效率(Pure Technical Efficiency,PTE)。分离出规模效率值(Scale Efficiency,SE),计算方法为 SE=TE/PTE。

　　在计算过程中,数据包络分析法使用了决策单元可以控制的投入和产出,而没有考虑其他一些决策单元不可控制的因素,比如外部的环境因素等,而这些因素很大程度上也会造成决策单元的差异。若要进一步分析影响西南地区义务教育资源配置的因素,则需要进一步的回归分析。

由于通过数据包络分析法,我们可以获取到各个地区的综合效率得分,所以第二阶段我们把综合效率得分作为因变量,各种不可控的因素作为自变量,进行回归分析。当使用效率得分作为回归模型的被解释变量时,就面临效率得分小于等于 0 或者大于 1 时的数据截取问题。在这种情况下,最小二乘法(OLS)的估计结果为有偏且不一致。为了避免这种误差,通常会采用受限因变量模型,也就是 Tobit 回归方法进行估计。

二、指标选取

在运用数据包络分析法评价我国农村地区义务教育资源投入效率时,需要首先确定各项投入及产出指标。数据包络分析法的投入指标 X 和产出指标 Y 需要满足以下关系:(1)X 能生产 Y,(2)Y 是由 X 生产出来的。从理论上讲,数据包络分析法中的投入和产出指标可以线性相加,且决策单元的数量不应少于投入和产出指标数量的乘积。

本章的研究对象为西南地区义务教育资源配置效率,所以我们选取了 2010—2020 年这 11 年中西南五省份的义务教育资源配置作为 55 个决策单元。为了研究得更为细致,本节将分别考察小学及初中阶段的义务教育资源配置情况。对于教育资源投入的研究,大多数学者从财力资源、人力资源、物力资源进行考虑。综合已有的研究文献,构建了表 13-1 的教育资源投入产出指标。

表 13-1　教育资源投入产出指标

一级指标	二级指标	指标含义
投入指标	人力投入	专任教师数
		高学历教师数
		高职称教师数
	物力投入	校舍面积
		图书册数
		计算机台数
	财力投入	生均经费投入

续表

一级指标	二级指标	指标含义
产出指标	直接产出	小学毕业生数
		初中毕业生数
	效果产出	小学升学率(%)
		初中升学率(%)

注:本章所采用的数据均来自《中国教育统计年鉴》(2011—2020年)、《中国教育经费统计年鉴》(2011—2020年),以及《中国统计年鉴》(2011—2020年)。

第二节 实证结果分析

一、各地区学前教育资源配置效率评价

将相应的指标数据导入 DEAP2.1 软件,以投入导向为主,规模报酬可变为基础计算 2011—2020 年各地区义务教育三个效率评价值的结果。其中,由规模报酬不变(CRS)CCR 模式下得到的综合技术效率值见表13-2,规模报酬可变(VRS)BCC 模式下得到的纯技术效率值和规模效率值分别见表 13-3 和表 13-4。

1. 综合技术效率

按照规模报酬不变 CCR 模型计算的技术和规模的综合技术效率,表示为最大产出下义务教育资源的最小要素投入的成本,可以用来衡量义务教育中是否存在投入要素的浪费。从表 13-2 可知,2011—2020 年,我国西南五省义务教育资源配置效率整体呈现下降趋势,2011 年的平均技术效率值都为 1.000,到 2018 年小学下降到 0.764,初中下降幅度相对较小。而且,在 10 年间技术和规模能同时实现有效的省份为 0。

表 13-2　2011—2020 年综合技术效率

地区	分类	2011 年	2012 年	2013 年	2014 年	2015 年	2016 年	2017 年	2018 年	2019 年	2020 年	均值
云南	小学	1.000	0.945	0.809	0.717	0.716	0.632	0.558	0.582	0.658	0.638	0.726
	初中	1.000	1.000	0.982	0.987	1.000	0.983	0.976	0.959	0.968	0.965	0.982

地区	分类	2011 年	2012 年	2013 年	2014 年	2015 年	2016 年	2017 年	2018 年	2019 年	2020 年	均值
贵州	小学	1.000	0.994	0.982	0.989	0.909	0.925	0.875	0.849	0.843	0.842	0.921
	初中	1.000	1.000	1.000	1.000	0.985	0.963	0.923	0.922	0.920	0.918	0.963
四川	小学	1.000	1.000	0.970	0.942	0.924	0.903	0.914	0.916	0.915	0.908	0.939
	初中	1.000	1.000	0.977	0.988	1.000	1.000	0.997	0.996	0.997	0.993	0.995
重庆	小学	1.000	0.881	0.777	0.759	0.734	0.711	0.686	0.665	0.662	0.659	0.753
	初中	1.000	1.000	0.985	0.988	1.000	0.991	0.991	0.991	0.992	0.994	0.993
西藏	小学	1.000	0.967	0.970	0.965	0.900	0.891	0.814	0.808	0.802	0.803	0.892
	初中	1.000	0.986	0.991	1.000	1.000	0.973	0.929	0.945	0.940	0.935	0.970
均值	小学	1.000	0.957	0.901	0.874	0.837	0.812	0.766	0.764	0.765	0.759	0.844
	初中	1.000	0.997	0.987	0.993	0.997	0.982	0.961	0.963	0.962	0.963	0.981

从地域上来看,五个省份在这 10 年间整体都存在不同程度的波动。其中,云南省在 2016—2020 年这三年间出现效率最低值,贵州省效率值最低值出现在 2017—2020 年,四川省最低值则出现在 2016 年,重庆市出现在 2017—2020 年,西藏自治区也出现在 2017—2020 年。通过对五个省份的对比发现,云南省的技术效率均值为五个省份中最低,贵州省、四川省、西藏自治区反而比较稳定。

从义务教育阶段上看,初中阶段的配置效率整体比小学高。尤其是云南省小学阶段的配置效率是五个省份中最低的,重庆市次之,四川省和西藏自治区是最高的。

2. 纯技术效率

可变规模报酬(VRS)下的纯技术效率值反映了决策单元在短期内规模一定条件下,以最小的要素投入得到最大产出的情况,纯技术效率值越大表示该决策单元投入要素的使用越有效率,纯技术效率为 1 表示在当前技术水平上,投入资源的使用效率达到最优。通过纯技术效率可以看出义务教育资源配置大多是由纯粹的技术无效造成的,该指标能反映相关制度运行的效率和管理水平。

从表13-3可以看出,2011—2020年,除了在2020年出现了一个起伏外,纯技术效率呈现出与综合技术效率相类似的逐年下降的变化趋势,这表明各地区的纯技术效率值存在不同程度的变化。

表13-3　2011—2020年纯技术效率

地区	分类	2011年	2012年	2013年	2014年	2015年	2016年	2017年	2018年	2019年	2020年	均值
云南	小学	1.000	0.980	0.971	0.974	0.959	0.978	0.703	1.000	0.985	0.964	0.951
	初中	1.000	1.000	0.987	0.989	1.000	0.985	1.000	1.000	1.000	1.000	0.996
贵州	小学	1.000	0.997	0.982	0.994	0.947	0.966	1.000	1.000	0.988	0.995	0.987
	初中	1.000	1.000	1.000	1.000	1.000	1.000	0.957	0.936	1.000	0.948	0.984
四川	小学	1.000	1.000	0.991	0.980	0.989	1.000	0.996	0.978	0.995	0.986	0.990
	初中	1.000	1.000	0.997	1.000	1.000	1.000	1.000	1.000	1.000	1.000	1.000
重庆	小学	1.000	0.981	0.999	0.976	0.943	0.929	0.943	1.000	0.956	0.983	0.971
	初中	1.000	1.000	1.000	0.998	1.000	1.000	1.000	0.993	0.998	1.000	0.999
西藏	小学	1.000	0.968	0.973	0.971	0.904	0.893	0.893	1.000	0.984	0.916	0.950
	初中	1.000	1.000	1.000	1.000	1.000	0.990	0.929	0.946	0.968	1.000	0.983
均值	小学	1.000	0.985	0.983	0.979	0.948	0.953	0.907	0.996	0.998	0.973	0.972
	初中	1.000	1.000	0.997	0.997	1.000	0.995	0.977	0.975	0.975	0.987	0.990

从五个省份我们可以看出,2011—2020年纯技术效率均值最高的是四川省,其他省份相差无几。其原因可能是区域间投入的不合理造成的,四川省人口较多,投入的人力、物力、财力必然很多。因此,各地区教育资源投入的不均衡是抑制义务教育资源配置效率及其发展的一个重要因素。

从义务教育阶段来看,初中阶段的纯技术效率仍旧比小学阶段高,多数年份纯技术效率都为1。相比较而言,云南省是比较低的,由此可以看出,云南省在西南五省份中的教育配置效率还是比较落后的。

3. 规模效率

规模效率可以说明决策单元的实际规模是否有效,反映教育资源在最大产出技术效率的生产边界上的投入量与最优规模下的投入量之比,规模效率值越接近 1 表示规模越优,可以由此衡量在投入导向下的农村义务教育资源是否处于最优规模。

从地域上我们可以看出,小学初中整体规模效率,四川的规模效率值最高,云南和重庆比较低(见表 13-4)。由此可知,综合技术效率低下的省份主要原因是各省份教育资源投入规模较少。因此,各省份只有加大投入才能缓解这一效率的劣势。

表 13-4 2011—2020 年规模效率

地区	分类	2011 年	2012 年	2013 年	2014 年	2015 年	2016 年	2017 年	2018 年	2019 年	2020 年	均值
云南	小学	1.000	0.965	0.833	0.736	0.746	0.646	0.793	0.582	0.684	0.864	0.785
	初中	1.000	1.000	0.995	0.998	1.000	0.998	0.976	0.959	0.954	0.997	0.988
贵州	小学	1.000	0.998	1.000	0.995	0.960	0.958	0.875	0.849	0.846	0.897	0.938
	初中	1.000	1.000	1.000	1.000	0.985	0.963	0.964	0.985	0.986	0.945	0.983
四川	小学	1.000	1.000	0.979	0.961	0.934	0.903	0.918	0.937	0.925	0.936	0.949
	初中	1.000	1.000	0.980	0.988	1.000	1.000	0.997	0.996	0.997	1.000	0.996
重庆	小学	1.000	0.898	0.778	0.778	0.779	0.765	0.727	0.665	0.789	0.782	0.796
	初中	1.000	1.000	0.985	0.990	1.000	0.991	0.991	0.999	0.998	0.992	0.995
西藏	小学	1.000	1.000	0.998	0.994	0.996	0.998	0.911	0.808	0.888	0.920	0.951
	初中	1.000	0.986	0.991	1.000	1.000	0.983	0.999	1.000	1.000	0.997	0.996
均值	小学	1.000	0.972	0.918	0.893	0.883	0.854	0.845	0.769	0.765	0.797	0.870
	初中	1.000	0.997	0.990	0.996	0.997	0.987	0.985	0.988	0.987	0.993	0.992

二、义务教育资源配置效率影响因素分析

为了深入探究影响学前教育资源配置效率的因素,我们以第一阶段数据包络分析法计算的三个效率值作为应变量,以选取的影响因素为自变量导入 Eviews 软件,并且设定选择受限因变量模型,得到的回归分析结果显示:对西南五个省份义务教育资源配置效率有显著影响的因素包括生均教育经费指数、地区经济发展水平、城镇化水平和办学规模。师资水平对教育资源利用效率并无显著影响,究其原因,是各地现阶段的发展

情况所决定的。

目前我国中小学师资发展极不平衡,城乡差距比较大。但值得注意的是,地区经济发展水平和学校办学规模对教育资源配置效率的影响是负相关的,可见,并不是地区经济发展水平越高,办学规模越大,其义务教育资源配置效率就越高。这也意味着,在增加教育投入的同时,更应注重对资源的合理利用,促进义务教育办学规模的标准化,使办学规模适度,更好地产生规模经济,从而提高资源的利用效率。

第三节 政策建议

一、对于义务教育资源配置的建议

1. 五个省份配置效率逐年下降,教育资源投入冗余

2011—2020年五个省份的义务教育资源配置效率呈现逐年下降的趋势,五个省份在2011年小学阶段和初中阶段的配置效率均为1,到2020年基本出现明显的下降趋势。这说明随着各方面条件的发展,对教育的投资力度加大以后,产出效果并没有相应的增加,教育投入渐渐冗余是每个省份的现状,云南省尤其明显。

2. 从地域分布看,省际差异明显

西南五省份在地理位置上是比较聚拢的,但是在义务教育资源配置效率上却有明显的差异。整体来看,四川省是效率最高的也是相对最稳定的,可以推断四川省在教育投入和产出方面是呈正比的,西藏次之。云南省是最低的,尤其是小学,从2011年到2020年下降了3个百分点,原因与云南省对小学教育的投入和政策有很大关系。从这个结果可以看出,像四川省这样人口多的省份和西藏自治区这种教育经济相对落后的地方配置效率反而高,由此云南省应该在教育资源的配置方面做到合理有效,及时调整配置策略。

3. 从义务教育阶段看,小学、初中差异明显

2011—2020年,小学阶段的配置效率整体都低于初中阶段,尤其是

云南省和重庆市,平均综合技术效率值小学比初中低2个百分点左右,义务教育的不平衡发展还是存在的。

二、对于云南省义务教育资源配置的建议

1. 要适当增加初中教育的经费投入

把对初中教育的支出放在重要的战略位置,合理地增加对初中教育的财政支出,合理地调整各项目投入资金的分配。按照地域的不同合理地分配资金,特别要加强对偏远地区的资金投入,实现地区之间的平衡,让每个地方的孩子都得到关注和温暖。

2. 明确政府责任,强化义务教育投入保障机制的建设

根据不同地区的教育资源配置,着重补助经济水平和教育水平低的地方,使教育公平更好地得以实现,使投资真正地惠及需要帮助的人身上。然而加大投入不是简简单单地增加经费的过程,其中我们更应该提高的是教育资源配置的效率,这才是关键所在。

3. 加强对义务教育的法治化建设

由于缺少明确法律责任的制度,使不论是政府部门还是其他相关部门在义务教育的资金投入和分配上缺乏明确的负责方,没有明确的责任划分。要解决这个问题,就应该从法律入手,做到有法可依,形成明确的条文规定,从根本上保障义务教育资源配置的规范化、法律化。

第十四章　空间滞后模型的我国义务教育资源配置效率实证研究

第一节　义务教育资源配置效率测度方法、数据与基本结果

一、义务教育资源配置效率测度和评价方法

本章采用的是基于非参 Malmquist 指数来进行资源配置效率的测度。把 Malmquist 指数分解为两部分：一是技术效率的变动，用 effch 表示；二是效率前沿面的移动，称为移动技术变化率，用 techch 表示，具体等式关系为：

$$MI = tfpch = effch \times techch \qquad (14-1)$$

Malmquist 指数测量两个差异时期生产率的变化情况和综合有效性，若 $MI>1$，表示从 t 时期到 $t+1$ 时期生产率为正增长，若 $MI=1$，则表示没有变化，若 $MI<1$，则为负增长。

二、义务教育资源配置效率测度数据来源与选取

本章选取我国 31 个省份作为决策单元，时间序列为 8 年（2013—2020 年）的数据资料，以此展开对义务教育资源配置的有效性推算。其数据来源于《中国教育统计年鉴》《中国教育经费统计年鉴》《中国人口统计年鉴》。

对我国义务教育资源配置效率进行测度，选取的投入指标主要包括人力、物力、财力，这三个方面首先能够满足模型所需的基本条件；再者能

够客观、充分地反映研究对象的基本要素;最关键的是考虑到其数据指标的可获得性以及重要性。对此,本书选取专任教师数作为人力指标,其专任教师数可反映出学校在师资方面的投入力度;从一个学校的固定资产总值和拥有计算机数可以看出学校在义务教育资源上的大体配置情况,因此选取固定资产总值和拥有计算机数作为物力指标,最后,选取教育经费支出作为衡量财力投入的指标,具有可说服性。产出指标包括小学在校生数、小学毕业生数、初中在校生数、初中毕业生数,这 4 个指标可以客观地说明义务教育资源配置的产出情况(见表 14-1)。

表 14-1　义务教育投入产出指标体系

目　　标	指　　标
投入指标	X1:专任教师数
	X2:教育经费支出
	X3:固定资产值
	X4:拥有计算机数
产出指标	Y1:小学在校生数
	Y2:小学毕业生数
	Y3:初中在校生数
	Y4:初中毕业生数

三、义务教育资源配置效率基本测度结果

应用 DEAP2.1 软件系统,对我国各省份 2013—2020 年义务教育资源投入以及产出的数据资料,展开义务教育资源配置有效性的深入度量与分析,得到我国各个地区的 TFPCH 指数及其分解结果,结果见表 14-2。

表 14-2　2013—2020 年我国 31 个省份义务教育资源
配置效率的 Malmquist 指数及其分解

地区	Malmquist 指数	技术效率变化指数	技术进步指数
北京	0.990	1.010	1.000

续表

地区	Malmquist 指数	技术效率变化指数	技术进步指数
天津	0.971	1.025	0.995
河北	0.986	1.048	1.034
山西	1.032	1.082	1.117
内蒙古	0.997	1.051	1.048
辽宁	0.980	1.087	1.065
吉林	0.995	1.092	1.086
黑龙江	1.006	1.105	1.112
上海	1.000	1.013	1.013
江苏	0.983	1.014	0.997
浙江	0.998	1.009	1.007
安徽	0.982	1.028	1.010
福建	0.970	1.025	0.994
江西	1.000	1.080	1.080
山东	0.976	1.020	0.996
河南	1.000	1.081	1.081
湖北	0.979	1.034	1.012
湖南	0.987	1.042	1.029
广东	0.999	1.012	1.011
广西	1.000	1.067	1.067
海南	0.982	1.034	1.015
重庆	0.989	1.06	1.048
四川	1.002	1.037	1.039
贵州	1.000	1.085	1.085
云南	0.997	1.057	1.053
西藏	1.000	1.031	1.032
陕西	0.984	1.031	1.014
甘肃	1.042	1.085	1.130
青海	0.991	1.024	1.015
宁夏	0.984	1.018	1.001
新疆	0.961	1.045	1.004
平均值	0.992	1.046	1.004

通过对我国31个省份开展义务教育资源配置有效性度量,得出31个省份整体的义务教育资源配置效率呈下降态势,只有少数省份义务教育资源配置效率呈上升态势。其中甘肃省的增长率最高为4.2%。另外,从各个省的技术效率以及技术变动指数来看,各省份均发生了技术进步并有不断提高的趋势,其中,天津市、福建省、江苏省和山东省在技术进步上还有待提高,也可以说明在义务教育资源配置中,技术进步是决定全要素生产率差异的关键因素。

第二节　义务教育资源配置效率空间自相关的检验

空间计量经济学中,应用空间分析软件(GeoDa)软件系统展开空间计量深入分析:一是检验空间关联性,即 Moran's I 指数值;空间自相关性检验;二是假设存在关联性,就建立空间权重矩阵,经由检验挑选最合适的分析模型;三是用选择好的模型来进行相关影响因素的实证分析。

一、空间自相关性 Moran's I

在空间计量经济学中,先判断变量之间的空间关联性,一般运用 Moran's I 指数展开全域空间关联性检验。Moran's I 指数是测量系数与其空间滞后变量之间的相关系数,集中反映了空间相关程度的大小。其表达式为:

$$Moran's I = \frac{\sum_{i=1}^{n} \sum_{j=1}^{n} W_{ij}(X_i - \bar{X})(X_j - \bar{X})}{S^2 \sum_{i=1}^{n} \sum_{j=1}^{n} W_{ij}} \qquad (14-2)$$

其中,n 为省份总数,$S^2 = \frac{1}{n} \sum_{i=1}^{n} (X_i - \bar{X})^2$;$\bar{X} = \frac{1}{n} \sum_{i=1}^{n} X_i$,$X_i$ 表示第 i 地区的观测系数;W_{ij} 为空间权值矩阵。

二、构建权重矩阵

界定空间权重,首先要对空间模块的位置展开量化,量化以"间距"为指标,间距的选定必须满足有意义、有限性和非负性。本节采用的距离是邻接距离和地理距离。

1. 邻接间距空间权重矩阵

邻接间距即空间模块相邻时,有共同的边界,赋予矩阵中的值为1;反之,两个空间模块不相邻,即为0。具体设定方法为:

$$W_{ij} = \begin{cases} 1, & \text{当区域 } i \text{ 和区域 } j \text{ 相邻} \\ 0, & \text{当区域 } i \text{ 和区域 } j \text{ 不相邻} \end{cases}$$

其中 $i = 1, 2, \cdots, n; j = 1, 2, \cdots, m$。

2. 地理间距空间权重矩阵

地理间距指按照空间地理位置坐标测算两个区域之间的欧氏间距。由于空间距离的设定不断富有争议,裴斯(Pace,1997)给出了有限间距的设定,以间距阈值设定分值(在阈值领域内视为1,在阈值领域外视为0)。

具体设定方法为: $W_{ij} = \begin{cases} 1, & \text{当区域 } i \text{ 和区域 } j \text{ 的距离} \leqslant d_{\text{max}i} \\ 0, & \text{当区域 } i \text{ 和区域 } j \text{ 的距离} > d_{\text{max}i} \end{cases}$

Moran's I 指数的数值在 [-1,1] 之间,小于 0 表示负相关,等于 0 表示不太相关,大于 0 表示正相关。越靠近 1,则代表空间分布的关联性越大;越靠近-1,表示空间分布的差异越大或分布越不集中。依据 Moran's I 指数对各年各省份作全局空间自相关检验,结果见表 14-3。

表 14-3 2014—2020 年中国 31 个省份义务教育
资源配置效率 Moran's I 指数值

变量 \ 年份	I	E(I)	sd(I)	z	p-value*
2014	-0.117	-0.033	0.120	-0.695	0.244
2015	0.036	-0.033	0.109	0.634	0.263
2016	0.208	-0.033	0.114	2.121	0.017

续表

变量 年份	I	E(I)	sd(I)	z	p-value*
2017	0.196	−0.033	0.105	2.191	0.014
2018	0.198	−0.033	0.119	1.946	0.026
2019	−0.190	−0.033	0.114	−1.379	0.084
2020	−0.054	−0.033	0.119	−0.176	0.430

注:*单侧检验(1-tail test)。

第三节 义务教育资源配置效率
影响因素实证分析

一、空间计量模型及数据选取

现阶段,空间计量模型中较多运用空间滞后模型(SLM)和空间误差模型(SEM),其中,空间滞后模型描述的是被解释变量之间的空间关联性,主要是讨论各个变量在一定省份能否带有分散效应(或外溢效应)。模型表达式为:

$$Y = \rho WY + X\beta + \varepsilon, \varepsilon \sim N(0, \sigma^2 I_n) \qquad (14-3)$$

其中,Y作为被解释变量;X作为$n \times k$维的外生解释变量矩阵;ρ作为空间回归系数,它充分反映了空间模块之间的关系,也就是相邻空间模块对本空间模块的影响程度;W作为$n \times n$维的空间权重矩阵,WY作为空间权值矩阵W的空间滞后因变量,其集中反映了空间间距对区域之间的相互作用;参数β反映了自变量对因变量的影响;ε作为随机误差向量。

空间误差模型把误差项定为空间自关联结构,省份与省份之间的相互关系经由其误差项的空间自关联关系表现,其模型表达式为:

$$Y = X\beta + \mu, \mu = \lambda W\mu + \varepsilon \qquad (14-4)$$

其中,λ作为空间误差自相关系数;μ作为回归误差模型的误差项;$W\mu$作为空间自相关项;ε作为随机扰动项。

义务教育资源在合理配置进程中,一般会受到当地政府产业政策因素、经济客观因素、社会客观因素和学校客观因素等的影响,其中影响义务教育资源配置的主要因素是政府政策措施、学校客观因素,其社会客观因素和经济环境因素也有一定程度的影响。基于以上分析,我们假设具有以下影响因素:

假设省域经济社会的稳步发展水平与义务教育资源配置效率的进一步提高具有正效应,选用各省份的人均 GDP($AvLev$)来测量。假设义务教育改革与义务教育资源配置效率提高具有正效应,选用各省份义务教育经费支出占 GDP 比重($ExRef$)来测量。假设义务教育政策与义务教育资源配置效率提高具有正效应,选用国家财政用于教育支出($FiPol$)来测量。假设城乡人口经济水平与义务教育资源配置效率提高具有正效应,选用农村人口收入占省域总人口收入的比例($LnLev$)来测量。假设人力资本存量与义务教育资源配置效率提高具有正效应,选用各省份人口自然增长率($RaCap$)来测量。假设师资力量水平与义务教育资源配置效率提高具有正效应,选用本科及以上学历教师数占专任教师数比例($TeStr$)来测量。假设义务教育规模与提高义务教育资源配置效率正相关,选用小初中在校学生数($StSca$)来测量。假设义务教育资源配置市场化与提高义务教育资源配置效率正相关,选用固定资产总值($AsMar$)来测量。

按照以上对我国义务教育资源配置效率有效性变动影响因素的深入分析,构建指标体系,创建以下计量分析模型。

$$Y_i = \beta_0 + \rho WY + \beta_1 AvLev + \beta_2 ExRef + \beta_3 FiPol + \beta_4 LnLev +$$
$$\beta_5 RaCap + \beta_6 TeStr + \beta_7 StSca + \beta_8 AsMar + \varepsilon_i \qquad (14-5)$$

其中,Y_i 代表 Malmquist 指数效率的变化率。也就是 Malmquist 指数值减去 1 的值(根据 Fare 等,Malmquist 指数减去 1,就是效率的变化率);β_i 为回归系数;i 为 $1,2,\cdots,31$ 个省份;ε_i 为随机误差项。

二、实证分析结果

在进行空间计量深入分析之前,首先进行空间模型的测验,即设定模型。把义务教育资源配置效率有效性的变动指数变化率作为因变量,把基于邻近和间距的空间权值矩阵作为权重来建立空间计量分析模型。因为事先不能依据已有经验判断在空间滞后模型和空间误差模型中是否存有空间依赖性,所以需要制定一种判断标准,为了确定哪种计量模型更加符合客观情况。按照安泽林(Anselin)和弗洛拉克丝(Florax)提出的准则,一般可通过拉格朗日乘数(Lagrange Multiplier)形式 LMERR、LMLAG 及其稳健的 R—LMERR、R—LMLAG 等形式来实现。假设在空间依赖性检验中发现 LMLAG 的统计量比 LMERR 明显,并且 R—LMLAG 的统计数值比 R—LMERR 明显,就选用空间滞后模型;相反,假设 LMERR 的统计数值比 LMLAG 明显,并且 R—LMERR 的统计数值比 R—MLAG 明显,就选用空间误差模型。那么,按照前面构建的模型(14-4)进行判断,在具体的实际空间计量模型选择上,LM—Lag 统计数值是明显的,而 LM—Error 统计数值是不明显的,因此本书选用空间误差模型(SLM)作下一步的深入分析,其模型检验结果见表 14-4。

表 14-4　2014—2020 年我国 31 个省份义务教育
资源配置空间模型检验结果

模型选择	Malmquist 指数变化率	技术效率变化率	技术进步率
LM lag	5.9024	6.9332	6.0033
robust LM lag	9.0095	2.5994	9.0851
LM error	2.1824	6.5903	2.3865
robust LM error	5.2896	2.2565	5.4683

依据表 14-4 中所得出的检验结果,通过构建空间滞后模型对参数展开估量。从表 14-5 的检验结果得出,义务教育资源配置有效性的空间效应通过了显著性检验,这充分说明随着社会环境的不断变化和不断进步以及"互联网+"的不断渗入义务教育教学活动当中,空间因素对我国义务教育资源配置的影响越来越大,通过互联网以及各种信息技术的连接与应用,区域之间的空间依赖程度越来越高。

表 14-5 2014—2020 年我国 31 个省份义务教育资源
配置空间面板数据计量模型的估计与检验

自变量	因变量					
	Malmquist 指数变化率		技术效率变化率		技术进步率	
	系数	Z 统计量	系数	Z 统计量	系数	Z 统计量
AvLev	0.5235	0.1276	−0.0734	0.0176**	0.5479	0.5837
ExRef	−0.0612	0.0815*	0.7865	0.4315	0.8291	0.0009***
FiPol	0.0532	0.0022***	−0.0397	0.2544	0.5266	0.0099***
LnLev	−0.0006	0.0577**	−0.0831	0.4945	0.8291	0.0006***
RaCap	0.1654	0.2438	−0.0850	0.0129**	0.0642	0.0390**
TeStr	0.6249	0.1041	−0.0194	0.0155**	−0.0567	0.1748
StSca	0.0346	0.3008	−0.0340	0.3011	−0.0281	0.9775
AsMar	0.9689	0.3325	−0.0709	0.5022	0.7062	0.4800
Sigma2	0.0001		0.0004		0.0003	
R^2	0.9905		0.6721		0.9620	
W^* dep. var	0.0000***		0.0543**		0.0000***	
Log-Likelihood	28.9251		26.4247		26.6078	
模型	SLM		SLM		SLM	

注:***、**、* 分别表示在 1%、5%、10%的水平上显著。

通过上述的空间计量深入分析,本书对我国义务教育资源配置有效性影响因素进行以下分析:

义务教育改革系数通过了 10%的显著性检验,说明义务教育改革措施对我国义务教育资源配置效率提高具有促进作用,其对技术进步的促进作用也十分明显。这一实证结果与上面的假设是完全一致的。国家一直在讨论是否实行十二年义务教育改革,通过增加教育投入,教育经费的支出来实现义务教育资源配置效率的提高。在这期间,四川省"民族地区"、云南省的迪庆州与怒江州于 2016 年相继实行了十二年义务教育,也从侧面说明了国家有对西南地区的部分地区州市进行相应的义务教育改革,进而提高我国义务教育资源的合理配置效率,不断加强各省份的空间依赖性。

义务教育政策系数通过了 1%的显著性检验,且系数值为 0.0532。这充分表明义务教育政策措施对推动义务教育资源合理配置效率进一步提高的作用比较明显。这一结果与上面所作的假设是完全一致的。我国的义务教育自 2006 年起对西南地区实行了"两免一补"义务教育政策;到 2008 年在西部地区率先建立了城乡统一的义务教育经费保障机制,并按比例投入义务教育经费,将义务教育全面纳入公共财政的保障范围;到 2015 年,"两免一补"政策达到全国普及。可见,国家为打造高质量义务教育作出了不懈的努力。通过政策使中央和地方多对其进行承担相应的义务,也就更愿意促进各个地方义务教育的发展。因此,在政策上,国家会更多地给予偏远地区义务教育资源配置方面的供应和支持,从而缩小西南地区与东部地区、东南地区等发达地区义务教育配置资源的差距,进一步提高义务教育资源配置的运用效率,在很大程度上对义务教育资源配置效率起到促进作用。省域经济发展水平、义务教育规模、义务教育资源配置市场化系数都没有通过显著性检验。这与我们前面所做的假设是不一致的,这说明各省份的人均 GDP、各省份人口自然增长率、本科及以上学历教师数占专任教师数的比例、小初中在校学生数以及固定资产总值这些影响因素与义务教育资源配置效率不存在对应关系。

人力资本存量、师资力量水平系数没有通过显著性检验,这解释其对义务教育资源合理配置效率进一步提高不太存有对应互动关系,但对技术效率的提高通过了 5%的显著性检验,与前面所做的假设,得到了局部验证。这解释了人力资本存量和师资力量水平的提升在一定空间领域内可以切实有效带动义务教育资源配置的有效性。大概是因为在衡量人力资本存量的指标选取上存在欠缺,无法充分反映一个省份的人力资本状况;师资力量水平上选取的指标是本科及以上学历教师数占专任教师数的比例,可能是因为在部分乡村地区以及少数民族地区投放的师资力量水平较低,不能够有效促进义务教育资源配置效率的提高,因而对于技术进步的促进作用表现得不够明显。

城乡人口经济水平系数通过了 5%的显著性检验,但系数值为-0.0006。

这解释了城乡人口经济发展水平对我国义务教育资源合理配置有效性的进一步提高没有达到预期的促进作用。这与前面所做的假设是不一致的。大概是因为部分地区城市与农村的人口数量构造分布、经济水平相差较大,经济水平较好的城市以及周边的县域城市之间存在较大区别。例如,西南地区有许多的少数民族地区以及经济较为落后的县域乡村地区,虽然在政策上,义务教育资源的投入强度较大,也有相应的精准扶贫措施,然而其对于促进义务教育资源配置有效性进一步提高的作用却没有得到充分发挥。而在重庆市、成都市、昆明市、贵阳市几个经济较好的城市,虽然在各个方面对义务教育资源配置有很好的支撑,但是在资源配置方式上,例如,师资上的分配方面、校园基础设施的配备等方面还存在资源冗余或资源浪费的现象。

在探究义务教育资源配置上有多种实证方法,无论哪种方法,其实证结果都可能会存在一定的误差。本章则在分析我国义务教育资源合理配置效率以及省域间的空间分布影响因素的基础上,选用2014—2020年各省份的面板数据资料,首先检验空间的自相关性,进而选用空间滞后模型对其影响因素展开实证分析,得出以下结论:

从空间计量经济学的视角,选用全局 Moran's I 指数,得出我国义务教育资源配置效率汇聚的省域分布普遍存在正相关的空间分布,而且省域之间的空间依赖性不断加深,省域之间的相互作用也在不断加强。与此同时还存在局部集聚现象以及省域之间的效率差异。

义务教育改革和义务教育政策措施这两个要素对义务教育资源配置效率的提升有明显的正效应;而人力资本存量、师资力量水平以及城乡人口经济水平没有达到预期的促进作用,其技术进步不显著;省域经济社会稳步发展总体水平、义务教育规模以及义务教育资源配置市场化等环境因素对于进一步提高义务教育资源配置效率没有产生什么影响。

第十五章 义务教育资源合理
优化布局研究

——以昆明市为例

第一节 昆明市义务教育发展现状

昆明市是云南省省会城市,地处云贵高原中部,总面积 21471 平方千米,下设 7 个市辖区、1 个县市区、三个自治县。截至 2020 年全市共有义务教育学校 959 所,其中小学 758 所、初级中学 201 所。近年来,在党和政府的高度重视和支持下,昆明市在义务教育均衡发展方面取得了明显的成就。

一、义务教育观念的转变

要实现义务教育的均衡发展。推广教育理念非常重要。近年来,随着昆明市经济文化的不断发展和人们生活水平的不断提高,人们的教育观念发生了很大的变化,越来越重视教育,将其视为公平竞争和晋升的平台,尤其在经济欠发达的地区,期盼寒门出贵子的家长不仅要送孩子去上学,而且还要让孩子接受优质的教育。

二、义务教育均衡发展政策

为了深入推进义务教育的均衡发展,云南省以国家政策为指引,并根据当地的实际情况制定了一些相关政策。为了推进义务教育的均衡发展,根据《国务院关于深入推进义务教育均衡发展的意见》,云南省人民政府于 2014—2017 年相继出台《云南省乡村教师支持计划(2015—2020

年)的通知》《云南省人民政府关于统筹推进县域城乡义务教育一体化改革发展的实施意见》等相关地方文件,进一步完善了云南省义务教育政策体系,并且明确提出了云南省的教育事业发展目标。明确指出到2020年,云南省要实现义务教育基本均衡发展,九年义务教育巩固率达到95%,强调在义务教育这条路上不让一个孩子落后,实现人人参与教育、人人享受教育发展的成果,进一步提高云南省的教育质量。

三、义务教育人力资源投入状况

近年来,昆明市专任教师人数呈逐年增长态势,本科以上学历的专任教师的占比达到60%,自2014年以来,中小学师生比稳步提升,师资力量不断提升。截至2020年,昆明市小学共有专任教师31775人,小学生师比为17∶1,初中共有专任教师18751人,初中生师比为12∶1(见表15-1)。

表 15-1 2015—2020 年昆明市中小学教师情况

指标	2015 年	2016 年	2017 年	2018 年	2019 年	2020 年
小学专任教师数	27161	27918	28480	29296	30287	31775
小学专任教师学历合格(%)	99.67	99.74	99.87	99.9	99.89	99.93
小学生师比	17∶1	17∶1	16∶1	16∶1	16∶1	17∶1
初中专任教师数	15891	16540	17167	17649	18002	18751
初中专任教师学历合格(%)	99.78	99.87	99.9	99.99	99.91	99.94
初中生师比	13∶1	12∶1	12∶1	12∶1	11∶1	12∶1

四、义务教育财力投入情况

教学条件不断改善,近年来云南省越来越重视教育的均衡发展,为改善教学条件,提出了许多措施并付诸以行动,主要表现在以下几个方面:

第一,教育经费投入得到相应的保障,2014—2020 年全市投入国家财政教育经费共 985.17 亿元;全市一般公共预算教育经费共 838.38 亿元,占一般公共预算支出的 15.41%。从这些数据可以看出昆明市在义务教育阶段的投入力度较大(见图 15-1)。

（单位：亿元）

图 15-1　2014—2020 年昆明市教育投入资金

另外,为了顺利推进《云南省欠发达退出实施方案》。中央和省级下达义务教育经费保障资金 92.34 亿元,继续实施农村义务教育阶段中小学生"两免一补"政策和"校舍维修改造长效机制";下发 35.55 亿元,推进义务教育学校标准化建设,安排中央和省级营养改造计划资金 35.42 亿元,为昆明市农村地区的义务教育中小学提供营养计划,这些都是保障义务教育经费的有效途径。

五、物力资源投入情况

办学条件不断改善。通过调查研究,发现昆明市在很多方面取得了很大的成就,2020 年昆明市普通小学校舍建筑面积 416.14 万平方米;初中校舍建筑面积 272.06 万平方米,比上年增加 3.96 万平方米。自 2014 年云南省贯彻落实"全面改薄"项目计划,五年来农村义务教育农村学校校舍、操场、学校宿舍、食堂等不断改善,基本满足日常需要,逐渐消除大班额现象,做到县城小学班不超过 45 人、初中班级不超过 50 人、小学辍学率控制在 0.6%以下、初中辍学率控制在 1.8%以下。昆明市的义务教育均衡不断提升(见表 15-2)。

表 15-2　2020 年昆明市中小学设备达标率

年级	体育馆(%)	体育器械(%)	音乐器材(%)	美术器材(%)	理科实验器材
小学	83.64	96.31	95.91	96.44	95.66
初中	84.08	90.55	91.54	91.04	90.05

六、中小学生数

截至 2020 年,昆明市全市义务教育阶段共招生 170125 人;在校生 747189 人,专任教师 50526 人;九年义务教育巩固率 97.86%(见表 15-3)。

表 15-3　2015—2020 年昆明市中、小学在校生、招生升学率情况

指标 ＼ 年份	2015	2016	2017	2018	2019	2020
小学在校生数	484379	485598	485690	497971	513029	524322
小学招生人数	82977	82473	84648	92298	94031	94488
初中在校生数	216919	215049	217167	220926	222818	222867
初中招生人数	71747	73142	76316	74348	74592	75637
初中毕业生升学率(%)	96.8	97.02	99.41	98.02	98.36	98.5

第二节　昆明市义务教育资源配置的效率评价

一、数据包络分析法与模型

本章利用数据包络分析法中的规模报酬可变 BBC 模型,从总体技术效率(TE)、纯技术效率(PTE)和规模效率(SE)三个方面对昆明市的中小学资源配置效率进行评价和分析。

二、指标的选取

本章进行的昆明市义务教育资源配置的研究,综合考虑 2010—2020 年的数据,从投入与产出的角度进行分析,希望能发现昆明市义务教育资源配置中存在的不足,进而制定相应的改进措施,提高义务教育资源配置的均衡性和有效性。

在选取指标时,参考了相似文献,在遵守数据包络分析法评价理论的基础上,在选取投入指标时主要从人力、物力、财力三个层面选定评价指标,人力方面主要对师资力量进行评价,财力方面主要对教育经费进行评价,物力方面主要从办学条件进行评价。其中投入指标均为昆明市 2010—2020 年小学和初中的合计数,见表 15-4。

表 15-4　数据包络分析法指标体系

一级指标	二级指标	指标含义
投入指标	人力投入	专任教师数(人)(X1)
		教师学历及格率(%)(X2)
		生师比(%)(X3)
	物力投入	校舍面积(万平方千米)(X4)
		设施配备学校达标比例(%)(X5)
	财力投入	教育经费(X6)
产出指标	直接产出	在校生数(人)(Y1)
		毕业生升学率(%)(Y2)
	效果产出	文盲率(%)(Y3)

注:本章指标所采取的数据为 2010—2020 年昆明市中小学的合计值。

三、评价过程和结果分析

本章运用了数据包络分析法经典模型进行实证分析,运用 DEAP 2.1 软件将十年的投入产出指标按产出指标在前、投入指标在后排序,做成 Excel 表格作为数据导入,进行分析计算结果见表 15-5。通过对表 15-5

中的数据分析,可以看出这4年的纯技术效率数据总技术效率都为1,说明昆明市的义务教育资源配置的总体利用情况较好。同时也说明本章选取的目标对昆明市资源配置的影响确实存在。

表 15-5　2015—2020 年昆明市义务教育资源
配置 CCR 和 BBC 计算结果

序号	年份	总技术效率	相对有效性	纯技术效率	规模效率性	规模有效性
1	2015	1	数据包络分析法有效	1	1	规模适当
2	2016	1	数据包络分析法有效	1	1	规模适当
3	2017	1	数据包络分析法有效	1	1	规模适当
4	2018	1	数据包络分析法有效	1	1	规模适当
5	2019	1	数据包络分析法有效	1	1	规模适当
6	2020	1	数据包络分析法有效	1	1	规模适当

而纯技术效率则能够反映决策单元投入的资源规模是否合理,而要想用最小的投入实现最大的产出,就必须实现规模最优。规模效率可以分为三种情况:规模报酬递减(DRS)、规模保持不变(CRS)、规模报酬递增(IRS)。总技术效率、纯技术效率和规模技术效率。

从表 15-5 看昆明市义务教育,从年份上来说是有效的,但是考虑到地区间和城乡间学校的差异,我们将选取有代表性的 20 所学校进行分类分析,其中小学 10 所、初中 10 所,分布于昆明市的市区、县区和三个自治县。在 20 所小学中有 11 所学校数据包络分析法有效,有效率约为 55%,但仍然有 45% 的学校是数据包络分析法无效,其中规模递增 9 所,说明仍然存在教育资源投入不足的情况,如果继续投入资源仍然能带来正面效应,而且这些学校多集中于县区及少数民族自治县,说明城乡义务教育资源分配在农村地区仍然需要改进。

四、昆明市义务教育的影响因素分析

通过数据包络分析法进行效率评价分析,发现昆明市的义务教育资源分配总体来说是有效的,但是存在地区间资源分布不均匀的问题,为了进一步研究各个因素对义务教育指标影响的程度,我们将利用受限因变量模型对其进行回归分析,进一步提出假设,以下假设均为资源尚未达到饱和,所以不考虑边际效率递减的情况。

假设1:经济越发达的地区义务教育资源利用率越高

假设2:城镇化越高,义务教育资源利用率越高

假设3:人口越少,义务教育资源利用率越高

假设4:教育经费越高,义务教育资源利用率越高

假设5:专任教师比重越大,义务教育资源利用率越高

本章认为,在以上假设都成立的情况下,昆明市中小学教育的投入产出效率会更加有效。

本章选取以下指标进行回归分析:

P1:经济发展水平——昆明市人均GDP

P2:城镇化水平——昆明市城镇化水平

P3:人口——昆明市人口密度

P4:教育经费水平——昆明市公共财政投入

P5:专任教师比重——中小学专任教师数占总数的比重

构建受限因变量回归模型如下,其中 y^* 代表通过数据包络分析法计算出来的第 i 年昆明市义务教育资源配置的纯技术效率。

$$y^* = b_1 P_1 + b_2 P_2 + b_3 P_3 + b_4 P_4 + C \qquad (15\text{-}1)$$

$$y_i = \begin{cases} y_i^*, a_i < y_i^* < b_i \\ a_i, y_i^* \leqslant a_i \\ b_i, y_i^* \geqslant b_i \end{cases} \qquad (15\text{-}2)$$

将数据通过计量经济学软件包 Eviews 10.0 软件导入到受限因变量模型,见表15-6。

表 15-6　2015—2020 年昆明市义务教育资源
配置受限因变量模型回归结果

指标	模型一		模型二		模型三	
	系数	P 值	系数	P 值	系数	P 值
P1 人均 GDP	2.57E-06	0.0001	2.44E-06	0.0001	2.56E-06	0.0000
P2 城镇化水平	-0.034	0.2091				
P3 人口密度	-2.755	0.0031	-2.581	0.0003	-2.6388	0.0002
P4 公共财政投入	0.054	0.0235	0.0612	0.0147	0.0664	0.0183
P4 教师占比	-0.0458	0.0453	-0.0497	0.0356		
常数项	1.00007	0.0000	1.102367	0.0000	1.20643	0.0000

根据回归结果我们可以看到,在逐步排除了城镇化水平和教师占比以后,地区经济发展水平和财政投入均在5%水平上显著。人均 GDP 直接反映了一个地区的经济发展水平,系数为正说明地区经济发展水平的提高能带来教育资源利用率的提高,一般来说经济发达的地区,政府管理水平也相对较为成熟,也更能吸引住人才,这也能解释为什么昆明市区学校的数据包络分析法是有效的,市区的学校是很多师范院校人才的首要选择,这些因素导致了教育资源的高效运用。

人口密度显著降低了教育经费效率,这说明昆明的教育经费支出不具有规模效应,昆明市的城区人口密度达到 12851.4 人/平方千米,而富民县仅为 7000.9 人/平方千米,人口密度越大所带来的大班额现象就越突出,而城镇化在昆明市对教育资源的利用却没有显著的变化,说明教育的资源或者说财政支出在昆明市区和农村并没有出现严重倾斜,出现农村少而城市多的情况,相反,近年来国家还对云南省农村地区义务教育进行专项拨款,以改善农村地区的义务教育资源利用情况。

教育经费指数对教育资源配置有显著的正影响,从第一部分可以看出,昆明市政府对教育经费的投入不断提高,昆明市的教育事业也不断取得成绩,再加上教育事业不是一蹴而就的,需要大量地进行投入才能获得持久的回报,只有保证资金的投入才能保证教育事业硬件和软件的有效利用,从第一部分来看,昆明市对学校体育设备、音乐设备,计算机设备方面都进行了改进,但在城乡人口快速流动的背景下,存在农村义务教育学校资源使用不充分而城镇教育资源不足的情况;而师资水平对义务教育资源配置无显著影响,昆明市的生师比为 12∶1 高于全国的生师比。

第三节　昆明市义务教育资源配置存在的问题

通过上一部分的实证分析发现,昆明市的义务教育资源分配总体来说是有效率的,但仍然存在明显的区域差异,结合第一部分和受限因变量模型检验的结果来看存在以下一些问题。

一、昆明市中小学教育资源存在浪费现象

从昆明市中小学在校生数量和专任教师数量上来看,呈稳步上涨的趋势,这主要是"二胎"政策的影响,使 2014—2020 年近 7 年义务教育阶段在校生人数较之前有一定幅度的增加,同样受此因素的影响,近年来昆明市义务教育阶段的专任教师数、生师比呈现同样的趋势,在未来的发展上也呈现出良好的势头。由于近年来总技术率、技术效率和规模效率均为有效,说明持续增长的专任教师资源所发挥的作用并不是很明显,而从受限因变量模型检验的结果来看,专任教师数量的增加对于义务教育资源的配置无显著影响,究其原因和近年来城乡人口流动加速有很大的关系,"择校"热是全国性的问题,腾讯教育频道公布的调查数据显示,包括北京市、上海市、广州市、昆明市在内的全国 35 个大中城市,近 4 成公众认为中小学择校热非常严重。具体到昆明市,约有 40% 的受访者认为"择校"现象比较严重,30% 认为非常严重。农村的专任教师数量不断增加,2020 年云南省面向社会招聘 4.5 万名特岗教师,但却面临学生人数减少的情况,所以很大程度上有教师资源结余现象,义务教育阶段中小学教师资源在很大程度上属于浪费。

二、教育经费投入结构有待优化

从受限因变量模型检验结果来看,教育经费的支出直接关系到一个

地区教育水平的发展。昆明市各区经济发展存在一定的不均衡,而受政策因素影响,各地区教育投入也有差异,配置水平高低不一。昆明市义务教育预算内教育经费是逐年稳步增加的。与此同时,地方的财政收入和财政支出也在增加,但云南省财政性教育经费占 GDP 的比例在 2012—2020 年均未超过 10%但早已超过 4%,但就教育发展水平选取的指标来看,昆明市相对于全国平均仍然较为落后。而从统计数据来看(见图15-2),昆明市的 GDP 和人均收入是不断上升的,经济实力逐渐强大,对义务教育的投入也足够多,但为什么教育水平仍然较低,这和制度的管理、财力方面投入的合理配置有很大关系,财力投入方面仍然可以优化。

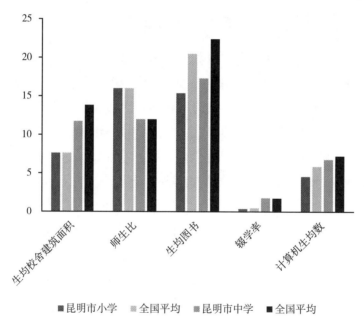

图 15-2　2020 年昆明市义务教育发展指标

三、学校设备优化配置

结合第一部分和实证的结果来看,昆明市政府在义务教育学校设备方面一直在做改进,但一方面学校过于追求硬件上的改进,而忽略了配套软件的跟进,特别是农村地区,体育场、音乐设备虽然已经达标,但出现无专任老师教学,使设备无法被合理使用,教育资源没有得到有效配置,另一方面由于随着经济的发展,城乡人口流动更加频繁,特别是在初中阶段城市地区的优质中学也成为周边农村地区学生的选择,造成了农村地区中学生源流失、设备使用率不足和城镇地区资源紧张的不平衡现象。

四、城乡差距仍然突出

从第三部分的实证统计结果来看,数据包络分析法无效的地区大部分集中在昆明市周边的乡镇、少数民族聚居的地区,说明这些地区在教育资源需求上仍然有较大的缺口。

第四节 应对策略分析

一、人力资源方面的改进

1. 师资共享

教师资源直接关系到教学质量和结果,昆明市的师生比是高于国家标准的,说明教师数量并不短缺,但从 Tobit 的结果看教师数量的增加对教育资源的利用并无显著影响,因此,在优化昆明市义务教育资源配置的过程中,首先应该解决教师的质量和配置问题。

从第一部分可以看出,目前昆明市的义务教育工作主要还是由公立学校来承担,同时现阶段教师编制是事业单位编制,人事制度的管理在一定程度上影响了教师的流动性,现阶段受政策的约束,不能大幅度增加教师编制,而事业编制的性质,也决定了教师这个行业很难推行优胜劣汰的竞争机制,农村地区因为经济欠发达难以吸引优秀人才报考,教学生活条件差教师流失率较高,所以,优化教育资源分配的最好方法就是实现师资共享。

考虑到师资力量的重要性和现实因素,在改善地区师资力量不均衡的过程中,不能单纯增加教师数量。而是考虑共享现有的优秀的师资力量和教学经验,对于同一地区城乡之间,实现区域之间教育资源更加均衡的分配,达到整体教育质量的提升,考虑到昆明市教师事业编制的情况可以对同一区域内的师资进行统计,再实现共享,具体措施为:

第一,在信息化大数据时代,充分运用计算机进行信息管理,具体可以对不同地区同一学科进行评估,据人口分配规律重点对师资力量相对匮乏的学校进行帮扶,针对这类相对弱势的学校可以让其他区域的优秀教师进行轮岗任教,将更好的教育资源带到资源相对薄弱的地区实现师资共享,这样不仅可以提高区域内整体的教学质量,也可以带动相关学科的发展。同时也应该增加相应的激励机制,鼓励优秀有经验的教师到周边资源相对薄弱的农村地区轮岗。

第二,不能局限于优秀教师在不同学校之间的岗位流动,还要实现优秀管理者间的流动,能够将好的管理理念带到管理制度相对薄弱的学校,学校应该有意识地培养优秀管理者到农村学校去,从管理层面帮助这些学校提高教学质量。

2. 师资流动

为了优化昆明市义务教育的人力资源配置,仅仅依靠教师的共享是不够的,在建立师资共享的机制下,还应健全相应的师资流动机制。从这个角度出发,加强对农村地区优秀师资力量的投入,以期缩小地区间的差异。

从第二部分的实证结果来看,数据包络分析法从总体年份上是有效的,但是分区域来看区域间仍然有差距,说明昆明市各地区间教育资源仍然存在资源配置不足的情况,针对周边农村地区教育资源相对落后,而昆明市主城区教育资源相对优质,这时候就需要主城区对周边地区进行教育扶贫,将优秀的教师、优质的教学资源和先进的教学理念带到这些地区,提高昆明市义务教育的质量,实现资源的配置均衡。

师资的流动,不可避免地涉及城镇到乡村进行帮扶的教师,所以在考虑帮扶的教师时不仅要考虑教师的个人能力还应充分考虑教师的个人情况,如是否婚配、是否有幼年的孩子需要照顾。可以鼓励优秀的年轻教师和愿意参加帮扶活动的老教师,这样才能开展长期稳定的支教活动,支教的模式也是多种多样的,可以采用远程网络教学,如利用腾讯课堂为农村学校录制课程,定期分享教学讲义、考试试卷,也可以定期为乡村学校举办讲座,针对乡村学校集中出现的问题,具体问题具体分析,逐个解决。

师资流动是双向的,要鼓励优秀的师资力量向农村流动,而农村的教师也可以定期到城区进行交流学习,将先进的教学方法和教学资源带回农村,改善农村地区中小学的义务教育。而选派的城区的教师也要经过挑选,必须有丰富的教学经验和强大的学习能力,能够灵活变通,且在条件允许的情况下,进行交流学习的时间最好以一个学期为周期,以便实现更好的交流效果。

二、财力方面的改进

1. 加强教育投入的法制建设,建立经费效绩考核体系

教育作为公共产品,具有非竞争性和非排他性的特点,所以市场无法准确地反映人们的需求,导致市场不能进行有效的资源配置,所以应该保障云南省教育经费投入的长效机制确定下来。制定明确的惩戒措施,增加昆明市地方政府在经费投入上的透明度,完善经费投入各阶段的问责机制,加强公众对教育投入效果的监督,尤其是各级政府应该把公共教育财政支出放在重要的位置。只有在法律法规和考核指标的硬性约束下才能逐步优化昆明市公共教育投入路径。

2. 优化公共教育投入结构,合理分配公共教育经费绩效

一方面,当前昆明市的义务教育硬件设施已大幅度改进,设备达标率不断上升,但离全国平均仍然有距离,并且存在硬件设施上去了,软件却跟不上的问题,因此,建议未来要考虑加大公共教育投入的比例,调整教育经费保障的重点,改善义务教育阶段教师的工资,改善农村地区教师生活质量。另一方面,受政策的影响,昆明市学龄儿童的数量不断上涨,单一地使用以往4%的标准是不够的,因此,各级的生均经费标准既要符合实际情况又要满足当前居民对义务教育的要求。通过综合的测算来替代云南省政府自上而下的统一标准,以此合理地配

置教育资源。

三、物力方面的改进

各级的财政支出在稳定上涨,但实际上更多的支出是用来改善学习教学的基础设施和教学环境。昆明市政府在近年来为了响应国家号召,也加大了对欠发达地区校舍的建设。但在实际过程中,很多欠发达地区的常住人口持续进城打工,虽然有留守儿童,但学龄儿童是在减少的,所以很多欠发达地区的校舍利用率是不足的,很多新校区校舍的使用年限其实不长,生源无法满足建校要求,撤点并校时常存在,造成很大程度的资源浪费,因此,政府必须出台相关政策,制定合理化的校舍分配制度,通过实地调研,具体问题具体分析,不能一刀切,避免浪费。

四、学校布局调整

义务教育学校布局的调整是非常复杂的问题,就教育的视角来看,学校规模和距离应该成为调整的重要参考指标,但从教育质量为上的角度来说,地方文化、社会经济、历史条件也应该成为重要的参考因素,云南省多山地、坝区较少、少数民族较多、地区间经济发展不平衡,具体到区县地区情况则更为复杂,所以要避免一刀切的盲目调整,在追求效率时也应该实行公平。

1. 就近入学应该成为首要原则

无论是家长为了使孩子获得更好的教育资源而选择教育质量更好的学校还是社会为了追求规模效益而进行的学校撤点并校,就近入学仍然应该成为学校布局调整的首要原则,以便学生特别是小学学生就近入学,以免增加家庭负担,同时也保障了学生的身心健康,减少农村小学的辍学率。

2. 设立特色学校

随着社会的发展,人们对教育的需求不断增加,对教育质量的要求不断提高,政府在设立学校时再单纯地以行政区来进行设立已无法满足人们对教育越来越多的需求,在综合考虑社会效益和人民需求时可以考虑建立部分特色学校,以培养更多多方面发展的人才,特别是昆明市作为云南省省会城市在经济发展水平上远超其他地区,教师资源也更加优质,可以在经济条件相对落后的区县设立特色学校,一方面可以满足该地区的教育发展需要,另一方面也可以带动该地区的经济发展水平。

第十六章　国内基础教育资源配置案例和经验借鉴

第一节　国内基础教育配置案例

一、北京市推动基础教育发展的措施

1. 实行城乡一致的生均公费标准

2001 年,北京市教育、财政局重新修订《北京市普通教育事业公用经费定额标准》,对满足教学需要的正常运行经费做了明文的规定,不再区分城镇、农村标准,实行统一的公用经费标准。为解决农村"支付能力"不足的实际,市级财政还专门设立农村义务教育专项资金,规定每年至少投入 1 亿元重点支持农村中小学布局调整、改善办学条件、消除危房、信息化建设等项目,为"城乡统一标准办学"提供了资金支持和制度保证。事实证明,这项标准自实行以来,已经明显缩小了北京城乡之间、区域之间的预算内生均公用经费支出差距。

2. 市政府承担农民工子女教育责任

2002 年,北京市就发布了《北京市对流动人口中适龄儿童少年实施义务教育的暂行办法》,回应中央"两为主"原则(2001 年)确定流入政府责任,是最早响应中央政策的城市。在落实过程中,北京市政府仅承担有限责任,将责任划分到区县、乡镇,在当地随迁子女义务教育阶段就学政策实施过程中具有一定的自主性,在市政府及其教育行政部门相关政策的指导下,各区(县)政府与教育部门自行制定适用于本区(县)的随迁子女就学政策实施细则,即自主执行政策模式。《北京市教育委员会关于

2019 年义务教育阶段入学工作的意见》中明确说明允许个别区(县)根据实际情况实施义务教育阶段入学细则。[①]

二、上海市推进基础教育均衡发展的举措

为了推动教育的优质均衡发展,实现区域教育整体性的现代化已成为上海市各级政府、教育行政部门、学校的关注焦点,上海市政府通过实施多项重大工程,有效缩小了城乡间、区域间、学校间的办学差距。

1. 加强郊区师资队伍建设,提升队伍素质

上海市先实施了基础教育对口交流合作,在上海市教委牵头下,上海市崇明、奉贤、松江等 9 个郊区县与黄浦、徐汇、长宁、静安等 9 个中心城区签订协议加强师资队伍建设、教育教学、学校管理、信息化等多方面开展合作,发挥中心城区优质教育资源的辐射作用。选派中心城区优秀教师到郊区农村学校支教,还将郊区有潜力教师派到市区跟岗培训和挂职锻炼,帮助提升郊区师资队伍建设。[②] 上海市教委对优秀高校毕业生到农村学校任教实施了一定的鼓励政策。

2. 实施项目工程建设,改善学校办学条件

上海市通过实施一系列的建设工程,逐步改善基础教育阶段院校的办学条件、办学水平,使一些原来相对薄弱的学校变成社会公认、人民认可的特色学校。[③] 在建设工程实施过程中,上海市政府向郊区学校和农村中小学有所侧重,重点为郊区学校更新设备,加强农村学校设施信息化建设,实现基本满足学校开展现代化教育教学活动的需要,并在信息化设备的支撑下,达到优质网络课程、案例的分享,提升农村中小学教师的培训和进修,提高农村中小学教师的教学水平和学校整体教育质量。

---

① 《北京市教育委员会关于 2019 年义务教育阶段入学工作的意见》,中国政府网,http://www.gov.cn/xinwen/2019-04/01/content_5378818.htm。

② 蒋洁蕾、李爱铭:《上海促进基础教育均衡化发展模式分析——兼论"政府、学校、社会"三者关系》,《基础教育》2015 年第 4 期。

③ 尹后庆:《上海基础教育转型发展的责任担当与现实使命》,《教育发展研究》2011 年第 18 期。

3. 免除义务教育学生学杂费,缩小教育差距

关于免除义务阶段学生学杂费方面,上海市着重从三个方面落实。首先,承接 20 世纪 90 年代的帮困助学制度,从 2005 年秋季起,对义务教育公办学校的低收入家庭学生实施"两免一补"(免杂费、课本费、补助寄宿生活费)政策。其次,从 2005 年起,对在特殊教育学校义务教育阶段的残障学生免除学杂费、课外教育活动费。最后,从 2006 年起,上海市从春季学期开学起就免除郊区义务教育阶段公办学校学生的学杂费,是农村学生比中心城区学生提早享有免费政策,同年秋季学期又免除了中心城区公办学校学生的学杂费。[①]

4. 加大教育投入力度,扶持弱势群体教育

上海市各区(县)政府不断根据新的拨款调整年度教育经费预算,建立义务教育阶段学校学生最低公用经费拨款标准,并随发展需要不断调整。上海市的生均公共经费标准也在不断提高,同时上海市教委在教育费附加中每年向农村和经济困难地区倾斜,保障郊区及农村义务教育阶段的教育经费投入。在对农民工子女义务教育上,上海市坚持属地管理和全日制公办学校就读为主的原则,始终保证外来务工人员子女受教育权利,在入团入队、评优奖励、免除学杂费、"两免一补"等方面与上海市学生同等待遇。

三、成都市推进"城乡教育一体化"

城乡教育一体化[②],作为义务教育均衡发展的理想境界,作为一种新的教育公平理念,已经获得政府和社会各界的认同,并引起了广泛关注和高度重视。

1. 打破身份限制,共享教育资源

成都市在教育上推进的"城乡一体化"首先需要破除身份的二元分割制度,使农村人口子女和城镇居民一起共享城市教育资源。2004

---

① 沈燕:《上海基础教育均衡发展对策研究》,上海交通大学 2008 年硕士学位论文。

② 杨卫安、邬志辉:《城乡教育一体化:范围、实质与研究路径》,《湖南师范大学教育科学学报》2013 年第 4 期。

年,成都市正式出台《关于统筹城乡经济社会发展用工业推进城乡一体化的意见》,全面推行一元化户籍管理制度,逐步对全市户籍人口取消农业和非农业户口性质的划分,统一为"居民户口"。到2007年,成都市全面建立城乡统一的户籍登记管理制度,实行城乡户口一元化登记管理。

2. 实施多项工程,完善教育设施

成都市通过实施"八大工程"推进基础教育均衡发展:斥20亿元巨资实施农村中小学标准建设工程;农村中小学现代远程教育工程,共享优质教育资源;农民教育与培训工程,引导农民致富,促进农民变市民;教育强镇工程,实行镇域内教育和经济社会良性互动;帮困助学工程,以实现教育公平;农村教师素质提升工程,促进农村学校办学水平提高;城乡学校对接,百万学生手拉手,增强城乡教育互动融合;试点推进"免费义务教育"工程。[1]

3. 积极落实政策,强化监督导向

成都市各级政府把推动城乡教育一体化作为重要职责进行落实,强化督导监测,把各县(市、区)及乡镇促进城乡一体化作为专项督查的重点,构建了校际均衡、县域均衡、城乡均衡的城乡教育一体化监测标准体系,建立了包括义务教育校际均衡监测、县(市、区)教育现代化监测、城乡一体化发展监测、学生学业质量监测在内的动态监测机制,还建立了全市县(市、区)教育投入情况监测和公告制度,加强社会监督,并将督导评估结果作为评价当地城乡统筹和教育工作的重要指标,纳入考核当地党委政府领导干部的重要内容。[2] 市级政府设立"城乡一体化贡献奖",鼓励各县(区、市)结合实际大胆探索城乡义务教育均衡发展的途径和机制,将县域内城乡义务教育均衡发展提升到市域层面,通过组建城乡学校共同体、名校教育集团、委托管理、对口帮扶等形式构建城乡教育互动发展联盟,利用城市优质学校的优质教育资源辐射、带动功能促进农村学校

---

① 吕信伟:《城乡教育一体化的成都模式:六个一体化——成都统筹城乡教育综合改革试验区建设研究》,高等教育出版社2014年版,第7页。

② 邬志辉:《城乡教育一体化:问题形态与制度突破》,《教育研究》2012年第8期。

的发展。①

四、深圳市出台相关政策扶持教育

深圳作为经济发达城市,也是广东省第一个教育强市。但是深圳市义务教育的办学条件和办学水平在区域之间、校际、公办学校与民办学校之间存在不平衡,民办学校管理需继续进一步规范和提高。为此,深圳市政府出台了一系列政策推进义务教育均衡发展。

1. 推进学校的规范化建设

颁布实施《深圳市义务教育规范化学校配置标准(试行)》和《深圳义务教育学校布局规划》,强调规划部门要会同教育、国土房产部门,研究编制学校布局专项规划,对全市义务教育发展统筹考虑,留足义务教育发展和学校布局调整用地。规定新建学校务必落实规范化配置。办学条件和管理水平未达到规范化标准的学校,必须制订限期改造计划。

2. 建立教育经费均衡分配

要求各级财政进一步加大教育投入,确保年度预算内教育投入增长高于财政经常性收入的增长幅度和同期物价上涨幅度。实施全市统一的《深圳市义务教育学校设施配置标准》和《深圳市义务教育公办学校生均拨款标准》,按照标准按时足额拨付经费,规定教育事业费附加用于义务教育的比例不低于60%。

3. 实施帮扶工程统筹师资

深圳市公办学校一律按在校生数和全市统一的编制标准核定教师编制和配置专业技术岗位,建立在岗教师轮岗交流和对口帮扶制度、优秀校长对口帮带制度。《深圳市义务教育学校结对帮扶实施办法》规定,按照省级学校和非省级相对薄弱学校结对帮扶,教研部门学科帮扶、人才交流帮扶等形式。

4. 教育资源共享强化监督

要求深圳市各区安排专项经费用于特区创建。初期兴建的一批低标

---

① 王建:《城乡一体化义务教育发展战略和机制——基于苏州和成都的实践模式研究》,《教育研究》2016 年第 6 期。

准学校改造和扩建,深圳市财政予以适当补贴;规定各区教育资源服务器必须接入市教育城域网,统一使用教育域名和 IP 地址。加大各类教育信息资源整合力度,积极开发网络教学资源,实现教学优质资源共享。同时推进义务教育均衡发展问责制。市监察、督导部门按照《深圳市义务教育均衡发展督导方法》的要求,对各区政府、市政府有关部门和各级义务教育学校履行职责情况,进行监察、督导,并向社会公布结果。

第二节　国内基础教育配置经验借鉴

一、完善教育法律法规,保障教育资源合理配置

从国家层面需确保每年对教育的支出,扩大教育投入是落实教育均衡的关键,也是国家提供教育质量的必要手段。要实现我国基础教育资源的优化、合理配置,完善关于教育的各项立法,从法律角度保障教育资源得到更合理的配置。

1. 教育资源方面

教育资源的均衡配置是实现教育均衡发展的前提。而建立分工明确的教育管理制度及与此相匹配的教育成本分担机制是保障教育资源得到均衡配置的前提。教育资源合理配置需要国家出台相关的法律法规予以支持。首先,就省份分配教育资源而言,国家可以出台相关的法律法规,确保中西部地区经济发展较弱的省份可获得较多的教育资源,保障少数民族地区能有较好的条件发展教育,通过教育资源的倾向性配置,发展中西部欠发达地区的教育。其次,省内教育资源配置。教育资源分配到省级单位时,各单位应该结合自身实际情况在省内资源配置上能多考虑偏远地方的教育。同时结合教育区域的划分,在区域内向弱势学校发放相关的补贴,通过法律政策的规定帮扶教育发展较弱地区和学校。教育财政在教育发展过程中发挥着重要的作用,因此国家层面也可出台相关的政策和法律保证政府对义务教育经费方面的投入,促进教育资源在财政方面的均衡配置。而且还可以通过一系列法律法规促进偏远地区的教育

发展、促进农村学校的发展,使教育资源得到合理配置。

2. 保障教师方面

教师在教育发展过程中是不可或缺的因素,在教师待遇上也应有相关的法律政策保护教师利益。首先,国家要从全局观念上保障教师权利、义务。确定教师的身份,吸引优质生源,同时确保教师的法律地位和社会地位,从法律角度确认教师的工资待遇,特别是保障城乡教师待遇一致,甚至倾向性地维护欠发达地区①、教育资源较差地区的教师权益,从法律政策上保障教师待遇和地位。其次,为改善经济发展不平衡带来的教育不平衡现象,国家也可以从法律法规角度引导教师定期地交流与流动,进一步在法律支撑的角度下,实现教师资源的配置均衡。在各种教育政策的落实中,确保教师各方面的利益。最后,确保教师质量。从国家层面出台关于教师资格获取的相关法律法规,严格教师准入制度,切实保障教师质量。从法律制度层面严格建立完善的教师学习、培训、考核、再继续教育的制度,从整体上提升教师队伍的专业水平。

3. 受教育主体方面

人的形成是多样化的,在教育过程中,我们也要正视受教育群体的多样化。因此,在受教育主体的层面,需要国家出台相关的法律法规保障适龄儿童、弱势群体的受教育权利。要重视对残疾儿童的特殊教育,确保适龄的儿童、弱势群体能在国家政策的支持下进行学习知识。国家层面可以出台关于建设特殊教育学校的政策文件,引导省级、市级、县级等单位设立特殊教育学校,完善教育体系的同时,减少适龄儿童、弱势儿童非不可抗力不能按时就读的情况,保障每一个孩子都能在国家的支持下获得教育机会。

4. 教育监测方面

教育的公平不仅要注重起点的公平、过程的公平,还要注重教育结果的公平。关于公平的界定就需要在已经制定的公平政策标准的基础上,实行教育监测。② 教育监测需要关注到教育体制中学校结构和教育内容

---

① 郭玉洁:《德国教师地位高的背后》,《继续教育研究》2008 年第 6 期。
② 孙进、张蒙蕊:《德国基础教育教材管理:编写·审定·选用》,《外国教育研究》2020 年第 8 期。

方面的目标要求,也应该关注到具体的学校工作进程和课程建站,并根据事先确定好的、在学习过程结束时应达到的"国家教育标准"来评定教学效果。教育监测的目的是找出问题及其原因,以便采取合适的措施加以改进。教育监测体系要具有较强的概括性和适用性,要有利于掌握长期教育发展趋势以了解国家层面的教育;确保各省教育能达到国家标准,同时能在教育监测下出具关于教育发展报告,力图向社会说明教育的发展状况。教育监测总策略的实施能定期对学生、学校间的差距进行监测和分析,并根据监测的结果制定下一步方案政策,同时又有助于我国教育的国际化发展,提高国内各省份教育的可比性,促进教育的均衡发展。

二、进行教育区域划分,实施教育资源配置均衡化

我国经济发展过程中,东中西三个区域、省与省之间也有差别,教育也是这样,呈现出发展不平衡的特点,因此,在教育发展过程中要对教育区域进行相应划分,实现教育上基于区域间的不均衡发展对不同区域采取不同的教育策略。根据各省份经济发展情况和人口的实际情况,切实做到合理、科学地规划学校布局,尽可能地保障学生得到均等的入学机会。

1. 合理规划教育区域

每个省份必须通过制定学校的未来规划来确定当前与未来一段时间对学校的需求及网点所在。而这部分的内容要结合上述中所讲的相关教育法律法规来明确规定。地方政府(市区/县级政府)作为公立学校的承办者有责任在自己的区域内保障提供均衡的学校布局,让学生能更好地入学,保证学生的入学条件。合理规划学校布局也意味着在此过程中要结合义务教育阶段学生年龄特点考虑普通义务教育阶段学生是否能就近入学,学生住所和学校的实际距离是多少。面对行动障碍者,政府可以为他们提供交通车、一定的交通补贴,尽可能保证不同社会阶层之间、城乡之间、一般孩子和行动不便孩子之间的教育公平。

2. 教育资源均衡配置

建立分工明确而合理的教育管理制度及与此相匹配的教育成本分担

机制又是保证教育资源得到均衡配置的前提。为了实现我国区域内教育均衡发展的目标,有必要由省级政府统一配置区域内的教育资源(学校建设经费、办学经费、教师等),推进区域内学校办学条件、教师质量水平的标准化建设。在国家层面制度的引导下,给予各省级单位一定的教育自主权,能根据自身情况更好地开展教育。省级政府和地方政府对教育的工作也相当明确,统一负责全省教师的职前培训和职后再教育,保障教师质量。地方政府负责建立维护校舍,而地方政府也会从省级政府得到相应的经费支持。对不同的学校,资源配置也要均衡,就我国而言,我国义务教育阶段的学校大致有经济发达地区和经济不发达地区之分,这时候不能因某些学校教学质量有所差距而区别对待。在教育资源配置过程中,要更多地向这些院校倾斜,帮助其更好地发展教育。

3. 资源因地制宜有侧重

我国经济发展过程中存在东中西部地区不平衡现象,但是在教育资源分配过程中要做到"经济不发达地区教育资源也充裕"的状态。就我国现有的情况,在加大教育投入和实行义务教育的同时,要有针对性地扶助弱势群体,在残障儿童和进城务工子女、少数民族和欠发达地区的教育,无论是经费上、师资上、物资上都要有所侧重,切实解决欠发达地区在发展教育上的难题和困难。可根据不同地区所面临的具体困难提出具体的帮扶方案和策略,如针对交通不便、孩子难以就近入学地区,考虑完善校车制度或者实行学生在校住宿制度,务必保证学生不因不可抗力因素辍学。

三、优化教师队伍建设,维护教师合法权利权益

1. 统一教师教育教学标准,保障教师质量

教师质量是学校质量的重要组成部分。因此,要尽可能统一全国各地教师教育的要求,保证各地教师教育质量的一致性,进而促进教育均衡。国家教育部门应该出台相关教师教育标准,确认教师培养过程中专业见习、专业学习、继续教育和培训的统一标准,为全国各地教师教育提供统一的参照,有助于促进教师教育质量的均衡化。同时,也要考虑到不

同群体的差异性,在教师培育上也要关注到教师的教育诊断能力。教师通过培训和教育提高了教育诊断能力,才能更好地应对异质性学生群体的挑战,争取做到针对不同学生提供个性化的促进和帮助方案。这样有利于规避教师对社会低收入家庭子女造成的教育不公平问题。教师资格的认定上也要严格标准,政府层面应努力重新确认教育师资的重要性,并且提高他们的资格,使教师储备人才在经过考核后拥有较高的学术水平和较强的职业技能水平。我国在教师资格的认证上可以实行严格而规范的国家统一考试,提高教师的入职门槛。对师范院校的师范生进行教学知识传授的同时,加强教学技能的训练;针对非师范生教育理论知识比较薄弱、缺乏相应教师职业素养的特点,各地教育行政部门可以联合当地的师范院校对有意向报考教师的非师范生进行为期一年或者几个月的教师教育培训,同时规定培训考试合格才有资格进入下一轮的教师资格考核,只有提高入职门槛,进行全面考察,才能真正检验出学生的从教水平,进一步确认进入教育领域的教师质量,提高教师队伍的整体素质。[1]

2. 提升师范院校办学层次,确保教师学历

目前我国教师的学历层次在不断地提升,基础教育学校招收硕博毕业生的现象层出不穷,但是就整体而言,义务教育阶段的教育师资人员的总体学历仍然偏低,特别是一些偏远山区的教师,在专业上缺乏针对性,在学历上缺乏标准性,仍存在大部分需要提升学历的教师。尽管在北京市、上海市、广州市等经济发达的城市,也有研究生学历的重点师范大学或综合性大学的毕业生到基础教育学校任教,但是对于其他中西部地区的学校而言,这样相对优质的教师来源是非常少的,欠发达地区或农村地区没有这样的情况产生。因此,在我国教师资源的储备和教师学历的提升上,中西部地区的地方师范院校也应该努力加强自身发展实力,为我国教师学历提升共享自有的独特力量,积极为欠发达地区、中西部地区非省会城市培养更高学历、更为合格的教师,同时也培养出一批具备高素质、

---

① 刘慧芳、丛英姿:《国外部分发达国家中小学教师资格认定制度及启示》,《当代教育科学》2009年第8期。

高学历的精英教师。

3. 注重教师职后继续教育，提升教师能力

教师是一门长期性的职业，对义务教育阶段的受教育者而言，教师是其认识世界的引路人，在其成长过程中有着重要的作用。而对教育者自身而言，教育是其倾注一生的事业，所以在教师入职后，也要注重教师的培训，使教师在学习中不断提升自己的职业技能和教学教育水平，加强自身的专业性。政府部门在这个过程中要承担对在职教师的培训和进修工作，给予培训的一系列支持，保障培训过程中的一些开支，使我国对教师职后培训成为体系化、常规化的工作，进而加强一线教师学习和培训的机会。在教师职后培训的过程中，注重培训时间的安排、培训内容的选取、培训方式的多样化，从多个角度、多个层面更好地贯彻落实进修和教学知识更新。针对欠发达地区、农村地区的教师职后培训，国家应该提供一定的补贴，保障教师能按时按量的地参加培训。加强教师所在学校的学习资源，也可以结合教育区域化的特点，将教师学习资源区域化，加强区域内教师的职后培训和学习，引导教师强化自身的专业知识，同时能紧跟时代的形势发展不断更新自身的教育观念和知识结构，利用较为科学、先进的教学方法不断探索学生的学习，使教师在教育上越发专业，能力上具有不可替代性，为我国教育更好的发展奠定基础。

4. 实行教师交流互换制度，促进师资流通

教师流动制度一定程度上保证了教育的公平发展，使学校之间教育水平均衡发展，我国教师队伍的建设可以采用流动制度的方式，具体来说包括三个方面，首先，从国家层面进行制定和实施相关的教育法律规定。在教育改革的进程中，要重视法制建设，通过教育法律的有效推动来保障整个国家的教育事业发展。其次，在进行相关政策制定之前，要对相关偏远地区进行细致调查，充分了解各地区和各学校的情况，详细了解这些落后地区在办学中遇到的直接现实困难，做到具体问题具体分析，保证资源利用的有效性，同时也能够使地方政府在进行流动方案设计时有据可依。最后，在大的法律框架下还要完善相应的具体法规，为教师队伍的合理流动作出详细规定，使基础教育师资的建设有法可依，有法可循。教师的流

动需要有相应的保障措施。教师既有精神的追求,也有物质生活的需要,缺少必要的保障措施是教师无法有序流动的重要原因,因此,要真正实现教师的合理流动,就必须提高偏远地区教师的物质待遇,为欠发达地区的教师提供一定的补贴,并使教师的晋升途径不受影响。

对　策　篇

第十七章　促进我国义务教育资源均衡配置的建议

第一节　明确各级政府在义务教育资源配置中的责任

一、强化政府作为义务教育经费投入的责任

教育只能而且必须由政府全职负责。近年来随着社会的发展和经济转型升级,越来越多的主体进入义务教育的领域,面向社会提供教育服务。这就使一些政府转变了原来思想,淡化自己在教育领域应该承担的责任,拒绝向社会提供应该具备的教育条件。义务教育作为一种非营利的公共权力,面向社会的公共产品,政府作为义务教育利益的分配者,必须承担起相应的责任,而不是推给社会的主体。所以要做到义务教育资源的合理配置,必须要提高政府的责任意识,从向社会收取各项费用来维持和开展义务教育转变为依靠政府的财政收入来发展义务教育,而且必须意识到义务教育不是政府的一种负担,而是面向社会的职责,为了全社会人民的幸福而建设的一项伟大事业。

二、完善各级政府对于义务教育经费分担的标准

我国义务教育实行的是在国务院领导下,由"地方政府负责、分级管理、以县为主"的管理体制,在这一体制中涉及多个政府主体的关系,有中央和地方的,也有地方不同级别政府之间的关系,所以需要明确中央和各级政府的责任。需要进一步完善不同级别的政府在义务教育中的经费

分担机制。对于义务教育经费的责任来说,应该向上转移,从中央到地方政府逐步建立完整的机制,同时就县域主管教育经费的权限来说,应该进一步明确县级以上政府的责任,提供相应的财力支持,县级所在的省级政府也是教育经费的主要承担者。据了解,对于一些义务教育比较发达的国家来说,中央政府对于教育经费的投入非常重视,例如澳大利亚、法国、英国等义务教育经费总投入的比重占总财政支出约为 20%—80%,而韩国、意大利、荷兰等国义务教育投入中超过 80% 的资金来源于中央政府,有的甚至完全由中央政府进行拨款。相较于这些国家,我国对教育经费的投入比例是较低的,所以中央政府应该加大义务教育经费的投入,不能将教育经费的压力过多地放在县级政府上,这对消除区域之间教育资源配置不均衡将起到关键性的作用。同时就教育经费配置时要因地制宜,考虑各地区的实际情况,必要时可以向教育资源特别短缺的地区实施一定的经费和资源的倾斜,尽可能地缩小地区的差距,达到相对的教育公平。再者,为了促进教育资源配置政府责任的法制化,还要落实监督和问责的机制,对于各个地区教育经费的投入情况进行实时的监督,一旦发现有违法情况马上启动问责机制,第一时间解决问题,营造公平教育环境。

三、建立教育资源补偿机制

政府促进教育公平最重要的途径就是教育资源的合理配置。对于教育资源的配置主要通过政府以政策或文件的形式进行分配,虽然政府的一些举措在尽力地减少义务教育资源配置的差距,但是这只是对农村义务教育开展的基本保障,并没有从根本上改变地域间义务教育资源配置不均衡的状况,仅仅是缩小了一点,整体来看还是呈现两极化的倾向。所以要改变这种现状就需要政府从政策和文件上进行调整,建立教育资源补偿机制。

教育补偿即政府和非政府组织为保障弱势群体的基本教育权利而设计的教育补救制度和采取的各种教育补救行为的总称。教育补偿是政府应尽的责任,而不是向弱势学校推出的福利政策。教育资源配置的不均衡显示了政府职责的缺位,对于这些地区的学生来说没有享受到相对应的教育资源。所以政府作为公共利益的保障主体,作为教育政策和实施的主导者,建立行之有效的教育补偿机制就是政府应尽的责任。建立教育补偿机制首先需要明确教育补偿的责任主体及其承担的责任范围和内容,并以法律制度形式予以明确,其次,要建立保障弱势群体利益的教育补偿实现机制、保障机制、监督机制等。

第二节　实现义务教育经费投入的公平与均衡

义务教育资源的均衡配置离不开教育经费投入的有力支持,而义务教育经费投入总量、义务教育经费投入总量占 GDP 比重、财政性义务教育经费占 GDP 比重等指标也常被用作衡量义务教育经费充足性的关键指标。与义务教育的需求相比,当前的义务教育经费投入并不能够充分满足义务教育优质均衡发展的实际需求。

一、为教育经费的投入提供法制保障

教育改革一直以规划或文件的形式来实行,这种力度远远没有法律规范来得切实有效。建议出台明确教育经费标准的法律规范,颁布法律条规来明确教育经费、生均经费、校际经费的标准,做到公平公正、有法可依。

二、充分发挥国家拨款的作用

义务教育作为一项利国利民的公益事业,是国之根本、民生大计,应该由政府来进行维护和实现长久发展,所以提供财政拨款是必要的。但是教育资源配置的均衡才是整体提升教学质量的有效措施,政府要承担起保障教育资源公平的责任。首先,政府要加大对教育资金的投入,这是实现教育资源均衡的前提,同时也是缩小城乡差距的保障。政府针对性地给予义务教育财政经费支持,在财政政策与经费投入力度上,应该更加向薄弱地区倾斜。对于当地政府来说可以考虑本地的实际情况,如本地

的消费水平、收入等来动态地调整生均经费的支出,对于一些学杂费的收取也要有合理的规划,尽量减免薄弱学校学生的学杂费。其次,改革经费分配结构,近年来我国经费的投入逐渐向高等教育倾斜,增加高等教育的经费支持是无可厚非的,但是义务教育是利民之本,应该将义务教育放在首要位置,对于发展中国家来说,应该重点发展基础教育,才能使整个国家稳步向前发展。所以,政府要调整经费分配的结构,提高基础教育经费在整个教育经费支出中的比重,加大对经济发展水平低、财政能力不强地区的义务教育经费投入,缩小各地区之间的差距,进一步提高义务教育财政性投入的能力与增长水平。

三、加大对义务教育经费的管理力度

长期以来,我国虽然制定了一系列关于义务教育经费监管的公共政策,为义务教育经费监管提供了政策依据。但在义务教育经费监督管理中,仍面临制度供给不足、多元主体权责不明和监管运行缺失规范性等困境,义务教育经费的监管应注重监管体系精准化、过程规范化及内容精细化,逐层推进。在义务教育经费进行筹措、分配及使用过程中,必须加强监督与管理工作,补漏防弊,发挥真正的监管效用,以提高教育经费的使用效率。

1. 改革义务教育经费管理制度

我国现行的教育预算制度教育等级制度太低,一般处于国家二级预算的位置,弹性较大、透明度低。所以,应该将教育经费单独设项,实现教育事权和财权的统一,确保政府对教育的投入,平衡教育的需求与供给,避免教育资源的浪费,同时有关教育部门可以统筹规划,对于重点薄弱学校进行精准扶持,有针对性地进行帮扶和发展提高,使其跟上我国义务教育发展的平均水平,提高教育经费管理的效率。

2. 健全义务教育经费监督与管理的法律法规

政府应对义务教育经费监管的顶层设计进行完善,进一步明确各级政府的监管职责,推进义务教育经费监管工作。同时,明确监管的主体和客体同样重要,应严格落实监管主体的责任,对违法失职行为等进行法律追究。对监管客体而言，义务教育学校应在监管程序、规章、制度下，合理编制教育经费收支计划，精准配置资金，除此之外，各级政府作为监管主体，也是被监管的对象，政府在规范监督下，有利于作出正确的教育决策，减少工作失误，从而提高政府工作水平与效率。

3. 建立多元融合的义务教育经费监管体系

义务教育经费监管过程是一项多元化、连续性较强的工作。应构建一个在教育部门主导下，加强财政、审计等相关部门之间的多元协同治理监管体系，做到各部门权责明确、监管过程细化，形成侧重不同、相互补充的协调监管机制。

4. 提升义务教育经费监管网络信息化水平

在新一代信息技术迅猛发展的时代背景下，智能科学化、高效精细化的互联网数字治理模式与义务教育经费监管的融合已是大势所趋。提升义务教育经费监管信息化水平，建立安全可靠、上下联动的监管信息系统，将拉近义务教育学校与监管部门的距离，实现各单位之间的互联互通和实时监控，能够降低人力监控成本，并大大提高义务教育经费监管效率。

第三节　促进教师资源配置的动态均衡

教师资源配置的均衡不是一种完全的平衡，不是为了缩小学校师资之间的差距而不发展优质学校，而是在教师资源同比增长的情况下达到一种动态均衡。这种均衡需要坚持区域统一配置为主导，也可以学习国外先进的经验，因地制宜，增强农村师资力量，缓解结构矛盾。

一、提高薄弱地区教师的待遇，提高其吸引力

2020年，国家明确发文提出教师工资不得低于公务员，这也是国家根据我国经济发展水平而对教师工资进行的一个合理调整。由于城镇与乡村之间在经济发展水平上的差异，导致了教师工资收入上的差距，教师的工资没有实现"同工同酬"，教师的有序流通有障碍，师资的均衡配置

也较难实现。针对薄弱学校留不住人才的问题,很大一部分的原因是教师的待遇水平偏低,教师的幸福指数不高。应建立健全教师补充机制和保障机制,新增教师应优先向农村薄弱学校补给,消除农村教师"一对多"(语文老师既是英语老师又是音乐老师、美术老师等)的不合理现象,解决农村教师缺编、城镇教师超编的失衡问题。重点对教师的福利待遇进行改革,提高教师的待遇。例如增加当地教师的福利待遇,增加教师编制,中央和省政府要加大资金的投入,完善教师的工作生活环境,增加基础设施建设,吸引优秀人才,提高教育经费的占比,提高教师的幸福感和归属感。尽量缩小外部环境导致的教师资源配置的不均衡。考虑到一些薄弱学校规模小,教师需要承担的工作量较大,根据教师的工作强度可以给予教师额外的补贴等,吸引教师能够流向经济欠发达的地区。

二、实施教师流动政策

建立和完善教师轮岗制度,扩大教师、校长的轮岗交流覆盖面,优化教师资源的初次和再次分配,推进城乡优质教师资源共享,让优秀的教师资源定期向薄弱的学校流动,以确保各类学校都能够得到优秀的师资,切实提升农村学校师资水平和力量。确保并提高农村教师的物质与精神待遇,减少教师人员的流失,改善农村教师的工作条件及生活环境,充分调动教师工作积极性。具体操作上可以采用教师轮岗制,教师像资源一样是可以充分利用,并发挥最大效能。实现师资共享也可以采用对口支援政策,让发展水平不同的学校开展结对子、一对一帮扶,促进教师的发展和成长,同时也要完善设施,借助互联网技术聘用优秀教师给予薄弱学校学生开展在线授课,丰富其网络教学资源。

三、畅通教师职业培训道路

教师行业也需要紧跟时代发展步伐,不断更新教育理念,学习新的教学手段,教师要有终身学习和终身发展的观念。政府相关部门帮助教师来打通其职业培训的通路,根据其实际工作情况以及教师自身发展的需求,对在职在编教师进行知识、技能、态度等各个方面实施教育、培养以及训练。教师在参加职业培训后,将自己在培训中所学的转化应用到实际的教育教学工作之中,不断提高自身教学水平。农村或薄弱学校的教师在职业培训方面特别匮乏,亟须系统、专业地引导,也较为依赖区教育局等教育主管部门。教育部门可以实施教师全员培训,加大教师培训经费投入,对农村教师实行全面免费培训,在培训内容上,重点关注农村或薄弱学校的教师在教学中的困惑,给予针对性的指导,为其提供一个提升教学能力的平台。

四、实行倾斜培养政策

针对薄弱和偏远地区的教师要重点进行培养,定期安排其去交流学习,向优秀教师借鉴相关经验,同时开展一系列活动,如教师讲课比赛等提高其教学水平。在提高教师理论素养的基础上还要不断提高教师的道德素养和综合素质。例如开展党员学习活动、榜样示例等,对于教师来说,教书先育人,育人比传授知识更加重要,尤其对于偏远地区的适龄儿童更要树立积极向上的价值观,让他们在条件有限的环境下创造不一样的人生。同时在对教师培训时要注意给予充分的外部支持,包括培训人员的选择、场地的确定和相关经费的下发、良好的环境等,保证教师能够有充分的条件得到提高。

五、赋予薄弱学校一些优先权利,弱化重点非重点之分

改变传统的教师分配制度,让薄弱学校有优先挑选教师的权利,同时这一制度可以实施的前提是提高薄弱学校的竞争力,这有赖于政府政策和资金的扶持,对于政府来说要采取政策向条件薄弱的学校倾斜,同时加大监管力度,进一步弱化重点学校和非重点学校的区分,对于当地政府设置重点学校来吸引招生,提高升学率的举动要加强引导,规范此种行为。同时加强优质学校和薄弱学校的流动,可以实行教师流动制,实现教师资源的共享,包括共享网络教学资源、老师之间互相学习经验、交换师资等来实现学校教师资源的动态均衡。同时提高教师的思想道德建设,提高

教师的服务意识和奉献精神,明确教师的使命感和对学生的责任意识,让教师能够热爱并坚守自己的岗位。

第四节　实现义务教育学校基础设施的均衡配置

随着国家对农村义务教育经费投入的不断增加,农村学校面貌焕然一新,校舍危房面积不断减少,基础教育教学设施也得到有效的保障与完善。但现有的农村学校办学条件,只是能基本满足义务教育基本均衡发展的需要,与优质均衡和全面推进素质教育的需求还有一定差距。应加大农村学校的基础建设投入,为学校正常发展和运行提供保障,继续改善农村义务教育学校办学条件,加强城乡优质义务教育资源差异化配置。

一、制度创新,完善相关的法律法规

建立健全相关法律法规,确定义务教育相应政策保障和最低标准,缩小义务教育资源的有利抓手是以政府为主导,需要政府宏观把控,出台政策,相关政府积极响应。在农村义务教育显然落后于城市义务教育的情况下,政府应制定并落实一些支持和保障农村义务教育发展的特殊政策,加强农村义务教育的扶持力度。政府应加大对优质教育资源的重视,着力推进城乡优质教育资源的发展,将农村经费投入、必备的教学设施纳入行为规范中,针对合格校舍的标准、班级应该具有的规模、每个学校应该具有的图书藏量、需要配备的多媒体教学设施和实验仪器等各项指标要进行细化,将其列入规范的文件中,各级政府必须按照相关文件建设完善。从以前的重视硬件环境建设,转变为重视数字化教学资源和教师资源等方面的软件环境建设,根据区域经济发展差异和教育发展特点,向义务教育发展薄弱地区输送优质教育资源,发挥辐射带动作用,推动城乡优质义务教育资源共享。

二、建立补偿制度，教育经费应该向农村地区倾斜

我们必须意识到实现教育资源的均衡配置，适当的补偿建立是必要的，这可以在一定时间内使薄弱学校的各项教育资源得到改善，弥补因为配置不均衡而造成的城乡差距。对于农村学校教学设施差、教学条件差的问题需要加大资金的投入，使薄弱学校转变为一所合乎硬件标准的义务教育学校，具体来看应重点集中在修缮校舍，购买图书资源、仪器设备、现代化教学仪器等。在改善办学条件的基础上，使城市和农村学校建设统一化、标准化，促进每所学校拥有较均衡的教育资源，切实让农村适龄儿童获得更好更优质的教育。

三、完善财政的转移支付制度

应该保障农村地区教育拨款的生均费用不低于城市地区，在此基础上逐步增加费用，促进城乡教育资源的均衡。针对农村地区义务教育相较于城市学校的教育理念比较落后，例如农民对义务教育的观念淡薄、学校对学生全面发展的意识不够深刻、教师的素质情况较低等，建议建立专门的农村义务教育资源配置最大化的保障机制，在教育过程中发现问题时(例如教育资源配置不公)可以有专人响应，及时启动保护措施来确保学生可以得到最大化的教育资源，减少因教育机会不均等对学生发展带来的不利影响，缩小与城市义务教育学校的差距。

四、促进城乡优质教育资源共享

实现城乡优质义务教育资源共享，将城市优质课程资源、教师资源及先进的信息技术与农村共享，促进优质教育资源的合理化配置，以提高农村义务教育教学质量。公共服务平台是实现优质教育资源共享的重要媒介，但出于节约成本的考虑，一些主管部门并没有对教育资源公共服务网络信息化体系提供充分保障和持续性投入，以致网络教育资源共享技术混乱，教育资源网络公共服务平台的开放性、整合性、共享性等优势随之大大削减，公共服务平台效能也就不尽如人意，完善教育资源公共服务平

台建设,确保服务平台优质教育资源共享实现。

五、鼓励多方主体共同参与

政府是确保教育资源配置均衡的主体,但是仅仅靠政府的力量是不够的,还需要借助社会的力量,激发社会广泛参与,倡导义务教育供给主体和方式从单一的政府供给转为政府和社会力量协同供给,为农村教育注入活力。政府可以与民间的组织、个人通过签订合同、购买等活动鼓励社会力量参与义务教育中去,可以提倡兴建学校、投资入股等来实现农村义务教育学校资金来源的多样化,提高办学的经费水平。同时,政府也要采取利好的政策来吸引社会人士加入,例如确保其能够获得一定的社会效益,与政府的合作会提高其企业的信用等多方面的措施来调动社会人士参与的积极性。构建多渠道的义务教育资源供给方式,减轻政府承担义务教育的压力,推动以政府为主导、多渠道投入的义务教育资源协调供给方式,促进城乡义务教育资源的均等化,减小城乡义务教育差距。

第五节　义务教育阶段学生资源配置均衡

教育公平是一个经久不衰的话题,我国一直在积极倡导教育公平,就目前来看尽管取得了一定的效果,人民的观念有了一定的转变,但是和我们设定的教育公平最大化的目标还有一定的差距。教育公平包括教育机会公平、教育过程公平、教育结果公平三个方面。对于义务教育阶段的适龄儿来说,他们拥有差异较小的能力和天资,起点是相同的,就是教育机会公平。但是在教育过程中却因为受到不同的教育资源而拉开了较大的差距,城乡之间教育资源的不对等,师资、外部环境等种种问题都会导致学生的发展差异巨大。对于城市来说拥有较多的教学资源,可以选择的教育类型也很多,但是对于农村地区来说,选择空间小,导致学生的发展空间受到局限。

促进教育公平需要树立教育公平的理念,从根本上转变社会对城乡教育之间的偏见,实现城乡教育资源对等,让学生拥有相同的发展空间,实现更多的可能性。树立教育公平的理念最重要的是保护农村子女受教育的权利,获得相对公平的教育资源的权利,保障个人充分发展的权利,实现城乡之间教育权利的公正,从教学资源的配备、外部环境、经济等多方面提供保障,从根本上消除农村教育水平落后于城市的不公平现象,实现教育基础设施的均衡配置。

参 考 文 献

[1]安富海:《信息技术支持的城乡教师教学共同体构建研究》,《电化教育研究》2019年第7期。

[2]安永军:《生源流动、教育资源重组与城乡义务教育失衡——基于甘肃N县的案例研究》,《北京工业大学学报(社会科学版)》2021年第5期。

[3]白文倩、徐晶晶:《义务教育信息化资源配置均衡性研究——基于2001—2018年〈中国教育统计年鉴〉数据分析》,《现代教育技术》2019年第10期。

[4]鲍传友:《中国城乡义务教育差距的政策审视》,《北京师范大学学报(社会科学版)》2005年第3期。

[5]蔡文伯、甘雪岩:《耦合协调与区域差异:基础教育资源配置与新型城镇化的时空演变》,《当代教育论坛》2021年第2期。

[6]蔡文伯、宋登娇:《我国县域小学教育资源配置的空间特征测量与分析》,《教育与教学研究》2021年第5期。

[7]曹东勃、梁思思:《优质均衡:后脱贫时代乡村教育振兴之道》,《华东理工大学学报(社会科学版)》2021年第2期。

[8]陈·巴特尔、赵志军:《西部民族地区义务教育资源空间差异性及均衡性研究——基于国家义务教育均衡评估数据的实证分析》,《教育发展研究》2021年第12期。

[9]陈爱香、姚利民、舒俊:《思想政治理论课教师学情分析能力及其提升策略》,《思想理论教育》2019年第3期。

[10]陈纯槿、郅庭瑾:《我国基础教育信息化均衡发展态势与走向》,《教育研究》2018年第8期。

[11]陈建录:《德国基础教育对我国教育的启示》,《当代教育科学》2007年第2期。

[12]陈坤、马辉:《共享发展:社会公平视野中的教育资源配置研究》,《学习与探索》2019年第3期。

[13]陈坤、秦玉友:《教育现代化背景下中小学布局调整的挑战及应对》,《教育

科学研究》2020 年第 9 期。

　　[14]陈磊、刘顺利、廖丽环:《基于空间视角的中国义务教育资源配置效率研究》,《北京化工大学学报(社会科学版)》2021 年第 1 期。

　　[15]陈隆升:《从"学"的视角重构语文课堂——基于语文教师"学情分析"的个案研究》,《课程·教材·教法》2012 年第 4 期。

　　[16]陈隆升:《基于学情分析视角的课堂教学转型》,《教育发展研究》2016 年第 6 期。

　　[17]陈明选、李兰:《我国数字教育平台资源配置与服务:问题与对策》,《中国远程教育》2021 年第 1 期。

　　[18]陈蓉晖、赖晓倩:《优质均衡视域下农村学前教育资源配置效率及差异分析》,《教育发展研究》2021 年第 2 期。

　　[19]陈武元、程章继、蔡庆丰:《家庭教育期望视角下的教育公平——数字普惠金融对非自致性家庭因素的缓解效应》,《教育研究》2021 年第 10 期。

　　[20]陈雪芬、蔡瑞琼:《为生活而学习:新加坡基础教育改革新动向》,《比较教育研究》2021 年第 5 期。

　　[21]陈玉龙、赖志柱:《不确定条件下的乡村中小学布局优化》,《运筹与管理》2021 年第 11 期。

　　[22]陈园园、李星:《新加坡基础教育改革的特点分析》,《教学与管理》2010 年第 22 期。

　　[23]陈岳堂、陈慧玲:《基于 Dea—Tobit 模型的我国学前教育资源配置效率研究》,《现代教育管理》2018 年第 5 期。

　　[24]陈岳堂、赵婷婷:《义务教育资源配置效率实证研究——以湖南省为例》,《湖南社会科学》2018 年第 5 期。

　　[25]陈岳堂、赵婷婷:《中部地区农村义务教育资源配置效率研究——基于县域视角和湖南 39 个县(市)的数据》,《湖南农业大学学报(社会科学版)》2018 年第 3 期。

　　[26]谌启标:《韩国基础教育改革中的英才教育计划》,《外国中小学教育》2005 年第 5 期。

　　[27]成刚:《数据包络分析方法与 MaxDEA 软件》,知识产权出版社 2014 年版。

　　[28]程莹、程东平:《德国基础教育的改革策略》,《教育理论与实践》2004 年第 14 期。

　　[29]褚灵兰:《学情分析:基于杜威经验哲学的层级化建构》,《教育理论与实践》2018 年第 17 期。

　　[30]崔英玉、孙启林、董玉琦:《韩国基础教育信息化最新进展述评》,《中国电化教育》2007 年第 1 期。

[31]崔英玉、孙启林、陶莹:《韩国基础教育信息化政策研究》,《中国电化教育》2011年第6期。

[32]崔英玉、孙启林:《韩国基础教育信息化设备普及过程中存在的问题及应对措施》,《外国教育研究》2011年第8期。

[33]戴文君:《充分的学情分析是实施历史课堂有效教学的前提——例谈新课程背景下"学情分析"问题》,《历史教学问题》2011年第3期。

[34]戴小红:《高职大学生学情分析的实证研究》,《黑龙江高教研究》2014年第1期。

[35]董新良、张一晨:《优质均衡背景下义务教育阶段教育资源配置研究——以山西省为例》,《教育理论与实践》2020年第19期。

[36]杜梓宁、李早:《基于GIS的中小学布局优化研究》,《合肥工业大学学报(社会科学版)》2021年第5期。

[37]段淑芬、刘明维:《义务教育财力资源分配存在的问题和对策——以云南省为例》,《高教研究》2012年第4期。

[38]凡勇昆、邬志辉:《我国城乡义务教育资源均衡发展研究报告——基于东、中、西部8省17个区(市、县)的实地调查分析》,《教育研究》2014年第11期。

[39]樊慧玲:《我国义务教育资源配置的绩效评估体系构建》,《教育科学研究》2019年第8期。

[40]樊莲花、司晓宏:《义务教育优质均衡发展督导评估审视与展望》,《教育研究》2021年第10期。

[41]方超:《信息技术利用能否促进义务教育结果公平?——基于无条件分位数回归及其分解的异质性检验》,《苏州大学学报(教育科学版)》2022年第1期。

[42]冯宝军、沈佳坤、孙秀峰:《研究型大学财务资源两阶段配置的相对效率评价》,《运筹与管理》2020年第10期。

[43]冯婉桢、康亚军:《县域学前教育资源配置效率与优化路径研究——基于西部地区H县2011—2016年的数据分析》,《基础教育》2019年第3期。

[44]付卫东、周威:《转移支付能否缩小贫困地区义务教育结果的不平等?——基于6省18县的实证分析》,《教育与经济》2021年第6期。

[45]傅小芳、周俪:《德国基础教育中的劳动技术教育》,《比较教育研究》2005年第2期。

[46]傅小芳:《德国基础教育阶段的职业指导课程》,《教育理论与实践》1999年第8期。

[47]高松、李正、项聪:《信息化促进高等教育高质量公平——以东西部高校课程共享联盟实践为例》,《中国大学教学》2022年第3期。

[48]葛大汇:《分流与证书资格入学——德国基础教育考察分析》,《上海教育科

研》2003 年第 6 期。

[49]耿乐乐:《中国基础教育生均经费支出的公平性研究——基于 Gini 系数和 Theil 指数的测算》,《华东师范大学学报(教育科学版)》2022 年第 1 期。

[50]龚伯韬:《"互联网+"教育公平的起点、过程与结果——基于中学生互联网获得、使用及其学业影响的全国性数据分析》,《华南师范大学学报(社会科学版)》2022 年第 2 期。

[51]顾建军:《技术的现代维度与教育价值》,《华东师范大学学报(教育科学版)》2018 年第 6 期。

[52]顾荣炎:《德国和新加坡独具特色的初等教育分流制》,《外国中小学教育》2008 年第 10 期。

[53]顾秀林、丁念金:《核心素养导向的课程改革——新加坡基础教育课程改革刍议》,《外国中小学教育》2017 年第 4 期。

[54]管永刚:《基于超效率 DEA 模型的高等教育资源配置效率分析》,《黑龙江高教研究》2019 年第 2 期。

[55]郭丹丹:《教育不平等的发生机制研究》,华东师范大学 2019 年博士学位论文。

[56]《国务院办公厅关于规范农村义务教育学校布局调整的意见》,国务院办公厅,2012 年 9 月 6 日。

[57]韩世梅:《我国教育信息化促进教育公平的政策演进、问题分析和发展建议》,《中国远程教育》2021 年第 12 期。

[58]韩嵩、张宝歌:《高等教育普及化阶段我国高校资源配置的优化策略》,《高教探索》2021 年第 12 期。

[59]郝文武:《乡村教育振兴的目标、指标与路径》,《苏州大学学报(教育科学版)》2022 年第 1 期。

[60]何芸、张良桥:《基于三阶段 DEA 模型的综合类国家示范高职院校科技投入产出效率》,《科技管理研究》2019 年第 12 期。

[61]何占磊:《教育资源优化配置模式探析》,《黑龙江高教研究》2013 年第 9 期。

[62]和学新、高飞:《21 世纪韩国基础教育课程改革及其启示》,《河北师范大学学报(教育科学版)》2013 年第 6 期。

[63]贺静霞、张庆晓:《新中国成立以来义务教育教师资源配置有关政策变迁历程、特征与展望》,《现代教育管理》2020 年第 3 期。

[64]洪宇:《论制定实施国家教育事业发展"十三五"规划的四个要点》,《河北师范大学学报(教育科学版)》2017 年第 3 期。

[65]胡芳、刘鸿锋:《民族省区高等教育财政经费支出效率评价——基于 DEA—Malmquist 和 Tobit 模型》,《湘潭大学学报(哲学社会科学版)》2022 年第 1 期。

[66] 胡钦太、张晓梅、张彦:《信息化促进教育公平研究检视:问题域框架与问题优化》,《华南师范大学学报(社会科学版)》2022 年第 2 期。

[67] 胡阳光、张翼:《我国省域间义务教育经费支出的空间外溢——基于随迁子女空间权重矩阵的证据》,《教育与经济》2021 年第 6 期。

[68] 胡咏梅、杜育红:《中国西部农村初级中学配置效率评估:基于 DEA 方法》,《教育学报》2009 年第 5 期。

[69] 胡咏梅、杜育红:《中国西部农村小学资源配置效率评估》,《教育与经济》2008 年第 1 期。

[70] 黄华:《从多轨制到双轨制——德国基础教育学制改革实证研究介评》,《教育研究与实验》2012 年第 1 期。

[71] 黄明东、黄炳超、刘婷:《租购同权:缓解义务教育供给侧矛盾的"药方"》,《教育科学》2021 年第 1 期。

[72] 黄亚妮:《德国基础教育特点分析》,《外国中小学教育》2002 年第 3 期。

[73] 纪春梅、邹华:《新加坡初等教育分流对西藏的启示》,《湖南师范大学教育科学学报》2012 年第 1 期。

[74] 纪江明、葛羽屏:《分层模型视角下中心城市基础教育满意度影响因素研究——基于"2012 新加坡连氏中国城市公共服务质量调查"的实证分析》,《教师教育研究》2015 年第 2 期。

[75] 季苹:《韩国基础教育课程概况》,《中小学管理》1995 年第 11 期。

[76] 贾婷月:《公共基础教育配置效率:资源优化还是资源浪费》,《上海财经大学学报》2017 年第 1 期。

[77] 江长州、陈志敏:《基于 Super—SBM 的西藏中等职业教育资源配置效率及影响因素分析》,《西藏大学学报(社会科学版)》2021 年第 3 期。

[78] 姜华、杨莹、王鹏娟:《基于 DEA 和 SFA 效率值法的高校科研产出成果评价研究——以 52 所"双一流"高校相关数据分析为例》,《现代教育管理》2022 年第 4 期。

[79] 姜英敏:《从"学业水平测试"制度管窥韩国的基础教育质量保障体系》,《比较教育研究》2011 年第 10 期。

[80] 姜英敏:《韩国基础教育教师职业吸引力保障制度分析》,《比较教育研究》2012 年第 8 期。

[81] 蒋玉成、刘思源、洪玉管:《工业劳动生产率增长视角下高等教育资源配置效率地区差距研究》,《教育发展研究》2020 年第 11 期。

[82] 解百臣、付辰、邓英芝:《基于 DEA 视窗分析理论的普通高中教育效率研究》,《现代远程教育研究》2012 年第 2 期。

[83] 解百臣、曲茜茜、邓英芝:《基于 SBM 交叉效率的普通高中教育效率评价研

究》,《现代远程教育研究》2011 年第 5 期。

[84]金红昊、罗蕴丰、刘鑫桥:《入读随迁子女定点学校如何影响教育结果》,《教育学报》2021 年第 6 期。

[85]金红莲:《韩国基础教育学制改革研究》,《当代教育科学》2016 年第 16 期。

[86]金双华、杨艺:《普通高中教育资源配置效率研究》,《现代教育管理》2021 年第 1 期。

[87]晋争:《韩国基础教育成就的促成因素分析——基于韩国本土心理学研究》,《现代教育科学》2011 年第 12 期。

[88]靳俊友、陈芳:《河南省义务教育阶段教师资源配置制度现状研究》,《中国教育学刊》2018 年第 1 期。

[89]景琴玲、贾金荣:《中国农业职业教育生产效率的统计评价》,《统计与决策》2012 年第 4 期。

[90]柯雁容、刘乐:《中国韩国基础教育体育课程改革比较研究》,《佳木斯大学社会科学学报》2021 年第 6 期。

[91]赖晓倩、陈蓉晖:《城乡学前教育资源投入绩效测评及差异分析——基于DEA 和 Malmquist 指数模型》,《教育学术月刊》2021 年第 1 期。

[92]李阿利、邓小波、胡扬名:《中西部本科院校创新创业教育效率研究——基于湖南 15 所高校的调查数据》,《湖南农业大学学报(社会科学版)》2018 年第 3 期。

[93]李爱萍、杨梅:《20 世纪德国基础教育改革政策的演进与启示》,《外国教育研究》2004 年第 11 期。

[94]李丹、王运武:《智慧教育示范区创建机制框架研究》,《现代教育技术》2020 年第 10 期。

[95]李恒兴:《德国教育见闻——初识德国基础教育的"分流"》,《外国中小学教育》2005 年第 1 期。

[96]李慧勤、刘虹:《县域间义务教育均衡发展的影响因素及对策思考——以云南省为例》,《教育研究》2012 年第 6 期。

[97]李康、范跃进:《"双一流"目标下一流大学科研效率评价》,《科研管理》2022 年第 9 期。

[98]李玲、何怀金、韩玉梅、熊健杰、卢锦运:《县(区)域内城乡一体化教育资源配置模型构建与实证分析》,《教育与经济》2012 年第 1 期。

[99]李玲、陶蕾:《我国义务教育资源配置效率评价及分析——基于 DEA—Tobit 模型》,《中国教育学刊》2015 年第 4 期。

[100]李世宏、艾琼:《试析新加坡基础教育发展四大特点》,《外国中小学教育》2004 年第 3 期。

[101]李松龄:《公平与效率的准则——福利经济学公平、效率和分配观的比

较》,《广西经济管理干部学院学报》2002年第6期。

[102]李欣旖、胡旭睿、闫志利:《京津冀中职教育资源的均衡性与效率性研究——基于2006—2015年面板数据的分析》,《中国职业技术教育》2018年第27期。

[103]李秀霞、宋凯、赵思喆、周娜:《国内外教育大数据研究现状对比分析》,《现代情报》2017年第11期。

[104]李毅、杨焱灵、吴思睿:《城乡义务教育优质资源配置效率的问题及对策——基于DEA—Malmquist模型》,《中国教育学刊》2021年第1期。

[105]李勇刚、罗海艳、任志安:《中国高校区域布局空间计量分析》,《统计与决策》2016年第9期。

[106]李勇军、江莹:《基于平行DEA模型的我国小学教育资源配置效率分析》,《运筹与管理》2021年第11期。

[107]李元静、张谦:《基于空间SLM模型的高等教育配置效率的实证》,《统计与决策》2014年第21期。

[108]里刚、邓蜂:《我国义务教育资源配置效率实证研究——基于DEA—Tobit模型》,《现代教育管理》2016年第11期。

[109]连文达、于小盼:《福建省义务教育优质均衡发展战略的SWOT分析》,《教育学术月刊》2021年第4期。

[110]梁荣华、王凌宇:《"全球化创造性人才教育"理念下的韩国基础教育课程改革——以2009年课程修订为中心》,《外国教育研究》2012年第2期。

[111]梁文艳、杜育红:《基于DEA—Tobit模型的中国西部农村小学效率研究》,《北京大学教育评论》2009年第4期。

[112]刘传斌、代伟、余乐安、杨健安:《基于GCA—DEA—MSVC方法的高校科研平台评价预测研究》,《中国管理科学》2022年第3期。

[113]刘盾、刘健、徐东波:《风险预测与忧患深思:人工智能对教育发展的冲击与变革——哲学与伦理的思考》,《高教探索》2019年第7期。

[114]刘湖、于跃、蒋万胜:《区块链技术、教育资源差异与经济高质量发展——基于我国高等教育资源配置状况的实证分析》,《陕西师范大学学报(哲学社会科学版)》2020年第1期。

[115]刘欢:《稳定城市化与收入不平等——基于随迁子女教育改革的准自然实验》,《中国经济问题》2021年第6期。

[116]刘丽丽:《德国基础教育的课程改革》,《比较教育研究》2005年第7期。

[117]刘善槐、王爽:《我国义务教育资源空间布局优化研究》,《教育研究》2019年第12期。

[118]刘天宝、郑莉文、杜鹏:《市域义务教育资源均衡水平的空间特征与分布模式——以大连市小学为例》,《经济地理》2018年第7期。

[119]刘永泉、孟凡丽、魏炜:《在线教育助推义务教育优质均衡发展的价值意蕴及作用机理》,《中国电化教育》2021年第10期。

[120]刘禹宏、谢凡:《论高等教育资源配置的利益主体博弈与教育公平》,《高等教育》2011年第5期。

[121]刘云华、段世飞:《德国基础教育质量监测:结构、实施与功用》,《比较教育学报》2021年第2期。

[122]刘云华:《德国柏林基础教育质量保障体系改革探析》,《比较教育研究》2019年第10期。

[123]柳劲松、苏美玲:《民族地区基本公共教育投入的人力资本积累效率——基于民族八省区面板数据的DEA分析》,《中南民族大学学报(人文社会科学版)》2019年第5期。

[124]卢盛峰、时良彦、马静:《九年义务教育政策的长期收入效应研究》,《财经问题研究》2022年第3期。

[125]罗华玲、李劲松:《地理信息系统对义务教育资源空间配置研究综述》,《中学地理教学参考》2017年第24期。

[126]罗静、沙治慧:《均等化视角下义务教育资源空间演化及适配度研究——以重庆市中小学为例》,《重庆社会科学》2022年第3期。

[127]罗军兵:《人口流动背景下我国西部地区义务教育资源配置》,《当代教育理论与实践》2017年第3期。

[128]吕君、韩大东:《"核心素养"理念下的韩国新一轮基础教育课程改革述评》,《基础教育》2019年第1期。

[129]吕开东:《基于贝叶斯网络的大学学情分析研究》,《学校党建与思想教育》2020年第9期。

[130]吕赛鸫、潘玉君、罗明东:《城市群视角下云南义务教育师资空间格局特征研究》,《云南师范大学学报(哲学社会科学版)》2022年第2期。

[131]麻嘉玲、陈晓宇、魏海:《我国小学教育资源空间布局及其形成机制》,《教育学术月刊》2020年第10期。

[132]马宝林、安锦、张煜、韩雨莲、王一寒:《中国高校科技创新效率研究》,《科学管理研究》2021年第2期。

[133]马骏、李夏、张忆君:《江苏省环境效率及其影响因素研究——基于超效率SBM—ML—Tobit模型》,《南京工业大学学报(社会科学版)》2019年第2期。

[134]马立超、蒋帆:《义务教育优质均衡发展的政策注意力分配偏差及其优化——基于"空间·过程·要素"三维框架的文本编码分析》,《现代教育管理》2021年第12期。

[135]马庆荣:《借鉴新加坡教育分流制度解决我国农村初中辍学问题》,《河北

师范大学学报(教育科学版)》2008年第12期。

[136]马思腾、褚宏启:《基于学生核心素养发展的学情分析》,《现代教育管理》2019年第5期。

[137]马文杰、鲍建生:《"学情分析":功能、内容和方法》,《教育科学研究》2013年第9期。

[138]马应心、李龙:《国际理解视角下韩国基础教育领域语言教学策略启示》,《中国教育学刊》2019年第1期。

[139]毛峰、苏忠鑫、陈倩:《面向2035的义务教育阶段资源配置方略研究——以上海市为例》,《教育发展研究》2022年第6期。

[140]毛耀忠、李海、张锐:《高中数学教学设计中的学情分析现状调查》,《数学教育学报》2018年第5期。

[141]毛耀忠、张锐:《西方学情分析研究:源起、现状及走向》,《外国中小学教育》2017年第7期。

[142]莫东晓、黄姣华:《"十四五"期间我国义务教育教师规模和结构预测》,《现代教育管理》2021年第8期。

[143]木子李:《国外基础教育体系的现代化模式》,《社会观察》2008年第5期。

[144]宁虹、赖力敏:《"人工智能+教育":居间的构成性存在》,《教育研究》2019年第6期。

[145]潘健、黄潇剑:《县级中职办学效率及其影响因素——基于广西34县(市)的调查》,《教育学术月刊》2018年第5期。

[146]潘以锋、盛小平:《社会网络理论与开放获取的关系分析》,《情报理论与实践》2013年第6期。

[147]彭骏、赵西亮:《免费义务教育政策与农村教育机会公平——基于教育代际流动性的实证分析》,《中国农村观察》2022年第2期。

[148]朴成日:《韩国基础教育信息化动向分析》,《东疆学刊》2006年第2期。

[149]乔锦忠、沈敬轩、李汉东、钟秉林:《2020—2035年我国义务教育阶段资源配置研究》,《华东师范大学学报(教育科学版)》2021年第12期。

[150]饶映雪、林国栋:《供需平衡视角下城市教育资源空间分布的合理性——以武汉市为例》,《中南民族大学学报(人文社会科学版)》2021年第5期。

[151]任飞、王俊华:《基于差异的正义:我国基本医疗服务资源合理配置与实现路径》,《苏州大学学报(哲学社会科学版)》2019年第5期。

[152]戎乘阳:《我国农村义务教育经费投入研究》,《经济问题》2022年第1期。

[153]荣耀华、李沐雨、乜晨蕾、袁东学:《基于DEA视窗分析的教育部直属72所高校办学效率研究》,《数理统计与管理》2019年第4期。

[154]山东省基础教育考察团:《德国、英国基础教育的改革发展及启示》,《当代

教育科学》2004 年第 5 期。

[155]尚伟伟、陆莎、李廷洲:《我国义务教育发展的"中部塌陷":问题表征、影响因素与政策思路》,《北京大学教育评论》2020 年第 2 期。

[156]邵朝友、朱伟强:《以课例研究为载体开展学情分析》,《中国教育学刊》2015 年第 2 期。

[157]邵燕楠、黄燕宁:《学情分析:教学研究的重要生长点》,《中国教育学刊》2013 年第 2 期。

[158]沈丹、修凯:《基于 DEA 方法和 Malmquist 指数法的西藏高等教育财政支出效率研究》,《西藏民族大学学报(哲学社会科学版)》2021 年第 2 期。

[159]师欢欢、后慧宏:《义务教育高质量发展的学校内涵建设向度》,《当代教育论坛》2022 年第 4 期。

[160]石泽婷、张学敏:《"空间生产"理论视域下教育资源均衡配置探析》,《广西民族大学学报(哲学社会科学版)》2020 年第 3 期。

[161]时晓玲:《学情分析的误区及其对策研究》,《教师教育研究》2013 年第 2 期。

[162]宋亚峰、王世斌、潘海生:《高等职业教育资源区域配置效率的空间计量研究》,《高等工程教育研究》2019 年第 1 期。

[163]宋莹、乔桂娟:《韩国基础教育制度的沿革》,《黑龙江教育(理论与实践)》2016 年第 12 期。

[164]苏恩民、赵丹、梁运娟:《农村义务教育阶段学生跨校就读的寄宿困境及对策——基于两省四县的案例研究》,《教育理论与实践》2018 年第 23 期。

[165]苏海燕、陈国才:《在日常数据挖掘中读懂学情——北京师范大学附属实验中学学情分析及学业指导模式探索》,《中小学管理》2020 年第 11 期。

[166]苏红键:《教育城镇化演进与城乡义务教育公平之路》,《教育研究》2021 年第 10 期。

[167]苏荟、吴玉楠:《基于 PCA—DEA 模型的高职院校办学绩效评价研究》,《现代教育管理》2018 年第 10 期。

[168]苏荟、张继伟、孙毅:《我国职业教育经费投入效率评价——基于社会经济功能的视角》,《现代教育管理》2019 年第 5 期。

[169]孙进、张蒙蕊:《德国基础教育教材管理:编写·审定·选用》,《外国教育研究》2020 年第 8 期。

[170]孙进:《德国促进基础教育均衡发展的政策分析》,《教育发展研究》2012 年第 7 期。

[171]孙启林、杨金成:《面向 21 世纪的韩国基础教育课程改革——韩国第七次教育课程改革评析》,《外国教育研究》2001 年第 2 期。

[172]孙晓雪:《21世纪韩国基础教育课程改革现状——以2009年课程修订为例》,《吉林省教育学院学报(下旬)》2015年第8期。

[173]孙兴华、马云鹏:《兼具深度广度:新加坡基础教育改革的启示》,《外国教育研究》2014年第6期。

[174]索丰:《儒家文化对现代韩国基础教育的影响》,《外国教育研究》2002年第9期。

[175]谭天美、欧阳修俊:《我国城乡教育一体化发展研究的回顾与省思》,《现代远程教育研究》2022年第2期。

[176]唐巾媛:《强党性修养视域下推动城乡义务教育优质均衡发展的路径探析》,《中国电化教育》2021年第11期。

[177]唐淑艳、龚向和:《美好生活视域下优质受教育权的逻辑机理和实现路径》,《南昌大学学报(人文社会科学版)》2021年第6期。

[178]陶蕾、杨欣:《我国中等职业教育资源配置效率评价及分析——基于DEA—Malmquist指数模型》,《教育科学》2015年第4期。

[179]田亚惠、姚继军、王威、周世科:《义务教育学校资源对学生学业成绩的影响——基于省域内大规模学业质量监测数据的实证研究》,《教育与经济》2022年第2期。

[180]童兆平、来钇汝、张立新、邵靓:《互联网支持下城乡教育共同体的构建与运行模式——浙江省"互联网+义务教育"的实践探索》,《中国电化教育》2021年第8期。

[181]万波、杨超、黄松、董鹏:《基于分级选址模型的学校选址问题》,《工业工程与管理》2010年第6期。

[182]王定华:《德国基础教育质量提高问题的考察与分析》,《中国教育学刊》2008年第1期。

[183]王海丰:《"平准化教育"和"英才教育"之争——韩国基础教育改革的启示》,《天津师范大学学报(基础教育版)》2013年第3期。

[184]王嘉毅:《坚持以人民为中心发展更加公平、更高质量的教育》,《教育研究》2022年第1期。

[185]王琨、丁超:《民族地区高职教育办学的绩效分析》,《民族教育研究》2019年第3期。

[186]王敏:《新加坡基础教育改革的文化解读及其启示》,《教学与管理》2009年第1期。

[187]王庆欣:《新加坡基础教育考察见闻》,《教学与管理》2008年第11期。

[188]王水娟、柏檀:《学前教育财政投入的效率问题与政府责任》,《教育与经济》2012年第3期。

[189]王水娟:《小学教育效率的校际差异及影响因素实证研究——基于DEA—Tobit的分析》,《教育科学》2012年第5期。

[190]王桐、司晓宏:《七十年来我国义务教育政策的演变与发展》,《现代教育管理》2020年第6期。

[191]王伟:《职业教育资源配置效率及其影响因素的空间计量分析》,《现代教育管理》2017年第2期。

[192]王学风:《面向21世纪的新加坡基础教育改革》,《外国教育研究》2002年第2期。

[193]王子苓:《韩国基础教育中化学教育的内容及其特点》,《沈阳师范学院学报(自然科学版)》2001年第3期。

[194]尉小荣、吴砥、余丽芹、饶景阳:《韩国基础教育信息化发展经验及启示》,《中国电化教育》2016年第9期。

[195]魏传立、李佳颐:《关于我国义务教育资源均衡配置问题的思考》,《经济研究导刊》2021年第6期。

[196]魏和平、伏蓉:《应用"三个课堂"助力教育优质均衡发展研究——基于甘肃省天祝藏族自治县的实践探索》,《中国电化教育》2022年第2期。

[197]魏权龄:《评价相对有效性的数据包络分析模型》,中国人民大学出版社2012年版。

[198]文少保、张芋映:《优质均衡视角下乡村学校标准化建设长效机制构建》,《现代教育管理》2021年第5期。

[199]闻勇、薛军:《乡村振兴战略背景下我国城乡义务教育财政投入效率研究》,《教育与经济》2019年第3期。

[200]吴开俊、周丽萍:《进城务工人员随迁子女义务教育财政责任划分——基于中央与地方支出的实证分析》,《教育研究》2021年第10期。

[201]吴蕾、裘文瑜:《重新理解"学情分析"》,《人民教育》2014年第3期。

[202]吴银银:《高中生物学教学设计的学情分析:价值、内涵与方法》,《教育探索》2011年第2期。

[203]吴志勤:《新加坡基础教育的特色及其对我国的启示》,《教学与管理》2014年第14期。

[204]夏惠贤:《教育公平视野下的新加坡教育分流制度研究》,《上海师范大学学报(哲学社会科学版)》2018年第5期。

[205]谢晨、胡惠闵:《学情分析中"学情"的理解》,《全球教育展望》2015年第2期。

[206]谢东宝:《德国职业基础教育年及其评价》,《职教论坛》2009年第19期。

[207]熊筱燕、沈菊琴、黄永刚:《基于DEA的江苏省义务教育资源配置效率分

析》,《创新教育》2010 年第 10 期。

[208]徐昌和、柳爱群:《质量为本:德国二十一世纪前十年基础教育改革回眸》,《外国中小学教育》2012 年第 5 期。

[209]徐顺、陈吉利、王锋:《新加坡基础教育信息化发展规划对我国基础教育信息化的启示》,《中国远程教育》2012 年第 12 期。

[210]徐孝民、王劲:《"后 4%时代"高等教育财政资源配置差异研究——基于 Shapley 值回归方程分解方法》,《中国高教研究》2022 年第 1 期。

[211]许丽英:《论教育补偿机制的构建——义务教育资源均衡配置的实现路径探讨》,《教育发展研究》2010 年第 19 期。

[212]许晓东、智耀徵:《双一流背景下高校科研效率的区域差异与影响因素研究》,《科学管理研究》2021 年第 4 期。

[213]严仲连、花筝、李键江:《教育扶贫、教育公平与教育效率的互动效应研究——基于中国省际面板数据联立方程组的实证检验》,《西南大学学报(社会科学版)》2021 年第 5 期。

[214]阎乃胜:《城乡义务教育师资均衡配置的空间正义之路》,《教育科学研究》2021 年第 6 期。

[215]杨国梁、刘文斌、郑海军:《数据包络分析方法(DEA)综述》,《系统工程学报》2013 年第 6 期。

[216]杨辉:《新加坡基础教育改革新动向》,《教学与管理》2005 年第 19 期。

[217]杨倩茹、胡志强:《基于 DEA 模型的我国农村义务教育资源配置效率研究》,《现代教育管理》2016 年第 11 期。

[218]杨清溪、柳海民:《优质均衡:中国义务教育高质量发展的时代路向》,《东北师大学报(哲学社会科学版)》2020 年第 6 期。

[219]杨姝:《从"基本均衡"走向"优质均衡":我国义务教育发展新使命》,《教育科学论坛》2022 年第 17 期。

[220]杨勇:《从 PISA 的表现看新加坡基础教育发展理念》,《外国中小学教育》2014 年第 6 期。

[221]姚昊、叶忠:《家庭背景、教育质量与学生能力形成——基于 CEPS 的多层线性模型分析》,《当代教育与文化》2018 年第 4 期。

[222]叶晓晨:《新加坡基础教育信息化发展战略及其启示》,《教学与管理》2018 年第 16 期。

[223]易明、彭甲超、张尧:《中国高等教育投入产出效率的综合评价——基于 Window—Malmquist 指数法》,《中国管理科学》2019 年第 17 期。

[224]游丽、孔庆鹏:《"双一流"背景下我国高等教育资源配置效率测评及影响因素研究——基于超效率 DEA—Malmquist 方法和 Tobit 模型》,《教育与经济》2021

年第 6 期。

[225]于璇:《我国高中阶段教育资源配置的地区差异、动态演进与趋势预测》,《教育与经济》2021 年第 3 期。

[226]于月萍:《日本、韩国基础教育考察报告》,《辽宁教育研究》2007 年第 9 期。

[227]余兴厚、储勇、熊兴、汪亚美:《中国农村比城镇基础教育绩效低在哪?——基于两阶段 DEA—truncated 分析的新证据》,《现代教育管理》2019 年第 7 期。

[228]袁梅、罗正鹏:《"十四五"时期民族地区义务教育优质均衡发展困境及应对》,《民族教育研究》2021 年第 5 期。

[229]张宝建、胡海青、张道宏:《企业创新网络的生成与进化——基于社会网络理论的视角》,《中国工业经济》2011 年第 4 期。

[230]张必胜:《我国高等教育效率的动态分析——基于博弈交叉效率模型与全局 Malmquist 指数》,《国家教育行政学院学报》2019 年第 10 期。

[231]张海水、梁东标:《新加坡基础教育"托底"政策及启发》,《上海教育科研》2016 年第 9 期。

[232]张红、杨颖秀:《二战后韩国基础教育改革政策的嬗变与成效》,《外国教育研究》2008 年第 5 期。

[233]张倩琳、李晶:《中国基础教育的空间差距与空间分异格局研究》,《现代教育管理》2019 年第 4 期。

[234]张盛仁:《农村人口变化对义务教育资源配置的影响——基于湖北省农村的调查分析》,《中国教育学刊》2008 年第 12 期。

[235]张万朋、李梦琦:《新常态下我国教育资源配置改革的特点、挑战与应对》,《苏州大学学报(教育科学版)》2020 年第 3 期。

[236]张旭:《寻求农村教师和教育发展的突破口与着力点——以〈乡村教师支持计划(2015—2020 年)〉为例》,《当代教师教育》2015 年第 3 期。

[237]张亚丽、徐辉:《基于 DEA 模型的义务教育资源配置效率研究——以贵州省毕节市为例》,《现代教育论丛》2018 年第 1 期。

[238]张莹、胡耀宗:《全球城市如何配置基础教育资源——基于纽约、东京、伦敦、新加坡的考察》,《比较教育学报》2022 年第 1 期。

[239]张永军:《新加坡智慧国计划对我国基础教育信息化的启示》,《中国电化教育》2008 年第 8 期。

[240]赵丹、曾新:《以"资源共享"推进县域义务教育优质均衡发展:动因、问题与对策》,《教育与经济》2022 年第 1 期。

[241]赵丹、陈遇春、Bilal Barakat:《基于空间公正的县域义务教育质量均衡评估指标体系构建》,《教育与经济》2018 年第 2 期。

[242]赵丹、范先佐、郭清扬:《乡村小规模学校教育质量提升——基于集群发展视角》,《教育研究》2019年第3期。

[243]赵丹、郭清扬、Bilal Barakat:《城乡教育一体化背景下乡村小规模学校布局调整与优化建议——基于陕西省宁强县的案例分析》,《中国教育学刊》2021年第5期。

[244]赵林、吴殿廷、王志慧:《中国农村基础教育资源配置的时空格局与影响因素》,《经济地理》2018年第11期。

[245]赵琦:《基于DEA的义务教育资源配置效率实证研究——以东部某市小学为例》,《教育研究》2015年第3期。

[246]郑龙、周忠宝、杜永浩、吴士健、金倩颖、邢立宁:《基于DEA模型的区域成人教育资源配置效率研究》,《控制与决策》2018年第3期。

[247]周均旭、刘子俊:《省际均等化视角下我国义务教育投入效率研究》,《现代教育管理》2021年第9期。

[248]周丽华:《德国基础教育的改革理念与行动策略——解读德国教育论坛"十二条教改建议"》,《比较教育研究》2003年第12期。

[249]周丽萍、吴开俊:《广东省进城务工人员随迁子女义务教育财政责任分担研究》,《教育学报》2021年第6期。

[250]周霖、邹红军:《县域义务教育学校硬件配置状态及改进对策》,《东北师大学报(哲学社会科学版)》2017年第6期。

[251]周小刚、林睿、陈晓、陈熹:《系统思维下中国高等教育投入产出效率评价研究——基于三阶段DEA和超效率DEA的实证》,《系统科学学报》2022年第4期。

[252]周晓娇、孙绵涛:《义务教育质量提升机制研究》,《教育研究与实验》2021年第2期。

[253]周兴国、江珊:《非权力性资源配置与乡村学校发展困境:一种理论解释》,《安徽师范大学学报(人文社会科学版)》2021年第1期。

[254]朱文辉:《城乡义务教育一体化发展:困境剖析与出路分析》,《当代教育论坛》2019年第1期。

[255]邹平:《云南教育供给侧结构性改革的若干思考》,《教育研究》2016年第11期。

[256]邹维:《优质而均衡的义务教育治理:取向、模式与展望》,《四川师范大学学报(社会科学版)》2021年第5期。

[257]Agha Iqbal Ali, Wade D. Cook et al., "Strict vs Weak Ordinal Relations for Multiplies in DEA", *Management Science*, Vol.37, No.6, 1991.

[258]Alimorad Ahmadi, Susan Laei, "Public Education: Compulsory and Free? A Paradox", *Procedia-Social and Behavioral Sciences*, Vol.47, 2012.

[259] Anna Vignoles etc., "The Relationship Between Resource Allocation and Pupil Attainment: A Review", *The Department of Education and Employment Research Report*, 2000.

[260] Bao C., "Be a Good Listener—Exploration of Education Transformation Strategies for Left-behind Children", *Journal of Higher Education Research*, Vol.2, No.5, 2021.

[261] Barbara Comber, "Critical Literacy and Social Justice", *Journal of Adolescent & Adult Literacy*, Vol.58, No.5, 2015.

[262] Bo Z., Editor-In-Chief D., Editor S., et al., "Demonstrative Analysis on the Equilibrium Development of Chinese Basic Education", *Educational Research*, 2007.

[263] Cheng Y.C., Hu Y., Zhang Z., et al., "Efficiency of Primary Schools in Beijing, China: An Evaluation by Data Envelopment Analysis", *International Journal of Educational Management*, Vol.23, No.1, 2009.

[264] Chu H., "Integrating Urban and Rural Education: System Reconstruction and Institutional Innovation—The Dualistic Educational Structure in China and Its Declassification", *Educational Research*, Vol.30, No.11, 2009.

[265] Feng J., "High-quality Equilibrium: The New Objective of Equilibrium Development of Compulsory Education", *Research in Educational Development*, Vol. 31, No.6, 2011.

[266] Hanushek, Eric A., "The Economics of Schooling: Production and Efficiency in Public School", *Journal of Economic Literature*, No.3, 1986.

[267] He G., Huang Q., "Geospatial Analysis and Research on Social and Spatial Inequality of Compulsory Education: A Case Study of Hangzhou, China", *Complexity*, No.9, 2021.

[268] John E.Chubb, Terry M.Moe, "Politics, Markets and America's Schools", *British Journal of Sociology of Education*, Vol.12, No.3, 1991.

[269] Juan Yang, Muyuan QIU, "The Impact of Education on Income Inequality and Intergenerational Mobility", *China Economic Review*, Vol.38, 2016.

[270] Kang H.B., Liang S.W., "Research on Compulsory Education Resource Sharing Based on Evolutionary Game", *Value Engineering*, Vol.38, No.2, 2019.

[271] Li H., Sciences E., Dean, et al., "The Influencing Factors of the Balanced Development of County-level Compulsory Education and Its Solutions", *Educational Research*, Vol.33, No.6, 2012.

[272] Li X., Fang W., Yuan X., "Research on the Current Situation and Countermeasures of Poverty Alleviation by Baise Area County Compulsory Education in

Southwest Border of China", *Open Journal of Social Sciences*, Vol.9, No.12, 2021.

[273] M. Luque, O. D. Marcenaro – Gutiérrez, L. A. López – Agudo, "On the Potential Balance among Compulsory Outcomes through Econometric and Multiobjective Programming Analysis", *European Journal of Operational Research*, Vol.241, No.2, 2015.

[274] Moehlecke V., Fonseca T., Oliveira A.M., "Working the Body: Ethical Relations in the Construction of the Self and the Collective", *Educação & Realidade*, Vol.38, No.3, 2013.

[275] Ni W., Director, Senior P. D., et al., "The Policy Dilemma and Solution of Establishment Standard for the Private School of the Children of Rural Migrant Workers in Cities", *Educational Research*, Vol.55, No.12, 2010.

[276] Ping M.A., Education S.O., "The Evaluation on Efficiency of Basic Education Resource Allocation in the Process of School Layout Adjustment: DEA Analysis Based on the Data from 2002 to 2013 of X Province", *China Population, Resources and Environment*, Vol.27, No.2, 2017.

[277] Raudenbush, Bryk, "Hierarchical Linear Models: Application and Data Analysis Methods(Second Edition)", *Sage Publication*, Vol.98, 2002.

[278] Toshiyuki Sueyoshi, "Production Analysis in Difference Time Periods: An Application of Data Envelopment Analysis", *European Journal of Operational Research*, Vol.86, No.2, 1995.

[279] Wang A., "Efficiency Evaluation of Postgraduate Education Resource Allocation Based on Overlapping Efficiency Model", *Educational Sciences Theory & Practice*, Vol.18, No.5, 2018.

[280] Wang Y., "The Problem and Adjustment of the Unbalanced Allocation of Compulsory Education Resources: Evidence from Chongqing", *Journal of Asian Research*, Vol.4, No.3, 2020.

[281] Wang Z., Jiang T., "Internal Education Resource Allocation of Colleges and Universities in Jilin Province—Based on DEA Evaluation Model", *Modern Education Science*, No.2, 2017.

[282] Zhichao Wang, "Systematic Barriers to Schooling of Migrant Workers' Children and Policy Recommendations", *Frontiers of Education in China*, No.4, 2009.

[283] Wu Z., Director, professor, et al., "Integrating Urban and Rural Education: Problem Form and Institutional Breakthrough", *Educational Research*, Vol.33, No.8, 2012.

[284] Ye Y., "Equilibrium of Education and Policy: An International Comparison", *Educational Research*, No.11, 2003.

[285] Yin L., "Educational Human Rights and Its Guarantee—How to Implement and

Perfect the New 'Compulsory Education Law'", *Educational Research*, No.8, 2007.

[286] Ying-Hong Y.U., De-Long D., Xia H.U., et al., "Research on the Mobility of Urban and Rural Teachers and Their Integrated Development Mechanism", *Theory and Practice of Education*, Vol.33, No.31, 2013.

[287] Yun Xiao, Li Li, Liqiu Zhao, "Education on the Cheap: The Long-run Effects of a Free Compulsory Education Reform in Rural China", *Journal of Comparative Economics*, Vol.45, No.3, 2017.

[288] Zhao H., "Transfer Payments of Compulsory Education and Input Equilibrium—Based on the Data of Zhejiang Province", *Educational Research*, Vol.38, No.9, 2017.

[289] Zhu Q. M., Hu S. Z., "Public Education Policies and Rural Compulsory Education Resource Allocation", *Journal of Luoyang Normal University*, Vol.38, No.4, 2019.

策划编辑：郑海燕

封面设计：牛成成

责任校对：周晓东

图书在版编目（CIP）数据

城乡统筹视角下的义务教育资源合理配置研究/李富昌，胡晓辉 著. —北京：
　人民出版社,2023.6

ISBN 978－7－01－025601－6

I.①城… Ⅱ.①李… ②胡… Ⅲ.①义务教育-教育资源-资源配置-研究-
　中国 Ⅳ.①G522.3

中国国家版本馆 CIP 数据核字（2023）第 063238 号

城乡统筹视角下的义务教育资源合理配置研究

CHENGXIANG TONGCHOU SHIJIAO XIA DE YIWU JIAOYU
ZIYUAN HELI PEIZHI YANJIU

李富昌　胡晓辉　著

人民出版社 出版发行

（100706　北京市东城区隆福寺街 99 号）

中煤（北京）印务有限公司印刷　新华书店经销

2023 年 6 月第 1 版　2023 年 6 月北京第 1 次印刷

开本：710 毫米×1000 毫米 1/16　印张：18.25

字数：280 千字

ISBN 978－7－01－025601－6　定价：96.00 元

邮购地址 100706　北京市东城区隆福寺街 99 号

人民东方图书销售中心　电话（010）65250042　65289539